世界汽车大百科

珍藏版

《深度文化》编委会 ◎ 编著

清华大学出版社
北京

内容简介

本书是介绍汽车的科普图书，书中全面收录了19世纪后期以来世界各国设计制造的500余款汽车，涵盖轿车、跑车、轿跑车、运动休旅车（SUV）、多功能休旅车（MPV）、皮卡等类型，完整呈现了现代乘用车的发展面貌。每款汽车都配有精美的外型鉴赏图，帮助读者了解车辆构造。为了增强图书的知识性和趣味性，还特别介绍了多家生产汽车的知名厂商，作为延伸阅读。

本书内容结构严谨，分析讲解透彻，图片精美丰富，适合广大汽车爱好者阅读和收藏，也可作为青少年的科普读物。

本书封面贴有清华大学出版社防伪标签，无标签者不得销售。
版权所有，侵权必究。举报：010-62782989，beiqinquan@tup.tsinghua.edu.cn。

图书在版编目 (CIP) 数据

世界汽车大百科：珍藏版 /《深度文化》编委会编著. —北京：清华大学出版社，2022.2（2025.1重印）
ISBN 978-7-302-59946-3

Ⅰ.①世… Ⅱ.①深… Ⅲ.①汽车—世界—青少年读物 Ⅳ.① U469-49

中国版本图书馆 CIP 数据核字（2022）第 013156 号

责任编辑：李玉萍
封面设计：王晓武
责任校对：张彦彬
责任印制：杨 艳

出版发行：清华大学出版社
网　　　址：https://www.tup.com.cn, https://www.wqxuetang.com
地　　　址：北京清华大学学研大厦A座　　　　　　邮　编：100084
社 总 机：010-83470000　　　　　　　　　　　　邮　购：010-62786544
投稿与读者服务：010-62776969, c-service@tup.tsinghua.edu.cn
质 量 反 馈：010-62772015, zhiliang@tup.tsinghua.edu.cn
印 装 者：北京博海升彩色印刷有限公司
经　　　销：全国新华书店
开　　本：210mm×285mm　　　印　张：20.25　　　字　数：324千字
版　　次：2022年4月第1版　　　印　次：2025年1月第4次印刷
定　　价：138.00元

产品编号：088592-01

前言

根据我国最新的《汽车和挂车类型的术语和定义》，汽车的定义为：由动力驱动，具有4个或4个以上车轮的非轨道承载的车辆，主要用于：载运人员和/或货物；牵引载运人员和/或货物的车辆；特殊用途。

自19世纪末诞生以来，汽车已驶过了一百多年风雨路程。一般认为，德国工程师卡尔·本茨是汽车的发明者。卡尔·本茨制造出三轮汽车后，另一位德国工程师戈特利布·戴姆勒制造出四轮汽车，而美国人亨利·福特发明了流水线生产，并大量生产平价汽车，使汽车得以普及化。

汽车是"改变世界的机器"、推动社会进步的车轮，它已成为我们日常生活中不可或缺的重要组成部分。汽车的普遍使用，改变了经济社会结构，形成了一整套新的经济、文化、生活体系，改善了人类的生活质量，推进了社会进步，促进了经济发展。从20世纪初至今的一百多年，人类社会的进步远远超过了此前几千年的发展总和，汽车在其中起到了极其重要的作用。

本书是介绍汽车的科普图书，全书共分为5章，分别介绍一战前后、二战前后、冷战前期、冷战后期、新的世纪5个时期，每个时期均详细阐述了各类汽车的发展情况，包括技术革新历程、实际使用效果等，并以时间为序全面介绍了世界各国汽车厂商在各时期研发和生产的汽车款式。每款汽车都有简明扼要的文字介绍，并配有精致美观的外形鉴赏图。与此同时，还重点介绍了一些影响力较大的传奇式汽车。为了丰富图书内容和增强阅读趣味，还介绍了部分知名汽车品牌。通过阅读本书，读者可以深入了解各类汽车的发展历程，并全面认识各个时期的汽车款式，迅速熟悉它们的构造和性能。

本书是面向汽车爱好者的基础图书，编写团队拥有丰富的科普图书写作经验，并已出版了数十本畅销全国的图书作品。与同类图书相比，本书不仅图文并茂，在资料来源上也更具权威性和准确性。同时，本书还拥有非常完善的售后服务，读者可以通过电话、邮件、官方网站和微信公众号等多种途径提出您宝贵的意见和建议。

本书由《深度文化》编委会创作，参与编写的人员有丁念阳、阳晓瑜、陈利华、高丽秋、龚川、何海涛、贺强、胡姝婷、黄启华、黎安芝、黎琪、黎绍文、卢刚、罗于华等。对于广大资深汽车爱好者，以及有意了解汽车知识的青少年来说，本书不失为极有价值的科普读物。希望读者能够通过阅读本书，循序渐进地提高自己的科学素养。

读者可以使用手机扫码下方的二维码获取本书赠送的写真图片、电子书等阅读资源。

目 录

Chapter 1　一战前后　/1

1.1　脱壳而出的现代汽车鼻祖　/2
- 奔驰专利电机车 1 号　/4
- 戴姆勒机动马车　/4
- 戴姆勒钢轮汽车　/5
- 奔驰维多利亚　/5
- 奔驰维洛　/6
- 潘哈德·莱瓦索 A1 型　/6
- 梅赛德斯 35 HP　/7
- 知名汽车品牌探秘：梅赛德斯 – 奔驰/7

1.2　从敞篷式到封闭式的汽车　/9
- 潘哈德·莱瓦索 A 型　/10
- 梅赛德斯 - 辛普尔斯　/11
- 凯迪拉克 A 型　/11
- 凯迪拉克 B 型　/12
- 劳斯莱斯 10 HP　/12
- 劳斯莱斯 15 HP　/13
- 劳斯莱斯 V-8　/13
- 劳斯莱斯 20 HP　/14
- 劳斯莱斯 30 HP　/14
- 凯迪拉克 D 型　/15
- 凯迪拉克 M 型　/15
- 凯迪拉克 K 型　/16
- 凯迪拉克 30 型　/16
- 奔驰 10/30 PS　/17
- 凯迪拉克 51 型　/17
- 劳斯莱斯二十　/18
- 奥斯汀 7　/18
- 梅赛德斯 - 奔驰 W02　/19
- 梅赛德斯 - 奔驰 W03　/19
- 梅赛德斯 - 奔驰 W08　/20
- 宝马迪克西　/20
- 梅赛德斯 - 奔驰 W11　/21

1.3　流水线生产的福特汽车　/21
- 福特 A 型（1903 年）　/22
- 福特 B 型　/23
- 福特 C 型　/23
- 福特 F 型　/24
- 福特 K 型　/24
- 福特 N 型　/25
- 福特 T 型　/25
- 福特 TT 型　/26
- 福特 A 型（1927 年）　/26
- 福特 AA 型　/27
- 知名汽车品牌探秘：福特　/27

1.4　专供富人享用的豪华汽车　/30
- 杜森博格 A 型　/30
- 宾利 3 升　/31
- 帕卡德 8　/31
- 凯迪拉克 V-63　/32
- 凯迪拉克 314 系列　/32
- 宾利 6½ 升　/33
- 宾利 4½ 升　/33
- 凯迪拉克 341 系列　/34
- 梅赛德斯 - 奔驰 SSK　/34
- 杜森博格 J 型　/34
- 传奇车型鉴赏：劳斯莱斯银魅　/35

Chapter 2　二战前后　/37

2.1　注重实用的普通轿车　/38
- 凯迪拉克 355 系列　/38
- 梅赛德斯 - 奔驰 W15　/40
- 宝马 3/20　/40
- 福特 Y 型　/41
- 菲亚特 508　/41
- 奥斯汀 10　/42
- 宝马 303　/42
- 梅赛德斯 - 奔驰 W21　/43
- 梅赛德斯 - 奔驰 W18　/43
- 福特科隆　/44
- 梅赛德斯 - 奔驰 W136　/44
- 梅赛德斯 - 奔驰 W138　/44
- 福特 48 型　/45
- 福特埃菲尔　/45
- 凯迪拉克 70 系列　/46
- 凯迪拉克 60 系列　/46
- 丰田 AA/AB　/47
- 梅赛德斯 - 奔驰 W142　/47
- 梅赛德斯 - 奔驰 W143　/48
- 宝马 320　/48
- 凯迪拉克 65 系列　/49
- 梅赛德斯 - 奔驰 W153　/49
- 宝马 321　/50
- 凯迪拉克 61 系列　/50
- 凯迪拉克六十号　/51
- 凯迪拉克 62 系列　/51
- 哈德逊海军准将　/52
- 丰田 AC　/52
- 丰田 SA　/53
- 雷诺 4CV　/53
- 传奇车型鉴赏：大众甲壳虫　/54

2.2　进入低谷的豪华轿车　/55
- 凯迪拉克 V-12　/56
- 凯迪拉克 V-16　/57
- 梅赛德斯 - 奔驰 770　/58
- 宾利 4 升　/58
- 宾利 3½ 升　/59
- 梅赛德斯 - 奔驰 W22　/59
- 梅赛德斯 - 奔驰 W29　/59
- 宝马 326　/60
- 宝马 335　/60
- 林肯大陆　/61
- 劳斯莱斯银魂　/62
- 宾利六型　/62
- 知名汽车品牌探秘：劳斯莱斯　/63

2.3　萌芽阶段的跑车　/64
- 布加迪 57 型　/65
- SS 90　/65
- SS 100　/66
- 宝马 328　/66
- 法拉利 125 S　/66
- 知名汽车品牌探秘：宝马　/67

Chapter 3　冷战前期　/69

3.1 两极分化的普通轿车　/70

- 福特领航员　/71
- 福特骑哨　/71
- 大众 14A 型　/72
- 福特西风　/72
- 福特领事　/73
- 福特克雷斯特莱恩　/73
- 福特主线　/73
- 福特流行　/74
- 福特费尔莱恩　/74
- 宝马 600　/74
- 福特德尔里奥　/75
- 丰田科罗娜　/75
- 福特银河　/76
- 福特猎鹰　/76
- 宝马 700　/77
- 大众 3 型　/77
- 丰田国民 P10　/78
- 福特科尔蒂纳　/78
- 奥迪 F103　/79
- 福特 LTD　/79
- 丰田国民 P20　/80
- 宝马 02 系　/80
- 大众 4 型　/80
- 丰田短跑家　/81
- 丰田 Mark II　/81
- 福特科塞尔　/82
- 福特护卫　/82
- 福特托里诺　/83
- 丰田国民 P30/50　/83
- 传奇车型鉴赏：丰田皇冠　/84

3.2 更大更强的豪华轿车　/86

- 宝马 340　/86
- 梅赛德斯 - 奔驰 W186　/87
- 梅赛德斯 - 奔驰 W187　/87
- 梅赛德斯 - 奔驰 W188　/88
- 宝马 501　/88
- 梅赛德斯 - 奔驰 W120/W121　/89
- 凯迪拉克埃多拉多　/89
- 梅赛德斯 - 奔驰 W180　/90
- 宝马 502　/90
- 梅赛德斯 - 奔驰 W105　/90
- 梅赛德斯 - 奔驰 W189　/91
- 梅赛德斯 - 奔驰 W128　/91
- 汽车联盟 1000　/92
- 凯迪拉克帝威　/92
- 梅赛德斯 - 奔驰 W111　/93
- 梅赛德斯 - 奔驰 W110　/93
- 梅赛德斯 - 奔驰 W100　/94
- 梅赛德斯 - 奔驰 W108/W109　/94
- 凯迪拉克加来　/94
- 玛莎拉蒂吉卜力　/95
- 丰田世纪　/96
- 梅赛德斯 - 奔驰 W114/W115　/97
- 宝马 E3　/97
- 奥迪 100　/98
- 捷豹 XJ　/98
- 传奇车型鉴赏：玛莎拉蒂总裁　/99

3.3 风行欧美的跑车　/100

- 捷豹 XK120　/101
- 雪佛兰科尔维特　/102
- 梅赛德斯 - 奔驰 300 SL　/102
- 梅赛德斯 - 奔驰 190 SL　/103
- 大众卡尔曼吉亚　/103
- 宝马 507　/103
- DKW 蒙扎　/104
- 汽车联盟 1000 Sp　/104
- 法拉利 250 GTO　/104
- 梅赛德斯 - 奔驰 W113　/105
- 保时捷 911　/105
- 福特野马　/106
- 丰田 Sports 800　/106
- 雪佛兰科迈罗　/107
- 兰博基尼缪拉　/108
- 丰田 2000GT　/108
- 知名汽车品牌探秘：大众　/108

3.4 逐渐兴起的轿跑车　/110

- 宝马 327　/111
- 哈德逊意大利　/111
- 福特雷鸟　/112
- 宝马 503　/112
- 宝马 3200 CS　/113
- 宝马 E9　/113
- 福特卡普里　/114
- 知名汽车品牌探秘：丰田　/114

Chapter 4　冷战后期　/117

4.1 以节能为基调的普通轿车　/118

- 大众 K70　/118
- 丰田卡力那　/119
- 福特平托　/119
- 奥迪 80　/120
- 福特格拉纳达　/120
- 本田思域　/121
- 大众巴西利亚　/121
- 丰田 Starlet　/122
- 奥迪 50　/122
- 大众高尔夫　/123
- 大众 Polo　/123
- 福特嘉年华　/124
- 本田雅阁　/125
- 大众德比　/126
- 丰田追击者　/126
- 福特费尔蒙特　/126
- 丰田雄鹰　/127
- 大众捷达　/127
- 大众高尔　/128
- 丰田克雷斯塔　/128
- 凯迪拉克西马龙　/129
- 福特德雷　/129
- 丰田凯美瑞　/130
- 大众桑塔纳　/131
- 福特猎户座　/131
- 福特金牛座　/132
- 丰田帕萨奥　/132
- 福特蒙迪欧　/133
- 大众 Pointer　/133
- 丰田阿瓦隆　/134
- 奥迪 A3　/134
- 梅赛德斯 - 奔驰 A 级　/135
- 大众新甲壳虫　/135
- 丰田 Avensis　/136
- 丰田普锐斯　/136
- 大众路波　/137
- 福特福克斯　/137
- 奥迪 A2　/138
- 丰田威姿　/138
- 传奇车型鉴赏：大众帕萨特　/139

4.2 电子化和智能化的豪华轿车　/141

- 宝马 5 系　/141
- 宝马 3 系　/142
- 凯迪拉克塞维利亚　/142
- 梅赛德斯 - 奔驰 W123　/143
- 宝马 7 系　/143
- 凯迪拉克弗雷特伍德 - 布鲁海姆　/144
- 劳斯莱斯银灵　/144
- 梅赛德斯 - 奔驰 W124　/145
- 宝马 M5　/145
- 凯迪拉克弗雷特伍德　/146
- 福特天蝎座　/146
- 宝马 M3　/147
- 凯迪拉克布鲁海姆　/147
- 奥迪 V8　/148
- 雷克萨斯 ES　/148
- 雷克萨斯 LS　/149
- 别克林荫大道　/149
- 丰田皇冠马杰斯塔　/150
- 雷克萨斯 GS　/150
- 梅赛德斯 - 奔驰 C 级　/151
- 梅赛德斯 - 奔驰 E 级　/151
- 奥迪 A4　/152
- 奥迪 A6　/152
- 奥迪 A8　/153
- 凯迪拉克卡泰拉　/153
- 劳斯莱斯银天使　/154
- 宾利雅致　/154
- 现代雅科仕　/155
- 传奇车型鉴赏：梅赛德斯 - 奔驰 S 级　/155

4.3 大受欢迎的轿跑车　/157

目录

丰田赛利卡	/157	捷豹 XJ220	/171	雷克萨斯 RX	/187
福特精英	/157	奥迪 S6	/172	宝马 X5	/187
宝马 6 系	/158	宝马 Z3	/172	**传奇车型鉴赏：**	
保时捷 928	/158	奥迪 S8	/173	**梅赛德斯－奔驰 G 级**	**/188**
宝马 M6	/159	梅赛德斯 - 奔驰 SLK 级	/173	**4.6 大肚能容的多功能休旅车**	**/190**
大众科拉多	/159	奥迪 TT	/174	福特宇宙之星	/191
福特普罗布	/160	帕加尼风之子	/174	丰田普瑞维亚	/191
宝马 8 系	/160	**知名汽车品牌探秘：法拉利**	**/175**	丰田依普莎姆	/192
丰田塞拉	/161	**4.5 悍然崛起的运动休旅车**	**/176**	福特风之星	/192
梅赛德斯 - 奔驰 CL 级	/161	丰田兰德酷路泽	/177	大众夏朗	/193
大众 Logus	/162	日产途乐	/178	梅赛德斯 - 奔驰维托	/193
梅赛德斯 - 奔驰 CLK 级	/162	路虎揽胜	/178	丰田塞纳	/194
福特彪马	/163	路虎卫士	/179	丰田盖亚	/194
福特美洲狮	/163	福特烈马 II	/179	丰田纳迪亚	/195
知名汽车品牌探秘：菲亚特	**/164**	吉普牧马人	/180	**知名汽车品牌探秘：通用汽车**	**/195**
4.4 百花齐放的跑车	**/165**	路虎发现	/180	**4.7 风靡欧美的皮卡**	**/196**
梅赛德斯 - 奔驰 R107	/166	福特探险者	/181	福特牧场主	/197
大众 SP2	/166	丰田普拉多	/181	丰田海拉克斯	/198
大众尚酷	/167	GMC 育空	/182	道奇公羊	/198
丰田 Supra	/167	吉普大切诺基	/182	福特游骑兵	/199
法拉利特斯塔罗萨	/168	丰田 RAV4	/183	日产纳瓦拉	/199
丰田 MR2	/168	丰田巨型巡洋舰	/183	大众 Taro	/200
福特 RS200	/169	雷克萨斯 LX	/184	丰田 T100	/200
凯迪拉克欧兰特	/169	本田 CRV	/184	丰田塔科马	/201
宝马 Z1	/170	梅赛德斯 - 奔驰 GLE 级	/185	雪佛兰索罗德	/201
奥迪 S2	/170	林肯领航员	/185	GMC 西塞拉	/202
奥迪 S4	/170	大发特锐	/186	丰田坦途	/202
迈凯伦 F1	/171	凯迪拉克凯雷德	/186		

Chapter 5　新的世纪　　/203

5.1 智能化和网络化的轿车	**/204**	**5.2 注重节能、环保和安全的豪华轿车**	**/218**	奥迪 A5	/233
丰田 Brevis	/204			奥迪 S5	/233
丰田 Verossa	/205	沃尔沃 S60	/219	奥迪 A7	/234
丰田 Premio	/205	大众辉腾	/220	劳斯莱斯魅影	/234
大众宝来	/206	凯迪拉克 CTS	/220	梅赛德斯 - 奔驰 CLA 级	/235
丰田 Matrix	/206	凯迪拉克 STS	/221	宝马 4 系	/235
大众福克斯	/207	克莱斯勒 300C	/221	凯迪拉克 ELR	/236
日产天籁	/207	凯迪拉克 DTS	/222	雷克萨斯 RC	/236
宝马 1 系	/208	宾利欧陆飞驰	/222	宝马 M4	/237
丰田 Mark X	/208	林肯 MKZ	/223	大众凌渡	/237
丰田 Belta	/209	捷豹 XF	/223	雷克萨斯 LC	/238
丰田 Aygo	/209	劳斯莱斯古斯特	/224	**5.4 性能不断突破的跑车**	**/238**
凯迪拉克 BLS	/210	宾利慕尚	/224	宝马 Z8	/239
丰田 Auris	/210	凯迪拉克 XTS	/225	法拉利 575M 马拉内罗	/239
标致 308	/211	讴歌 RLX	/225	宝马 Z4	/240
大众朗逸	/211	起亚 K9	/226	兰博基尼盖拉多	/240
奥迪 A1	/212	英菲尼迪 Q70	/226	凯迪拉克 XLR	/241
丰田 Etios	/212	捷豹 XE	/227	法拉利 F430	/241
标致 408	/213	凯迪拉克 CT6	/227	法拉利 612 斯卡列蒂	/242
标致 508	/213	沃尔沃 S90	/228	法拉利 599 GTB 费奥拉诺	/242
大众 Up	/214	大众辉昂	/228	奥迪 R8	/243
标致 301	/214	劳斯莱斯幻影 VIII	/229	大众 Eos	/243
大众新桑塔纳	/215	凯迪拉克 CT5	/229	日产 GT-R	/244
凯迪拉克 ATS	/215	**传奇车型鉴赏：保时捷帕拉梅拉**	**/230**	法拉利加利福尼亚	/244
宝马 2 系	/216	**5.3 更加豪华的轿跑车**	**/231**	法拉利 458 意大利	/245
大众 Arteon	/216	宾利欧陆 GT	/232	梅赛德斯 - 奔驰 SLS AMG	/245
凯迪拉克 CT4	/217	梅赛德斯 - 奔驰 CLS 级	/232	雷克萨斯 LFA	/246
知名汽车品牌探秘：本田	**/217**			法拉利 FF	/246

法拉利 F12 伯林尼塔 /247	传奇车型鉴赏：法拉利拉法 /269	凯迪拉克 XT4 /293
梅赛德斯 - 奔驰 R231 /247	**5.6 分支更多的运动休旅车** **/270**	梅赛德斯 - 奔驰 GLB 级 /293
丰田 86 /248	丰田汉兰达 /271	凯迪拉克 XT6 /294
兰博基尼飓风 /248	丰田红杉 /272	阿斯顿·马丁 DBX /294
法拉利 488 /249	福特锐际 /272	大众揽境 /295
迈凯伦 570S /249	讴歌 MDX /273	传奇车型鉴赏：劳斯莱斯库里南 /295
法拉利 GTC4 罗丝欧 /250	保时捷卡宴 /273	**5.7 覆盖更广的多功能休旅车** **/296**
阿斯顿·马丁 DB11 /250	大众途锐 /274	丰田 bB /297
法拉利 812 超高速 /251	沃尔沃 XC90 /274	丰田诺亚 /297
法拉利波托菲诺 /251	林肯飞行家 /275	梅赛德斯 - 奔驰 Vaneo /298
迈凯伦 720S /252	凯迪拉克 SRX /275	丰田埃尔法 /298
阿斯顿·马丁 DBS 超级轻量版 /252	英菲尼迪 QX80 /276	大众途安 /299
法拉利 F8 特里布托 /253	奥迪 Q7 /276	丰田 Wish /299
法拉利 SF90 斯达德尔 /253	梅赛德斯 - 奔驰 GLS 级 /277	福特 C-Max /300
保时捷 992 /254	福特锐界 /277	丰田伊西斯 /300
法拉利罗马 /254	宝马 X6 /278	梅赛德斯 - 奔驰 B 级 /301
5.5 一骑绝尘的超级跑车 **/255**	大众途观 /278	梅赛德斯 - 奔驰 R 级 /301
兰博基尼蝙蝠 /255	梅赛德斯 - 奔驰 GLK 级 /279	丰田逸致 /302
法拉利恩佐 /256	奥迪 Q5 /279	梅赛德斯 - 奔驰 Citan /302
柯尼赛格 CC8S /256	沃尔沃 XC60 /280	大众威然 /303
保时捷卡雷拉 GT /257	标致 3008 /280	**5.8 科技含量更高的皮卡** **/303**
梅赛德斯 - 奔驰 SLR 迈凯伦 /257	福特翼虎 /281	霍顿 Ute /304
玛莎拉蒂 MC12 /258	标致 5008 /281	五十铃 D-Max /304
柯尼赛格 CCR /258	奥迪 Q3 /282	日产泰坦 /305
布加迪威龙 /259	英菲尼迪 QX60 /282	雪佛兰 SSR /305
柯尼赛格 CCX /259	梅赛德斯 - 奔驰 GLA 级 /283	雪佛兰科罗拉多 /306
兰博基尼雷文顿 /260	标致 2008 /283	马自达 BT-50 /306
阿斯顿·马丁 One-77 /260	保时捷玛卡 /284	福特 F-150 猛禽 /307
兰博基尼埃文塔多 /261	宝马 X4 /284	大众阿玛洛克 /307
兰博基尼第六元素 /261	宾利添越 /285	雷诺阿拉斯加 /308
柯尼赛格 Agera R /262	梅赛德斯 - 奔驰 GLC 级 /285	梅赛德斯 - 奔驰 X 级 /308
帕加尼风神 /262	玛莎拉蒂莱万特 /286	**5.9 引领未来的电动汽车** **/309**
兰博基尼毒药 /263	奥迪 Q2 /286	特斯拉 Roadster /310
迈凯伦 P1 /263	捷豹 F-Pace /287	宝马 I3 /310
保时捷 918 斯派德 /264	凯迪拉克 XT5 /287	宝马 I8 /311
柯尼赛格 One:1 /264	阿尔法·罗密欧斯泰尔维奥 /288	丰田 Mirai /311
阿斯顿·马丁火神 /265	丰田 C-HR /288	奥迪 e-tron /312
兰博基尼百年纪念 /265	大众阿特拉斯 /289	捷豹 I-Pace /312
布加迪凯龙 /266	大众探歌 /289	梅赛德斯 - 奔驰 EQC /313
柯尼赛格统治者 /266	兰博基尼野牛 /290	大众 ID.4 /313
法拉利蒙扎 SP /267	宝马 X7 /290	大众 ID.6 /314
布加迪迪沃 /267	奥迪 Q8 /291	丰田 C+pod /314
兰博基尼 Sian FKP 37 /268	大众途铠 /291	知名汽车品牌探秘：特斯拉 /314
柯尼赛格 Jesko /268	大众途岳 /292	
西尔贝大蜥蜴 /269	大众探岳 /292	

参考文献 **/316**

Chapter 1
一战前后

早在第一辆汽车发明之前，与它相关的许多发明就已出现，如铅酸蓄电池、内燃机点火装置、硬橡胶实心轮胎、弹簧悬架等，所以汽车是许多发明或技术综合运用的产物。1885年，德国工程师卡尔·本茨制造了一辆装有汽油机的三轮汽车，被认为是世界上第一辆真正的汽车。次年1月29日，卡尔·本茨申请了汽车发明的专利，这一天被大多数人称为现代汽车诞生日。汽车诞生之初，各大厂商都采用手工装配的生产方式，生产效率很低。直到20世纪初，美国福特汽车公司创始人亨利·福特发明了工业流水生产线，大幅降低了汽车生产成本，扩大了汽车生产规模，逐渐使当时世界上的大部分汽车生产从欧洲转移到了美国。

1914年一战爆发，先是出现装甲车用于作战，又动员民用汽车运送士兵和补给品，连巴黎的出租车都加入了紧急运送士兵的行列。战争推动了汽车，尤其是载货汽车的发展，使汽车类型趋于多样化，同时各种汽车新技术也是层出不穷。

1885—1929年

1885年 德国工程师卡尔·本茨制造了一辆装有汽油机的三轮汽车	1912年 美国凯迪拉克汽车公司首先采用汽车自动启动技术
1886年 卡尔·本茨向德国专利局申请汽车发明的专利	1914年 第一次世界大战爆发，汽车开始用于战争
1888年 法国潘哈德·莱瓦索公司创始人埃米尔·莱瓦索和雷纳·潘哈德以自己姓氏的首字母组成了公司的标志，成为汽车历史上最早的标志	1920年 杜森博格公司在四个车轮上全部采用液压制动器
	1922年 美国哈德逊公司率先出售封闭式厢型轿车
1897年 德国人鲁道夫·狄塞尔成功制造出第一台柴油发动机	1927年 帕卡德公司开始在后驱动桥主传动采用双曲线伞齿轮
1908年 福特T型车问世，成为第一种普及化的轿车，使汽车从奢侈品变为日用品	1929年 德国工程师菲力斯·汪克尔获得转子发动机的专利

1.1 脱壳而出的现代汽车鼻祖

1712年，英国人托马斯·纽科门发明了不依靠人和动物而是靠机械做功的蒸汽机，被称为纽科门蒸汽机。1757年，木匠出身的技工詹姆斯·瓦特被英国格拉斯哥大学聘为实验室技师，深入了解了纽科门蒸汽机。1769年，瓦特与博尔顿合作，发明了装有冷凝器的蒸汽机。1774年，两人又合作制造了真正意义上的蒸汽机。蒸汽机推动了机械工业甚至社会的发展，并为汽轮机和内燃机的发展奠定了基础。

1769年，法国陆军工程师尼古拉·约瑟夫·居纽制造了世界上第一辆蒸汽驱动的三轮汽车，由于试车时转向系统失灵，汽车撞到墙壁上损毁。1771年，尼古拉·约瑟夫·居纽制造了第二辆汽车，但也没能真正上路，现放置于法国巴黎国家艺术馆展出。尽管尼古拉·约瑟夫·居纽的这项发明失败了，但却是古代交通运输（以人、畜或帆为动力）与近代交通运输（动力机械驱动）的分水岭，具有划时代的意义。

1794年，英国人斯垂特首次提出把燃料和空气混合制成混合气体以供燃烧的构想。1796年，意大利科学家沃尔兹发明了世界上第一台蓄电池，这项发明为汽车的诞生和发展带来了历史性的转折。

1801年，法国人菲利普·勒朋提出煤气机原理。1803年，英国工程师理查·特里维西克制造的汽车采用新型高压蒸汽机，可乘坐8人，在行驶中平均时速为13千米，从此，用蒸汽机驱动的汽车开始在实际中得以应用。1838年，英国发明家亨纳特发明了世界上第一台内燃机点火装置，该项发明被世人称为"世界汽车发展史上的一场革命"。1842年，美国人查理·固特异发明了硫化橡胶轮胎。1859年，法国物理学家普兰特发明了铅酸蓄电池，为汽车的用电创造了条件，被称为"意义深远的发明"。1860年，法国电气工程师艾蒂安·雷诺制成了第一台用电火花点燃煤气的煤气机。1862年，艾蒂安·雷诺又发明了以天然气为原料的二冲程卧式内燃机。同年，法国工程师德罗沙发表了四冲程理论。

1867 年，德国工程师尼古拉斯·奥托研制出世界上第一台往复活塞式四冲程煤气发动机。1876 年，奥托又制成了单缸卧式、压缩比为 2.5 的内燃机。之后，尼古拉斯·奥托放弃自己所获得的四冲程发动机专利，任何人都可根据需要随意制作。

1885 年，这是真正的现代汽车诞生的时刻。这一年德国工程师卡尔·本茨在曼海姆制造了一辆装有汽油机的三轮汽车。这辆车被认为是世界上第一辆真正的汽车，因为它是第一辆以汽油机为动力源的汽车，而不是蒸汽机。这辆车具备了现代汽车的一些特点，如火花点火、水冷循环、钢管车架、钢板弹簧悬架、后轮驱动、前轮转向和制动把手。不过这辆车的性能并不完善，行驶速度、装载能力、爬坡性能都不尽如人意，而且在行驶中经常出故障。但是，它的巨大贡献不在于其本身所达到的性能，而在于观念的变化，就是自动化的实现和内燃机的使用，因为这种汽车能自己行走，所以人们用希腊语中的 auto（自己）和拉丁语中的 mobile（会动的）组成复合词来解释这种汽车，这就是 automobile 一词的由来。1886 年 1 月 29 日，卡尔·本茨向德国专利局申请了汽车发明的专利。这一天被大多数人称为现代汽车诞生日，卡尔·本茨的专利证书也成为世界上第一张汽车专利证书。

除卡尔·本茨外，曾与尼古拉斯·奥托共事的戈特利布·戴姆勒也是现代汽车工业的先驱者之一。1872 年，戈特利布·戴姆勒设计出四冲程发动机。1883 年，戈特利布·戴姆勒与好友威廉·迈巴赫合作，成功研制出使用汽油的发动机，并于 1885 年将其安装在木质双轮车上，从而发明了摩托车。1886 年，戈特利布·戴姆勒把这种发动机安装在他为妻子 43 岁生日而购买的四轮马车上，创造了第一辆戴姆勒汽车。

卡尔·本茨和戈特利布·戴姆勒是人们公认的以内燃机为动力的现代汽车的发明者，他们的发明创造，成为汽车发展史上最重要的里程碑，两人因此被世人尊称为"汽车之父"。

卡尔·本茨和戈特利布·戴姆勒发明的都是汽油机，当时的人们在尝试用汽油作为燃料的同时，也尝试用其他燃油作为燃料。1897 年，德国人鲁道夫·狄塞尔成功制造了第一台柴油机，柴油机从设想变为现实经历了 20 年的时间。柴油机是动力工程方面的又一项伟大的发明，它的出现不仅为柴油找到了用武之地，而且它比汽油机省油、动力大、污染小，是汽车的又一颗良好"心脏"。

奔驰专利电机车 1 号

所属品牌：奔驰

量产时间：1885 年

整备质量：265 千克

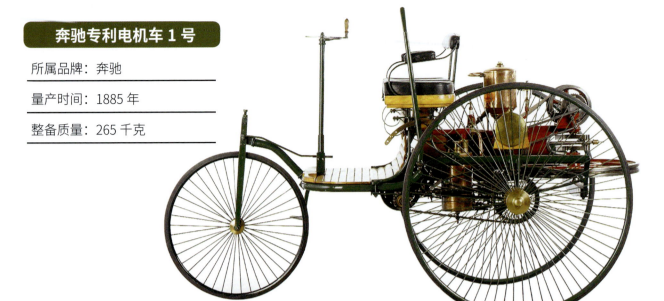

奔驰专利电机车 1 号是 1885 年由卡尔·本茨制造的一辆三轮汽车，它被认为是世界上第一辆依靠内燃机驱动的现代汽车。该车在 1885 年时售价为 600 黄金马克（约合 150 美元），相当于 2019 年的 4268 美元。卡尔·本茨于 1886 年 1 月 29 日为该车申请了专利，专利号为 DRP37435。1886 年 7 月 3 日，卡尔·本茨在曼海姆向公众展示了他发明的汽车。1886 年至 1893 年，奔驰汽车公司制造了 25 辆与奔驰专利电机车 1 号型号相同的汽车。

戴姆勒机动马车

所属品牌：戴姆勒

量产时间：1886 年

整备质量：290 千克

戴姆勒机动马车是戈特利布·戴姆勒于 1886 年制造的四轮汽车，也是世界上第一辆依靠内燃机驱动的四轮汽车。戴姆勒将自己研制的 0.82 千瓦（1.1 马力）发动机安装在马车上，座椅的布置、悬挂结构、车身承载方式、车灯等均保持了马车原型。戴姆勒机动马车的最高速度可达 14 千米/时。

Chapter 1　一战前后

戴姆勒钢轮汽车

所属品牌：戴姆勒
量产时间：1889 年
整备质量：300 千克

戴姆勒钢轮汽车是戈特利布·戴姆勒制造的第二种汽车，其车体长 2350 毫米、宽 1450 毫米、高 1400 毫米，轴距为 1150 毫米，最高速度为 18 千米/时。

奔驰维多利亚

所属品牌：奔驰
量产时间：1893 年
整备质量：650 千克

奔驰维多利亚是德国奔驰汽车公司于 1892 年开始制造的双人座四轮汽车，主要在德国销售，1900 年停产，总产量较少。其车体长 3200 毫米、宽 1650 毫米、高 1750 毫米，轴距为 1650 毫米。该车在生产期间先后使用了 4 种不同功率的汽油发动机，其功率分别为 2.2 千瓦（1893—1896 年）、2.9 千瓦（1894—1895 年）、3.7 千瓦（1895—1898 年）和 4.4 千瓦（1898—1900 年）。

奔驰维洛

所属品牌：奔驰

量产时间：1894 年

整备质量：280 千克

奔驰维洛是德国奔驰汽车公司于 1894 年开始制造的后置后驱四轮汽车，也是奔驰第一种大量生产的汽车，到 1901 年停产时一共制造了 1200 辆左右。该车采用马车的设计思路，发动机为后置布局，搭载的是排量为 1045 毫升的单缸发动机，最大功率为 1.1 千瓦，最高速度仅 20 千米 / 时。1896 年，奔驰对其进行了技术升级，发动机的动力提升到了 2 千瓦，车辆最高速度达到 30 千米 / 时，同时采用原始的转向盘转向。该车为木质结构，并且大量采用自行车的制造工艺，生产成本并不高，因此吸引了很多消费者。

潘哈德·莱瓦索 A1 型

所属品牌：潘哈德·莱瓦索

量产时间：1898 年

整备质量：700 千克

潘哈德·莱瓦索 A1 型颠覆了之前的汽车设计，采用前置后驱的底盘结构，由此奠定了现代汽车传动系统布局的基础。前期的潘哈德·莱瓦索 A1 型采用较为古典的风格，车轮依旧是马车车轮的样式。到 1899 年时，该车已具备了现代轿车的一些特点：底盘高度降低；4 个车轮采用相同的规格，转向手柄被方向盘取代；发动机带有散热格栅。潘哈德·莱瓦索 A1 型的动力由 1.2 升发动机提供，最大功率为 4.4 千瓦，最高速度可达 30 千米 / 时。

梅赛德斯 35 HP
所属品牌：梅赛德斯
量产时间：1901 年
整备质量：1200 千克

梅赛德斯 35HP 是由威廉·迈巴赫设计的第一辆梅赛德斯汽车。"梅赛德斯"这一名称来自当时奥地利驻法国领事埃米尔·耶利内克的女儿的名字，这位领事是戴姆勒汽车的经销商，当 35HP 上市后，曾一口气订下 72 辆，并向戴姆勒建议将该车命名为"梅赛德斯"。1902 年，戴姆勒正式将"梅赛德斯"注册为品牌名称。梅赛德斯 35 HP 搭载 5.9 升直列四缸发动机，最大功率为 26 千瓦（35 马力）。该车采用蜂窝式散热器，车辆重心较低，是第一辆完全脱离了马车设计，近似现代汽车外形特征的车辆。该车在后来的一系列赛车比赛中取得了众多令人惊叹的佳绩。凭借梅赛德斯 35HP，威廉·迈巴赫在汽车界被尊称为"汽车之父"。

知名汽车品牌探秘：梅赛德斯 - 奔驰

梅赛德斯 - 奔驰是以豪华和高性能著称的德国汽车品牌，总部位于德国斯图加特。目前梅赛德斯 - 奔驰是戴姆勒公司旗下成员之一，产品有各式乘用车、中大型商用车辆。

1902年	1909年	1909年	1916年
1926年	2008年	2009年	2011年

梅赛德斯 - 奔驰品牌标志变迁

梅赛德斯-奔驰的创始人为德国工程师卡尔·本茨和戈特利布·戴姆勒。1885年和1886年，卡尔·本茨与戈特利布·戴姆勒制造出各自的第一辆汽车。卡尔·本茨取得了"用汽油作为燃料的车子"的专利权，被誉为"汽车的发明者"。1883年卡尔·本茨先起炉灶，在曼海姆建立奔驰汽车公司，1890年戈特利布·戴姆勒紧随其后在斯图加特建立戴姆勒汽车公司。1894年和1896年，两家公司分别推出了世界上第一辆汽油机公共汽车和第一辆汽油机载重汽车。

在第一次世界大战期间，奔驰汽车公司和戴姆勒汽车公司都生产军用品，战后重新生产汽车，但是德国战后经济困难，认为汽车是奢侈品，并征收15%的重税，同时汽油匮乏。1919年奔驰汽车公司想和戴姆勒汽车公司联手，但被戴姆勒汽车公司拒绝。之后，德国经济持续陷入低谷，1923年，奔驰汽车公司生产了1382辆汽车，戴姆勒汽车公司生产了1020辆，每辆汽车的成本高达2500万马克。1924年，两家公司开始签订联合协议，1926年正式合并为戴姆勒-奔驰汽车公司，生产梅赛德斯-奔驰汽车，汽车标牌采用了戴姆勒汽车公司的标记——三芒星，代表其发动机可以用于"陆地、空中和水上"。

一百多年来，梅赛德斯-奔驰一直是汽车技术创新的先驱者。除了高档豪华汽车外，梅赛德斯-奔驰还是著名的大客车和重型载重汽车的生产厂家。2018年12月18日，世界品牌实验室编制的《2018世界品牌500强》揭晓，梅赛德斯-奔驰排名第六。

梅赛德斯-奔驰S级轿车

梅赛德斯-奔驰 SLK 级跑车

梅赛德斯-奔驰 G 级运动休旅车

1.2 从敞篷式到封闭式的汽车

现代汽车发明以后，很快就开始了商业化生产和贩售。1886 年 7 月，世界第一部四轮汽车正式销售。1888 年，法国潘哈德·莱瓦索公司购买了戴姆勒在法国的汽油发动机生产制造权，开始生产商用汽车。该公司由埃米尔·莱瓦索和雷纳·潘哈德联合创立，为了与其他汽车区别开来，两人取自己姓氏的首字母组成了属于自己的标志，这也是汽车历史上最早的标志。按买主要求，潘哈德·莱瓦索公司的工匠在装配大厅手工装配每辆各不相同的轿车。当时的法国巴黎道路宽阔，且有奢华风尚，刺激了汽车需求，潘哈德·莱瓦索公司汽车产量大增，1894 年公司生产了几百辆汽车，是世界领先的轿车公司。1900 年前，继德国、法国之后，美国、英国和意大利出现了多家这种作坊式汽车生产公司。1900 年，欧美国家一共生产了 9504 辆汽车。

早期的汽车，是在马车的车身上安装内燃机而成。整个车身以木质材料为主，其车身造型基本上沿用了马车的形式，被称为"无马的马车"。后来，汽车逐渐脱离马车的车身，开始有了自己的样式。不过，由于发动机的功率太小，为了减轻重量，只能安装轻便、简单的车篷、风挡板和风挡玻璃等部件。

1922 年，美国哈德逊公司（1909 年由美国人乔瑟夫·哈德逊创立于底特律，1954 年同纳许·凯文纳特公司合并为美国汽车公司，1957 年哈德逊品牌被弃用）率先出售封闭式厢型轿车，这种轿车很受欢迎，1923年在美国市场占有率超过传统的敞篷式轿车，1929年在美国市场占有率高达90%。

随着汽车车身结构的演变，在汽车使用材料方面主要开发出薄钢板轧制新技术。1923年至1929年，美国新建约650家新工艺薄钢板轧制厂，为汽车工业供应薄钢板。与第一次世界大战前比，钢板的厚度大幅减小，宽度大幅增加，长度由不足2.5米延伸到100米以上，这使车身、车前板和保险杠等薄钢板件得以从一张薄钢板下料。而且，平板玻璃连续处理技术，让汽车用上了安全玻璃。此外，汽车涂装的快速干燥技术，以及汽车燃油炼制方面开发出的高辛烷值汽油炼制工艺，为提高发动机设计水平提供了有力支撑。

在汽车结构方面的技术创新还有：1920年美国杜森博格公司在四个车轮上全部采用液压制动器。在此之前，仅后轮安装制动器便可满足当时稀疏交通和低速行车的需要。随着车速的提高，四轮液压制动逐步普及，直到20世纪30年代才全部取代拉索连杆式后两轮制动方式。1927年美国帕卡德公司开始在后驱动桥主传动采用双曲线伞齿轮，使传动轴、地板和车身高度降低，整车重心下降，提高了在铺装道路上高速行驶的稳定性。此外，低压轮胎取代了早期汽车使用的多种硬质、高压胎。除了性能要求最简单的汽车，所有汽车都具备了风雨防护结构。

潘哈德·莱瓦索A型

所属品牌：潘哈德·莱瓦索

量产时间：1891年

整备质量：420千克

潘哈德·莱瓦索A型是法国潘哈德·莱瓦索公司在1891—1896年生产的四轮汽车，总产量为195辆。其车体长2300毫米，宽1460毫米，轴距为1850毫米。该车最初搭载排量为0.8升的汽油发动机，之后逐渐增大至1.3升，最高速度为22千米/时。

梅赛德斯-辛普尔斯

所属品牌：梅赛德斯

量产时间：1902 年

整备质量：1250 千克

梅赛德斯-辛普尔斯是戴姆勒汽车公司在 1902—1909 年生产的四轮敞篷汽车，最初为直列四缸的 20 马力（15 千瓦）、28 马力（21 千瓦）或 40 马力（30 千瓦）发动机驱动，链条传动。1903 年又追加了动力更强的 60 马力（45 千瓦）车型。1904 年，埃米尔·耶利内克的店铺售出了一辆 5 人座的辛普尔斯 60 HP 高级旅游轿车，车内配置豪华，并且尽量为每一位乘客提供当时最舒适的乘坐环境。这辆车正式将豪华旗舰轿车引入梅赛德斯的产品线，成为梅赛德斯豪华车的起点。

凯迪拉克 A 型

所属品牌：凯迪拉克

量产时间：1903 年

整备质量：621 千克

1899 年，亨利·利兰在美国底特律创立凯迪拉克公司，1902 年推出第一款汽车并参加了纽约车展，虽然外观仍如同老式马车，但还是很受追捧。1903 年，亨利·利兰在第一款汽车的基础上进行了改良，推出了凯迪拉克历史上第一款量产车，即凯迪拉克 A 型。该车的车体长 2819 毫米，轴距为 1829 毫米，最初搭载一台 4.75 千瓦单缸发动机。凯迪拉克 A 型于 1904 年停产，总产量较少。

凯迪拉克 B 型

所属品牌：凯迪拉克

量产时间：1904 年

整备质量：589 千克

凯迪拉克 B 型是凯迪拉克 A 型的改进型，在 1904—1905 年生产。其车体长 2845 毫米，轴距为 1930 毫米，最初搭载一台 6 千瓦单缸发动机，整备质量为 589 千克。之后换装 6.6 千瓦单缸发动机，整备质量增至 691 千克。

劳斯莱斯 10 HP

所属品牌：劳斯莱斯

量产时间：1904 年

整备质量：555 千克

劳斯莱斯 10 HP 是英国劳斯莱斯汽车公司在 1904—1906 年生产的四轮敞篷汽车，也是劳斯莱斯历史上第一款汽车，总产量为 16 辆。其车体长 3175 毫米、宽 1400 毫米，轴距为 1905 毫米。该车最初搭载一台 1.8 升的发动机，最大功率为 8.8 千瓦。与发动机匹配的是三速变速箱。该车在 1904 年 12 月的巴黎车展上首次亮相，售价为 395 英镑。

劳斯莱斯 15 HP
所属品牌：劳斯莱斯
量产时间：1905 年
整备质量：589 千克

劳斯莱斯 15 HP 是英国劳斯莱斯汽车公司在 1905 年生产的四轮敞篷汽车，仅制造了 6 辆。该车的轴距为 2616 毫米，搭载一台 3.1 升 I3 发动机，最大功率为 11 千瓦。与发动机匹配的是三速手动变速箱，最高速度为 63 千米/时。

劳斯莱斯 V-8
所属品牌：劳斯莱斯
量产时间：1905 年
整备质量：929 千克

劳斯莱斯 V-8 是英国劳斯莱斯汽车公司在 1905 年生产的四轮敞篷汽车，仅制造了 3 辆。其车体长 3607 毫米，轴距为 2286 毫米。该车搭载一台 3.5 升 V8 发动机，匹配三速手动变速箱，最高速度为 41.8 千米/时，但被限制在 32.2 千米/时，以免超过法定限速。

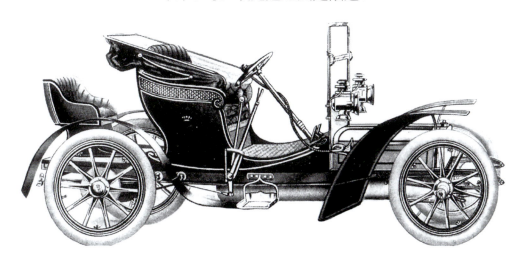

劳斯莱斯 20 HP

所属品牌：	劳斯莱斯
量产时间：	1905 年
整备质量：	612—680 千克

劳斯莱斯 20 HP 是英国劳斯莱斯汽车公司在 1905—1906 年生产的四轮敞篷汽车，总产量为 40 辆。其轴距为 2896 毫米，搭载一台 4.1 升发动机，最大功率为 15 千瓦。与发动机匹配的是三速手动变速箱，最高速度为 80 千米 / 时。

劳斯莱斯 30 HP

所属品牌：	劳斯莱斯
量产时间：	1905 年
整备质量：	770—793 千克

劳斯莱斯 30 HP 是英国劳斯莱斯汽车公司在 1905—1906 年生产的四轮汽车，总产量为 37 辆。其车体长 4032 毫米，轴距为 2997 毫米。该车搭载一台 6 升 I6 发动机，最大功率为 22 千瓦。与发动机匹配的是四速手动变速箱，最高速度为 89 千米 / 时。

凯迪拉克 D 型

所属品牌：凯迪拉克

量产时间：1905 年

整备质量：1178 千克

凯迪拉克 D 型是凯迪拉克公司于 1905 年推出的五人座汽车，其尺寸远大于此前的凯迪拉克汽车，车体长 3912 毫米，轴距达 2540 毫米。该车采用木质车体，外表搭配铝材，动力装置为一台 22 千瓦的 4.9 升四缸发动机。凯迪拉克 D 型是凯迪拉克第一款四缸发动机车型，售价昂贵，是同时期竞争对手价格的几倍之多。但亨利·利兰已预见了未来大功率大排量汽车的发展前景。

凯迪拉克 M 型

所属品牌：凯迪拉克

量产时间：1906 年

整备质量：691 千克

凯迪拉克 M 型是凯迪拉克公司在 1906—1908 年生产的五人座敞篷汽车，售价 950 美元。该车主要针对消费者对于凯迪拉克 B 型舒适性上的不满进行了改良，亨利·利兰将轴距加长 50 毫米，装载了第二排座椅，并对车辆部分细节进行了调整。

凯迪拉克 K 型

所属品牌：凯迪拉克

量产时间：1906 年

整备质量：600 千克

凯迪拉克 K 型是凯迪拉克公司在 1906—1907 年生产的四轮敞篷汽车，售价 750 美元。该车和凯迪拉克 M 型都是在凯迪拉克 B 型的基础上改良而来，但是凯迪拉克 K 型保持了单排座椅设计。凭借凯迪拉克 K 型和 M 型的上市，凯迪拉克在 1906 年和 1907 年两年内的销量达 7300 辆。

凯迪拉克 30 型

所属品牌：凯迪拉克

量产时间：1909 年

整备质量：1400 千克

凯迪拉克 30 型是美国通用汽车公司凯迪拉克事业部（1909 年 7 月，通用汽车公司收购了凯迪拉克公司）在 1909—1914 年生产的四轮汽车，"30" 代表发动机的最大功率为 30 马力（22 千瓦）。该车的特别之处在于，从 1910 年开始采用了全封闭的车身。在早期的汽车设计中，轿车的车厢并不是封闭结构，除了顶上的帆布篷之外只有前风窗，车身侧面是敞开式设计，基本上是四轮马车的车厢样式，当时的生产工艺决定了车厢只能采用这样的结构。但是，这样的车厢结构并不能完全遮风挡雨，很多汽车公司也都在尝试生产封闭式车身的轿车，而第一个成功的汽车生产商就是凯迪拉克，凯迪拉克 30 型成为第一款采用封闭式车身的轿车——这无疑是汽车制造史上的一次巨大飞跃。

奔驰 10/30 PS 是德国奔驰汽车公司在 1912—1918 年、1921—1927 年生产的前置后驱封闭式四轮汽车，其车体长 4500 毫米、宽 1700 毫米、高 1900 毫米，轴距为 3125 毫米。该车搭载一台 2.6 升 I4 发动机，最大功率为 26 千瓦。

奔驰 10/30 PS

所属品牌：奔驰

量产时间：1912 年

整备质量：960—1050 千克

凯迪拉克 51 型是美国通用汽车公司凯迪拉克事业部于 1915 年推出的首款搭载 V8 发动机的车型，也是历史上第一款大批量装配 V8 发动机的车型。该车的轴距为 3099 毫米，搭载一台 5.2 升 V8 发动机，最大功率为 44 千瓦。凯迪拉克 51 型取代了已生产数年的凯迪拉克 30 型。之后，凯迪拉克在 51 型的基础上推出了多款改良型，包括 53 型（1916 年）、55 型（1917 年）、57 型（1918—1919 年）、59 型（1920—1921 年）和 61 型（1922—1923 年），均采用 5.2 升 V8 发动机。

凯迪拉克 51 型

所属品牌：凯迪拉克

量产时间：1915 年

整备质量：1814 千克

劳斯莱斯二十

所属品牌：	劳斯莱斯
量产时间：	1922 年
整备质量：	1721 千克

劳斯莱斯二十是英国劳斯莱斯汽车公司在 20 世纪 20 年代经济大萧条时期生产的经济型轿车，搭载一台 3.1 升直列六缸发动机，售价仅为劳斯莱斯银魅的三分之一。该车的车体长 4520 毫米，轴距为 3275 毫米。劳斯莱斯二十的销量不佳，到 1929 年停产时，总产量仅有 2940 辆。

奥斯汀 7

所属品牌：	奥斯汀
量产时间：	1923 年
整备质量：	249 千克

奥斯汀 7 是英国奥斯汀汽车公司在 1923—1939 年生产的轿车，总产量为 29 万辆。该车在 20 世纪 20 年代的欧洲非常受欢迎，被誉为"英国的 T 型车"。其车体长 2870 毫米、宽 1588 毫米，轴距为 1905 毫米。该车搭载一台 0.75 升发动机，最大功率为 7.7 千瓦。与其他早期轿车一样，该车没有减震器，虽然采用了四轮制动系统，但是操作上和今天的四轮制动系统有所不同，驾驶员需要手脚并用，拉手刹制动前轮，踩制动踏板制动后轮。

梅赛德斯 - 奔驰 W02

所属品牌：梅赛德斯 - 奔驰

量产时间：1926 年

整备质量：1150—1430 千克

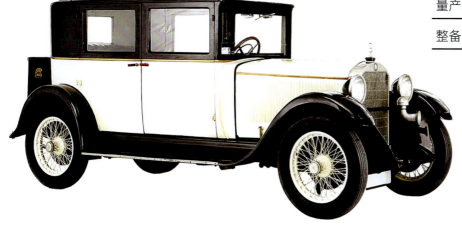

梅赛德斯 - 奔驰 W02 是德国梅赛德斯 - 奔驰汽车公司在 1926—1933 年生产的前置后驱封闭式四轮汽车，总产量为 16 956 辆。其车体长 4060 毫米、宽 1680 毫米、高 1800 毫米，轴距为 2810 毫米。该车搭载一台 2 升发动机，最大功率为 28 千瓦，峰值扭矩为 98 牛米。

梅赛德斯 - 奔驰 W03

所属品牌：梅赛德斯 - 奔驰

量产时间：1926 年

整备质量：1800—1980 千克

梅赛德斯 - 奔驰 W03 是德国梅赛德斯 - 奔驰汽车公司在 1926—1930 年生产的四轮敞篷汽车，总产量为 4432 辆。其车体长 4650 毫米、宽 1760 毫米、高 1920 毫米，轴距为 3430 毫米。该车搭载一台 3 升 I6 发动机，最大功率为 40 千瓦，峰值扭矩为 140 牛米。

梅赛德斯-奔驰 W08

所属品牌：梅赛德斯-奔驰

量产时间：1928 年

整备质量：2070—2400 千克

　　梅赛德斯-奔驰 W08 是德国梅赛德斯-奔驰汽车公司在 1928—1939 年生产的封闭式四轮汽车，总产量为 3824 辆。其车体长 5140 毫米、宽 1760 毫米、高 1900 毫米，轴距为 3670 毫米。该车搭载一台 4.6 升 I8 发动机，最大功率为 59 千瓦。后期增加 4.9 升 I8 发动机车型，最大功率为 81 千瓦。

宝马迪克西

所属品牌：宝马

量产时间：1928 年

整备质量：440 千克

　　宝马迪克西是德国宝马汽车公司生产的第一款汽车，在 1928—1931 年生产。该车由 0.7 升 I4 发动机提供动力，并采用前置后驱布局。宝马迪克西的最高速度为 120 千米/时，考虑到发动机最大功率只有 11 千瓦，这个速度相当快。从 8 千米/时加速到 40 千米/时需要 10 秒，油耗也非常经济，达到每百公里 5.5 升。宝马迪克西有各种车体，包括轿车、轿跑车和跑车等。

梅赛德斯 - 奔驰 W11

所属品牌：梅赛德斯 - 奔驰

量产时间：1929 年

整备质量：1180—1400 千克

梅赛德斯 - 奔驰 W11 是德国梅赛德斯 - 奔驰汽车公司在 1929—1934 年生产的封闭式四轮汽车，总产量为 10 690 辆。标准版的车体长 4230 毫米、宽 1710 毫米、高 1800 毫米，轴距为 2810 毫米。该车搭载一台 2.6 升 I6 发动机，最大功率为 37 千瓦，峰值扭矩为 135 牛米。

1.3　流水线生产的福特汽车

20 世纪初，汽车仍然采用手工业方式制造，虽然已由标准化的部件组装成量产车，但实际上汽车的产量仍然很少。当时，汽车被定位为高端的奢侈品，只有富人才买得起个人或家庭使用的轿车。

美国企业家亨利·福特在 1903 年创办福特汽车公司后，立志打造一款普通大众都买得起的平民汽车。在经过多次尝试后，亨利·福特终于实现了理想。1908 年，著名的福特 T 型上市。当时美国销售的汽车售价普遍在 4700 美元左右，相当于一名普通人 6 年的总收入，而福特 T 型售价仅为 850 美元。

为了让福特 T 型更加深入人心，亨利·福特决定改进生产方式以求大幅降低福特 T 型的成本，使其售价进一步降低。1913 年 12 月 1 日，亨利·福特开发出世界上第一条汽车组装生产线并投入生产。亨利·福特偶然间在一份肉类加工厂报告中获得灵感,为了满足消费者对福特 T 型强烈的需求,他决定采用流水线的方式生产汽车。每个工人固定在一个工位,组装车辆的某一个零件,最初一辆汽车装配时间需要 700 多个小时,福特 T 型采用流水线作业仅需 12.5 个小时。此举让福特 T 型产能大增,加上流水线作业可大幅减少工人数量,福特 T 型的成本有效降低,售价从 1910 年的 780 美元降低到 360 美元。

与此同时,福特汽车公司调整销售组织,在销售服务子公司的基础上,就近开设组装厂,把从底特律运来的散件组装成车。这样可以用普通货车运输,大幅削减运输费用,且节省底特律的占库面积。大批量生产和分装使生产成本逐年下降,至 1924 年年底,福特 T 型售价下降到 290 美元。低廉的售价给福特汽车公司带来了惊人的销量。截至 1927 年停产时,福特 T 型累计销量达 1500 万辆。同一车型连续生产长达 19 年,这是福特 T 型和大批量生产创造的辉煌。1917 年福特汽车公司市场占有率逾 42%,1921 年达 55.45%,成为当时美国最大的汽车制造商。

亨利·福特发明的流水线生产方式的成功,不仅大幅度降低了汽车成本、扩大了汽车生产规模、创造了一个庞大的汽车工业,而且使当时世界上的大部分汽车生产从欧洲转移到了美国。1929 年,美国生产汽车 54.5 万辆,出口占 10%,占领了美国之外 35% 的世界市场。

福特 A 型(1903 年)

所属品牌:福特

量产时间:1903 年

整备质量:562 千克

福特 A 型是美国福特汽车公司研制的第一款汽车,在 1903—1904 年生产,第一位车主是芝加哥牙医恩内斯特·芬尼格。该车有双人座轿车(售价 800 美元)与四人座轿车(售价 900 美元)两种车体,并可选购车顶。安装的水平二缸发动机位于车体中部,最大功率为 6 千瓦。

福特 B 型

所属品牌：福特

量产时间：1904 年

整备质量：770 千克

福特 B 型是美国福特汽车公司在 1904—1906 年生产的轿车，是福特第一款采用前置发动机布局的汽车。该车定位为高档轿车，轴距为 2337 毫米，车身使用了抛光木材和黄铜装饰，上市时售价达 2000 美元。

福特 C 型

所属品牌：福特

量产时间：1904 年

整备质量：567 千克

福特 C 型是美国福特汽车公司在 1904—1905 年生产的轿车，由福特 A 型升级而来，上市时售价 800 美元。其轴距为 1980 毫米，搭载一台最大功率为 7 千瓦的水平对置二缸发动机，匹配两速行星齿轮变速箱，最高速度为 61 千米/时。

福特 F 型

所属品牌：福特

量产时间：1905 年

整备质量：635 千克

福特 F 型是美国福特汽车公司在 1905—1906 年生产的轿车，上市时售价为 1000—1200 美元。其轴距为 2134 毫米，搭载一台最大功率为 12 千瓦的 2.1 升水平对置二缸发动机，匹配两速行星齿轮变速箱。

福特 K 型

所属品牌：福特

量产时间：1906 年

整备质量：1089 千克

福特 K 型是美国福特汽车公司在 1906—1908 年生产的轿车，上市时售价为 2800 美元。该车的轴距为 2900 毫米，搭载一台 6.6 升 I6 发动机，最大功率为 29 千瓦。与发动机匹配的是两速行星齿轮变速箱。

Chapter 1　一战前后

福特 N 型

所属品牌：福特

量产时间：1906 年

整备质量：476 千克

福特 N 型是美国福特汽车公司在 1906—1908 年生产的轿车，上市时售价为 600 美元。该车的轴距为 2130 毫米，搭载一台 2.4 升 I4 发动机，最大功率为 11 千瓦。与发动机匹配的是两速行星齿轮变速箱。

福特 T 型

所属品牌：福特

量产时间：1908 年

整备质量：540—750 千克

福特 T 型是美国福特汽车公司在 1908—1927 年生产的经济型汽车，其车体长 3404 毫米，轴距为 2540 毫米，搭载一台 2.9 升 I4 发动机。该车以低廉的价格使汽车作为一种实用工具走入了寻常百姓之家，使 1908 年成为工业史上具有重要意义的一年，美国自此成为"车轮上的国度"。福特 T 型的巨大成功来自亨利·福特的数项革新，包括以流水装配线大规模作业代替传统个体手工制作，支付员工较高薪酬来拉动市场需求等措施。在福特 T 型的生产历程中经历了数次重大变化，早期型号的冷却器、车灯和许多小部件都是由黄铜制成，样式单一，大多数车都为敞篷旅行车，且没有配备车门。后期车体逐渐丰富，在原有底盘下开发了轿车、跑车、皮卡、卡车等车体。

福特 TT 型

所属品牌：福特

量产时间：1917 年

整备质量：1000 千克

福特 TT 型是美国福特汽车公司在福特 T 型的基础上研制的载货汽车，在 1917—1928 年生产。其车体宽 1702 毫米，有 3327 毫米和 4000 毫米两种轴距可选。该车搭载一台 3.3 升 I4 发动机，匹配四速手动变速箱，最高速度为 35 千米/时。

福特 A 型（1927 年）

所属品牌：福特

量产时间：1927 年

整备质量：1027 千克

福特 A 型是美国福特汽车公司在 1927—1931 年生产的汽车，是福特汽车公司继福特 T 型之后第二款创下市场销售佳绩的产品，有多种车体，总产量超过 486 万辆。其车体长 4191 毫米、宽 1702 毫米、轴距为 2629 毫米。该车搭载一台 3.3 升 I4 发动机，匹配三速手动变速箱。

福特 AA 型是美国福特汽车公司在 1927—1932 年生产的载货汽车，用于替换福特 TT 型。其车体宽 1702 毫米，有 3327 毫米和 4000 毫米两种轴距可选。该车搭载一台 3.3 升 I4 发动机，最大功率为 29 千瓦。与发动机匹配的是四速手动变速箱，最高速度为 70 千米/时。

福特 AA 型
所属品牌：福特
量产时间：1927 年
整备质量：1750 千克

知名汽车品牌探秘：福特

福特是世界著名的汽车品牌，其名称源于创始人亨利·福特（Henry Ford）的姓氏。福特汽车公司是世界上最大的汽车生产商之一，成立于 1903 年，总部位于美国密歇根州迪尔伯恩市。公司核心业务包括设计、制造、销售高品质的轿车、SUV、卡车和电动车型以及林肯品牌豪华车型，并提供相关售后服务。与此同时，福特汽车公司还通过福特汽车金融信贷公司提供汽车信贷业务，并积极致力于提升公司在电气化、自动驾驶以及智能移动出行方面的领先地位。

福特品牌标志变迁

1901年，亨利·福特与柴尔德·威尔士合资成立亨利·福特公司，由于与其他投资者不合，没过多久便离开了。该公司在亨利·利兰入股后改名为凯迪拉克汽车公司。后来亨利·福特制造的赛车在1902年获胜并创下美国新纪录。1903年6月16日，煤炭商亚历山大·马尔科森及其会计詹姆斯·卡曾斯与亨利·福特合资成立了今日的福特汽车公司。亨利·福特向道奇兄弟购买汽车底盘搭配自己的双汽缸水平对卧发动机，开始生产福特汽车。亨利·福特用来自12位投资者的2.8万美元在一个原先制造马车的工厂里开始了他的事业。当时汽车的生产方式是以2—3名工人为一组，从零件制造到销售订单都是由一组工人负责到底。因此最开始的日子里，福特汽车公司生产效率比较低，每日只能生产几部车。1906年，创办人之一的亚历山大·马尔科森将股份转让给亨利·福特，退出经营。1903年到1908年，福特汽车公司推出了A型、B型、C型、F型、K型及N型等多款汽车，其年销量多介于数百辆到数千辆之间。

1908年，福特汽车公司开始销售福特T型车。最早的一批福特T型车都是在皮科特制造车间完成装配，后来公司将生产部分移动到空间更大的高地公园的车间来满足市场对福特T型车源源不断的需求。在1913年公司已发展出一套较完整的装配线和大规模生产技术。福特汽车公司主管将原先的装配线发展成为由机械传送带来运输零件让工人进行组装。这个创新将原先装配底盘所需的时间从12小时28分减少到1小时33分。值得注意的是，福特汽车公司只是将装配线生产模式引进到汽车生产业，而非发明者。

机械传送带在当时并没有立刻取得成效，而且工人的失误率相当高，然而失误就意味着更多的生产延误以及更多工人培训所需的额外支出，还有就是要使用工作较慢的工人。1914年1月，亨利·福特通过将工资加倍（从日薪2.38美元加至5美元），缩短工时（每日工作8小时），并设立专门负责雇佣工人的人后，困扰福特汽车公司多年的生产效率低的问题就迎刃而解了。员工失误率大幅下降，公司生产力也随之腾飞。随着制造汽车的速度越来越快，每辆车的售价也开始快速下跌。亨利·福特不断对他的汽车产品进行降价，并首先发明了授权经销商的概念与体系，让那些经销商来为他大量销售这些便宜的汽车。

1916 年福特汽车公司获利极高，公司手中保留盈余高达 1.12 亿美元。1919 年，时任总经理的另一位创始人詹姆斯·卡曾斯退出福特汽车公司。同年，亨利·福特的独子埃兹尔·福特继承他父亲公司总裁的职位，但是亨利·福特仍可过问公司的管理。虽然高效率的生产使公司产品的价格一直较低，但由于公司内部落后的家长式管理以及对高端消费者市场的忽略，使福特汽车公司在美国开始逐渐失去汽车市场份额。通用汽车公司、克莱斯勒汽车公司以及其他小型的竞争企业开始为消费者提供与福特 T 型车相比拥有更多豪华设备的汽车。

1925 年，福特汽车公司收购了林肯汽车公司，开始打入高档车市场。1935 年，水星汽车在埃兹尔·福特的提议下成立，主要生产中等价位的汽车。亨利·福特的孙子亨利·福特二世在 1945 年至 1960 年担任福特汽车公司总裁，且在 1960 年至 1980 年担任公司董事长暨执行长。虽然福特汽车公司于 1956 年上市成为美国股票上市企业，但福特家族仍通过占据大量 B 级优先股保持其在公司 40% 左右的控制权益，这在股票公开上市企业中是相当大的比率。

1998 年，福特汽车公司创下一年获利超过 220 亿美元的世界纪录。此纪录 2004 年才因油价大涨而被埃克森美孚石油公司以 253 亿美元净利所超越。福特汽车公司在美国汽车市场连续 75 年保持销售量第二名，仅次于通用汽车公司，且于 2007 年才因油价高涨，MPV、SUV 及卡车销量减少，被丰田汽车公司超越成为美国市场销售量第三名。

位于美国密歇根州迪尔伯恩市的福特全球总部

福特 F-150 皮卡

1.4 专供富人享用的豪华汽车

从 19 世纪末到 20 世纪初期，汽车设计师把主要精力都用在了汽车机械工程学的发展和革新上。到了 20 世纪前半期，汽车的基本构造已全部发明出来，汽车设计者们开始着手从汽车外部造型上进行改进，并相继引入了空气动力学、流体力学、人体工程学以及工业造型设计（工业美学）等概念，力求让汽车能够从外形上满足各年龄层、各阶层，甚至各种文化背景的人的不同需求，使汽车成为真正的科学与艺术相结合的最佳表现形式，最终臻于完善。

20 世纪 20 年代，美国社会空前繁荣，这主要归功于自然资源充裕、工农业生产增长、技术进步、劳动生产率提高、消费扩大和对外贸易兴旺。整个美国社会对新技术和新生活方式趋之若鹜，"炫耀性消费"成为时代潮流。在这种背景下，美国杜森博格、皮尔斯-箭、帕卡德、林肯和凯迪拉克等汽车公司按顾客意愿设计车身，服务于经济富裕的消费者。

在大洋彼岸，欧洲各大汽车公司也竞相设计高雅车型供富人享用，如英国劳斯莱斯、法国布加迪、意大利阿尔法·罗密欧等。一时之间，豪华汽车成为富人们争相购买的奢侈品。

杜森博格 A 型

所属品牌：杜森博格

量产时间：1921 年

整备质量：1588 千克

杜森博格 A 型是美国杜森博格汽车公司在 1921—1926 年生产的豪华轿车，采用前置后驱布局。该车的轴距为 3404 毫米，搭载一台 4.3 升 I8 发动机，最大功率为 66 千瓦，峰值扭矩为 230 牛米。与发动机匹配的是三速手动变速箱。

宾利 3 升
所属品牌：宾利
量产时间：1921 年
整备质量：1800 千克

宾利 3 升是英国宾利汽车公司生产的第一款汽车，在 1921—1929 年生产，总产量为 1622 辆。该车按顾客定制要求生产，有 2743 毫米、2984 毫米、3302 毫米三种轴距。之所以被命名为"3 升"，是因为它搭载 3 升直列四缸发动机。该发动机是汽车史上第一款每缸使用 4 气门的发动机，而且使用双火花塞、顶置凸轮轴和双化油器。这在当时相当先进，最大功率为 52 千瓦。与发动机匹配的是四速变速箱，这也使宾利 3 升的最高速度可达 129 千米/时，超级运动版可达 161 千米/时。1924 年，约翰·达夫和弗兰克·克莱蒙特驾驶宾利 3 升赢得勒芒 24 小时耐力赛冠军。

帕卡德 8
所属品牌：帕卡德
量产时间：1924 年
整备质量：1900 千克

帕卡德 8 是美国帕卡德汽车公司在 1924—1936 年生产的豪华车，有双门轿跑车、双门跑车、双门敞篷车、四门轿车、四门敞篷车等多种车体。该车搭载 5.2 升、5.8 升、6.3 升排量的 I8 发动机，匹配三速手动变速箱。

凯迪拉克 V-63

所属品牌：	凯迪拉克
量产时间：	1924 年
整备质量：	1850 千克

凯迪拉克 V-63 是美国通用汽车公司凯迪拉克事业部在 1924—1930 年生产的大型豪华轿车，取代了 1922 年上市的凯迪拉克 61 型。凯迪拉克 V-63 的轴距为 3353 毫米，搭载一台 5.2 升 V8 发动机，最大功率为 59 千瓦。

凯迪拉克 314 系列

所属品牌：	凯迪拉克
量产时间：	1925 年
整备质量：	1476 千克

凯迪拉克 314 系列是美国通用汽车公司凯迪拉克事业部在 1925—1927 年生产的大型豪华轿车，轴距为 3353 毫米，搭载一台 5.2 升 V8 发动机，最大功率为 59 千瓦。

宾利6½升是英国宾利汽车公司在1926—1930年生产的前置后驱轿跑车，总产量为544辆。其车体长4420毫米、宽1740毫米、轴距为3305—3874毫米。该车搭载一台6.5升I6发动机，最大功率为110千瓦。与发动机匹配的是四速手动变速箱，最高速度为135千米/时。

宾利6½升	
所属品牌：	宾利
量产时间：	1926年
整备质量：	2130千克

宾利4½升是英国宾利汽车公司在1927—1931年生产的前置后驱跑车，总产量为720辆。其车体长4380毫米、宽1740毫米、轴距为3300毫米。该车搭载一台4.4升I4发动机，最大功率为97千瓦。与发动机匹配的是四速手动变速箱，最高速度为222千米/时。

宾利4½升	
所属品牌：	宾利
量产时间：	1927年
整备质量：	1625千克

凯迪拉克 341 系列

所属品牌：凯迪拉克

量产时间：1927 年

整备质量：2079 千克

凯迪拉克 341 系列是美国通用汽车公司凯迪拉克事业部在 1927—1929 年生产的大型豪华轿车，轴距为 3556 毫米，搭载一台 5.6 升 V8 发动机，最大功率为 66 千瓦。

梅赛德斯 - 奔驰 SSK

所属品牌：梅赛德斯 - 奔驰

量产时间：1928 年

整备质量：1700 千克

梅赛德斯 - 奔驰 SSK 是德国梅赛德斯 - 奔驰汽车公司在 1928—1932 年生产的豪华敞篷轿车，其车体长 4240 毫米、宽 1700 毫米、高 1730 毫米，轴距为 2950 毫米。该车搭载一台 7.1 升 I6 发动机，匹配四速手动变速箱。

杜森博格 J 型

所属品牌：杜森博格

量产时间：1928 年

整备质量：2300 千克

杜森博格 J 型是美国杜森博格汽车公司在 1928—1937 年生产的大型豪华汽车，总产量约 480 辆。该车采用前中置发动机、后轮驱动的布局，标准版的轴距为 3620 毫米。车上搭载一台 7 升 I8 发动机，匹配三速手动变速箱，最高速度为 192 千米 / 时。

传奇车型鉴赏：劳斯莱斯银魅

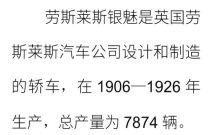

基本参数	
车身长度	4877 毫米
车身宽度	1715 毫米
车身高度	2250 毫米
轴距	3823 毫米
整备质量	1540 千克

劳斯莱斯银魅是英国劳斯莱斯汽车公司设计和制造的轿车，在 1906—1926 年生产，总产量为 7874 辆。

研发历史

劳斯莱斯银魅最初叫作 40/50 HP，1906 年开始量产，由劳斯莱斯汽车公司位于英国曼彻斯特的工厂负责。1907 年，劳斯莱斯商业总监克劳德·约翰逊要求生产一辆车以用于公司展示。这辆车的底盘编号为 60551，注册号为 AX201。这是 40/50 HP 车系的第十二辆车，并且以铝镀银配件装饰，因此被称为"银魅"，以强调其如鬼魅一般安静。这就是 40/50 HP 被称为"银魅"的原因，不过厂家一直没有承认这个名称。1908 年，银魅转移到英国德比郡进行生产。1921 年到 1926 年，劳斯莱斯还在美国马萨诸塞州斯普林菲尔德的工厂生产银魅。1925 年第一代幻影投产后，厂方正式将 40/50 HP 车系称为"银魅"。

整体性能

1907 年，注册号为 AX201 的银魅在苏格兰参加可靠性测试。这场测试长度为 15 000 英里（约 24 000 千米），其中包括在伦敦和格拉斯哥之间的 27 次往返。测试的目的是提升企业的公众形象，并且显示其车型的高性能和安静性。这是一个非常冒险的想法，因为在当时，众所周知，汽车是不可靠的，并且当时的道路环境非常恶劣，然而，AX201 还是开始了试验，并且搭乘记者参与测试，最终顺利完成测试，打破纪录。更重要的是，汽车的保养费用仅为每周 2.2 英镑。通过此次测试，银魅和劳斯莱斯的声誉一举奠定。正是因为银魅，劳斯莱斯才被称为"世界上最好的汽车"——这并不是劳斯莱斯自己的口号，而是 1907 年《汽车》杂志的说法。

1907年出厂的劳斯莱斯银魅

保存至今的劳斯莱斯银魅

劳斯莱斯银魅的发动机

Chapter 2
二战前后

二战是迄今为止人类历史上最大规模的战争，从欧洲到亚洲，从大西洋到太平洋，先后有61个国家和地区、20亿以上人口被卷入战争。这场战争造成了大量人员伤亡和经济损失，但也在客观上推动了科学技术的发展。战争初期，德国发动的"闪电战"打了波兰、丹麦、挪威、荷兰、比利时、法国等一个措手不及。除了当时的政治因素，德国对军事科技的重视，也是原因之一。装备大量坦克、装甲车及其他军用汽车的德军装甲部队，在二战初期"闪电战"计划中起到了不可估量的作用。而这些军用汽车，很大一部分是由德国各大汽车公司生产的。战争期间，梅赛德斯－奔驰、宝马、保时捷、大众等汽车公司完全停止了民用汽车的生产。除了德国，英国、美国和日本等参战国的情况也基本相似。战争的迫切需求，促使车型种类和各项技术快速发展。

1930—1947 年

- 1930 年 摩托罗拉公司推出了全球首款车载无线电收音机
- 1931 年 采用独立悬架的汽车问世
- 1933 年 丰田自动织布机制作所成立汽车部，该部后来独立为丰田汽车公司
- 1934 年 梅赛德斯－奔驰汽车公司制造出首款柴油动力轿车
- 1935 年 手动按钮式齿轮变速器问世
- 1937 年 哈德逊公司推出了免离合器的电动换挡
- 1938 年 通用汽车公司旗下的奥兹摩比成为全球首个配备液力自动变速箱的汽车品牌
- 1938 年 大众甲壳虫轿车在德国柏林汽车博览会上参展，这是目前为止汽车史上销量最高的车型，到2003年停产时的总产量接近2153万辆
- 1939 年 德国对波兰发动突然袭击，英、法随即对德宣战，第二次世界大战全面爆发
- 1939 年 帕卡德公司推出了全球首款配备空调系统的车型
- 1942 年 美国民用轿车暂时停止生产
- 1946 年 米其林公司研制出子午线轮胎

2.1 注重实用的普通轿车

20世纪30年代，在美国，入门车的性能和造型向中高级车靠拢。中高级车的奇异造型和昂贵的特殊配置竞相出局，更为注重实用。车型设计开始重视空气动力学效应，整体结构车身备受瞩目，流线型车身就是在这一时期诞生的。如1933年皮尔斯-箭公司推出的银箭原型车，1934年克莱斯勒汽车公司和迪索多公司的气流型车，虽然都是挡泥板和车身分开的传统结构，但其造型与流线却浑然一体。

这一时期出现了竞赛汽车，其性能开始超过高级车；前轮独立悬架结构几乎普及化；德国奥迪汽车公司、法国雪铁龙汽车公司推出前轮驱动轿车；1934年梅赛德斯-奔驰汽车公司制造出首款柴油动力轿车；1937年美国哈德逊公司推出免离合器的电动换挡。这一年德国政府成立大众汽车公司，计划生产名为甲壳虫的国民车，1938年费迪南德·保时捷完成车型设计，该车采用风冷发动机，后置后驱布局。在批量投产之前，大众汽车公司成为吉普车制造厂，采用该车风冷发动机的德制吉普车，二战中用于北非战场。

二战迫使汽车转入战时体制，轿车生产几近终业。1942年年初，美国民用轿车暂时停止生产。汽车工厂主要生产各类军用汽车（如吉普车、大型载货车）和某些兵器。战争期间，汽油、润滑油和轮胎等物资匮乏困扰着汽车运行，但这种情况也促进了汽车技术进步。德国从煤中提炼合成燃油，欧洲和亚洲许多地区采用发生炉煤气（一种专门制作的气体燃料，因用煤气发生炉生产而得名），也有部分地区使用酒精代替汽油。此外，合成橡胶快速发展。

凯迪拉克355系列

所属品牌：凯迪拉克

量产时间：1931年

整备质量：2100—2300千克

凯迪拉克355系列是美国通用汽车公司凯迪拉克事业部在1931—1935年生产的前置后驱大型轿车，设计师为哈利·厄尔。该系列轿车有355A（1931年）、355B（1932年）、355C（1933年）、355D（1934年）和355E（1935年）五种版本，每种版本均有双门敞篷轿车、四门敞篷轿车、双门轿跑车、四门封闭车厢轿车、四门城镇车等多种车体。其中，355A的车体长5156毫米、宽1869毫米、高1842毫米，轴距为3404毫米。各个版本均搭载一台5.8升V8发动机，与发动机匹配的是三速手动变速箱。

Chapter 2　二战前后

> **小知识**
>
> 城镇车是1908—1939年出现的一种车体风格，车体前方的司机位置采用敞篷设计，后方的乘客位置则是一个较高的封闭车厢。

1931年款凯迪拉克355A双门敞篷轿车

1932年款凯迪拉克355B双门敞篷轿车

1933年款凯迪拉克355C四门封闭车厢轿车

1934年款凯迪拉克355D四门敞篷轿车

1935年款凯迪拉克355E双门轿跑车

梅赛德斯 - 奔驰 W15

所属品牌：梅赛德斯 - 奔驰

量产时间：1931 年

整备质量：1050—1200 千克

梅赛德斯 - 奔驰 W15 是德国梅赛德斯 - 奔驰汽车公司在 1931—1936 年生产的前置后驱轿车，总产量为 13 775 辆。其车体长 3940 毫米、宽 1630 毫米、高 1650 毫米，轴距为 2600 毫米。该车搭载一台最大功率为 24 千瓦的 1.7 升 I6 发动机，最高速度为 90 千米 / 时。

宝马 3/20

所属品牌：宝马

量产时间：1932 年

整备质量：650 千克

宝马 3/20 是德国宝马汽车公司在 1932—1934 年生产的前置后驱轿车。其车体长 3200 毫米、宽 1420 毫米、高 1550 毫米，轴距为 2150 毫米。该车搭载一台 0.8 升 I4 发动机，最大功率为 15 千瓦。与发动机匹配的是四速手动变速箱。

福特 Y 型

所属品牌：福特

量产时间：1932 年

整备质量：700 千克

福特 Y 型是美国福特汽车公司在 1932—1937 年生产的汽车，有双门轿车、四门轿车、双门旅行车、双门皮卡等多种车体。其车体长 3581 毫米、宽 1397 毫米、高 1626 毫米，轴距为 2286 毫米。该车搭载一台 0.9 升发动机，匹配三速手动变速箱，最高速度为 95 千米/时。

菲亚特 508

所属品牌：菲亚特

量产时间：1932 年

整备质量：685 千克

菲亚特 508 是意大利菲亚特汽车公司在 1932—1937 年生产的紧凑型轿车，采用前置后驱布局，有双门轿车、四门轿车、双门敞篷车等车体。其车体长 3140 毫米、宽 1400 毫米、高 1530 毫米，轴距为 2300 毫米。该车搭载一台 1 升 I4 发动机，最大功率为 15 千瓦。与发动机匹配的是三速手动变速箱，最高速度为 80 千米/时。

奥斯汀 10

所属品牌：奥斯汀

量产时间：1932 年

整备质量：787 千克

奥斯汀 10 是英国奥斯汀汽车公司在 1932—1947 年生产的小型车，总产量约 29 万辆。其车体长 3531 毫米、宽 1397 毫米、高 1626 毫米，轴距为 2362 毫米。该车搭载一台 1.1 升 I4 发动机，匹配四速手动变速箱。

宝马 303

所属品牌：宝马

量产时间：1933 年

整备质量：820 千克

宝马 303 是德国宝马汽车公司在 1933—1937 年生产的前置后驱轿车，其车体长 3900 毫米、宽 1440 毫米、高 1550 毫米，轴距为 2400 毫米。该车有多种动力配置，包括 1.2 升 I6 发动机、1.5 升 I6 发动机、2 升 I6 发动机等。与发动机匹配的是四速手动变速箱。

梅赛德斯 - 奔驰 W21 是德国梅赛德斯 - 奔驰汽车公司在 1933—1936 年生产的前置后驱轿车，总产量为 15 622 辆。其车体长 4060 毫米、宽 1630 毫米、高 1580 毫米，轴距为 2700 毫米。该车搭载一台 2 升 I6 发动机，最大功率为 29 千瓦，峰值扭矩为 112 牛米。

梅赛德斯 - 奔驰 W21

所属品牌：梅赛德斯 - 奔驰

量产时间：1933 年

整备质量：1130—1500 千克

梅赛德斯 - 奔驰 W18 是德国梅赛德斯 - 奔驰汽车公司在 1933—1937 年生产的轿车，总产量为 7495 辆。其车体长 4370 毫米、宽 1730 毫米、高 1440 毫米，轴距为 2880 毫米。该车搭载一台 2.9 升 I6 发动机，最大功率为 50 千瓦。

梅赛德斯 - 奔驰 W18

所属品牌：梅赛德斯 - 奔驰

量产时间：1933 年

整备质量：1725—1980 千克

福特科隆

所属品牌：福特

量产时间：1933 年

整备质量：540 千克

福特科隆是美国福特汽车公司在 1933—1936 年生产的前置后驱轿车，总产量为 11 121 辆，主要在欧洲市场销售。其车体长 3630 毫米、宽 1370 毫米、高 1630 毫米，轴距为 2286 毫米。该车搭载一台 0.9 升 I4 发动机，最大功率为 16 千瓦。与发动机匹配的是三速手动变速箱。

梅赛德斯-奔驰 W138 是德国梅赛德斯-奔驰汽车公司在 1935—1940 年生产的轿车，其车体长 4390 毫米、宽 1630 毫米、高 1610 毫米，轴距为 3050 毫米。该车搭载一台 2.6 升 I4 发动机，最大功率为 33 千瓦。

梅赛德斯-奔驰 W138

所属品牌：梅赛德斯-奔驰

量产时间：1935 年

整备质量：1530 千克

梅赛德斯-奔驰 W136

所属品牌：梅赛德斯-奔驰

量产时间：1935 年

整备质量：1100—1160 千克

梅赛德斯-奔驰 W136 是德国梅赛德斯-奔驰汽车公司在 1935—1942 年、1947—1955 年生产的前置后驱轿车，总产量约 15.8 万辆。其车体长 4270 毫米、宽 1570 毫米、高 1560 毫米，轴距为 2845 毫米。该车搭载一台 1.7 升 I4 发动机，匹配四速手动变速箱。

福特 48 型

所属品牌：福特

量产时间：1935 年

整备质量：1176—1312 千克

福特 48 型是美国福特汽车公司在 1935—1936 年生产的轿车，采用前置后驱布局。其车体长 4642 毫米、宽 1765 毫米、高 1642 毫米，轴距为 2845 毫米。该车搭载一台 3.6 升 V8 发动机，最大功率为 62.5 千瓦。

福特埃菲尔

所属品牌：福特

量产时间：1935 年

整备质量：725—835 千克

福特埃菲尔是美国福特汽车公司在 1935—1940 年生产的前置后驱轿车，总产量为 62 495 辆。其车体长 4000 毫米、宽 1430 毫米、高 1600 毫米，轴距为 2286 毫米。该车搭载一台 1.2 升 I4 发动机，最大功率为 25 千瓦。与发动机匹配的是三速手动变速箱。

凯迪拉克 70 系列

所属品牌：凯迪拉克

量产时间：1936 年

整备质量：2000—2400 千克（第一代）

1937 年款第一代凯迪拉克 75 四门封闭车厢轿车

凯迪拉克 70 系列是美国通用汽车公司凯迪拉克事业部在 1936—1976 年、1985—1987 年生产的大型轿车，一共发展了十一代，包括 67、70、72、75 等多个子系列，涵盖双门轿跑车、双门敞篷轿车、四门封闭车厢轿车、四门敞篷轿车、四门城镇车等多种车体。1936—1976 年生产的前十代车型出自通用汽车 D 平台，采用前置后驱设计。1985—1987 年生产的第十一代车型出自通用汽车 C 平台，改为前置前驱设计。历代车型均搭载 V8 发动机，排量从 4.1 升到 8.2 升不等。与发动机匹配的是三速手动变速箱、三速自动变速箱或四速自动变速箱。

凯迪拉克 60 系列

所属品牌：凯迪拉克

量产时间：1936 年

整备质量：1681—1817 千克

凯迪拉克 60 系列是美国通用汽车公司凯迪拉克事业部在 1936—1938 年生产的前置后驱轿车，出自通用汽车 B 平台，有

1936 年款凯迪拉克 60 双门轿跑车

双门轿跑车、双门敞篷轿车、四门封闭车厢轿车和四门敞篷轿车等多种车体。1936 年款搭载一台 93 千瓦的 5.3 升 V8 发动机，车体长 4980 毫米，轴距为 3073 毫米。1937 年款和 1938 年款搭载一台 101 千瓦的 5.8 升 V8 发动机，车体分别长 5110 毫米和 5270 毫米，轴距均为 3150 毫米。

丰田 AA/AB 是日本丰田汽车公司在 1936—1943 年生产的前置后驱四门轿车，丰田 AB 为敞篷版。其车体长 4737 毫米、宽 1734 毫米、高 1737 毫米，轴距为 2851 毫米。该车搭载一台 3.4 升 I6 发动机，最大功率为 46 千瓦。与发动机匹配的是三速手动变速箱。

丰田 AA/AB

所属品牌：丰田

量产时间：1936 年

整备质量：1500 千克

丰田 AA

梅赛德斯 - 奔驰 W142

所属品牌：梅赛德斯 - 奔驰

量产时间：1937 年

整备质量：1710—1950 千克

丰田 AB

梅赛德斯 - 奔驰 W142 是德国梅赛德斯 - 奔驰汽车公司在 1937—1942 年生产的轿车，总产量为 7017 辆。其车体长 4700 毫米、宽 1630 毫米、高 1580 毫米，轴距为 2880 毫米。该车最初搭载一台 3.2 升 I6 发动机，最大功率为 57 千瓦。1938 年换装 3.4 升 I6 发动机，最大功率为 59 千瓦。

梅赛德斯 - 奔驰 W143

所属品牌：梅赛德斯 - 奔驰

量产时间：1937 年

整备质量：1220—1450 千克

梅赛德斯 - 奔驰 W143 是德国梅赛德斯 - 奔驰汽车公司在 1937—1941 年生产的轿车，总产量为 20 336 辆。其车体长 4685 毫米、宽 1720 毫米、高 1710 毫米，轴距为 3050 毫米。该车搭载一台 2.2 升 I6 发动机，最大功率为 40 千瓦，峰值扭矩为 136 牛米。

宝马 320

所属品牌：宝马

量产时间：1937 年

整备质量：1000 千克

宝马 320 是德国宝马汽车公司在 1937—1938 年生产的前置后驱轿车，有双门封闭车厢轿车和双门敞篷轿车两种车体。其车体长 4500 毫米、宽 1540 毫米、高 1500 毫米，轴距为 2750 毫米。该车搭载一台 2 升 I6 发动机，最大功率为 33 千瓦。与发动机匹配的是四速手动变速箱，最高速度为 105 千米 / 时。

凯迪拉克 65 系列是美国通用汽车公司凯迪拉克事业部在 1937—1938 年生产的前置后驱轿车，设计师为哈利·厄尔。该车出自通用汽车 C 平台，有四门封闭车厢轿车和四门敞篷轿车两种车体。该车搭载一台 5.7 升 V8 发动机，最大功率为 101 千瓦。与发动机匹配的是三速手动变速箱。1937 年款和 1938 年款的车体分别长 5288 毫米和 5370 毫米、宽 1890 毫米和 1971 毫米、高 1765 毫米和 1727 毫米，轴距分别为 3327 毫米和 3353 毫米。

凯迪拉克 65 系列

所属品牌：凯迪拉克

量产时间：1937 年

整备质量：1800—2000 千克

1938 年款凯迪拉克 65 四门封闭车厢轿车

梅赛德斯 - 奔驰 W153

所属品牌：梅赛德斯 - 奔驰

量产时间：1938 年

整备质量：1120—1470 千克

梅赛德斯 - 奔驰 W153 是德国梅赛德斯 - 奔驰汽车公司在 1938—1943 年生产的轿车，总产量为 4262 辆。其车体长 4700 毫米、宽 1720 毫米、高 1610 毫米，轴距为 3050 毫米。该车搭载一台 2.3 升 I6 发动机，最大功率为 43 千瓦，峰值扭矩为 139 牛米。

宝马 321

所属品牌：宝马

量产时间：1938 年

整备质量：1000 千克

宝马 321 是德国宝马汽车公司在 1938—1941 年、1945—1950 年生产的前置后驱轿车，总产量为 12 810 辆。其车体长 4500 毫米、宽 1540 毫米、高 1500 毫米，轴距为 2750 毫米。该车搭载一台 2 升 I6 发动机，最大功率为 33 千瓦。与发动机匹配的是四速手动变速箱，最高速度为 115 千米 / 时。

凯迪拉克 61 系列

所属品牌：凯迪拉克

量产时间：1938 年

整备质量：1800—2000 千克

凯迪拉克 61 系列是美国通用汽车公司凯迪拉克事业部在 1938—1951 年生产的前置后驱轿车，一共发展了四代，有双门轿跑车、双门敞篷轿车、四门封闭车厢轿车、四门敞篷轿车等多种车体。其中，第四代车型前期（1948—1949 年）和后期（1950—1951 年）的车体分别长 5436 毫米和 5380 毫米、宽 2007 毫米和 2035 毫米、高均为 1593 毫米，轴距分别为 3200 毫米和 3099 毫米。1948 年款搭载一台 5.7 升 V8 发动机，1949—1951 年款搭载一台 5.4 升 V8 发动机。与发动机匹配的是三速手动变速箱或四速自动变速箱。

1951 年款凯迪拉克 61 四门封闭车厢轿车

凯迪拉克六十专号

所属品牌：	凯迪拉克
量产时间：	1938 年
整备质量：	1800—2000 千克

1938 年款凯迪拉克六十专号

凯迪拉克六十专号是美国通用汽车公司凯迪拉克事业部在 1938—1976 年、1987—1993 年生产的大型轿车，出自通用汽车 C 平台，仅有四门封闭车厢轿车一种车型。该车一共发展了十一代，前十代采用前置后驱设计，设计师为比尔·米切尔。第十一代采用前置前驱设计，设计师为伊文·雷比茨基。历代车型均搭载一台 V8 发动机，排量从 5.4 升到 8.2 升不等。与发动机匹配的是三速手动变速箱、三速自动变速箱或四速自动变速箱。第一代车型的车体长 5273 毫米、宽 1920 毫米、高 1638 毫米，轴距为 3226 毫米。

凯迪拉克 62 系列

所属品牌：	凯迪拉克
量产时间：	1940 年
整备质量：	1900—2000 千克

1940 年款凯迪拉克 62 四门敞篷轿车

凯迪拉克 62 系列是美国通用汽车公司凯迪拉克事业部在 1940—1964 年生产的前置后驱轿车，出自通用汽车 C 平台，有双门轿跑车、四门封闭车厢轿车、双门敞篷轿车、四门敞篷轿车等多种车体。该车一共发展了七代，前五代由哈利·厄尔设计，后两代由比尔·米切尔设计。历代车型均搭载 V8 发动机，排量从 5.4 升到 7 升不等。其中，第一代车型的车体长 5489 毫米、宽 1920 毫米、高 1638 毫米，轴距为 3277 毫米。

哈德逊海军准将

所属品牌：	哈德逊
量产时间：	1941 年
整备质量：	1900 千克

哈德逊海军准将是美国哈德逊汽车公司在 1941—1942 年、1946—1952 年生产的大型车，一共发展了三代。第一代车型的轴距为 3073 毫米（双门轿跑车、双门敞篷轿车）和 3251 毫米（四门轿车），动力配置有 3.3 升 I6 发动机和 4.2 升 I8 发动机，最大功率分别为 76 千瓦和 95 千瓦。

第二代哈德逊海军准将

丰田 AC

所属品牌：	丰田
量产时间：	1943 年
整备质量：	1550 千克

丰田 AC 是日本丰田汽车公司在 1943—1944 年、1947—1948 年生产的前置后驱四门轿车，其车体长 4884 毫米、宽 1734 毫米、高 1746 毫米，轴距为 2850 毫米。该车搭载一台 3.4 升 I6 发动机，最大功率为 63 千瓦。与发动机匹配的是三速手动变速箱。

丰田 SA

所属品牌：丰田

量产时间：1947 年

整备质量：1170 千克

丰田 SA 是日本丰田汽车公司在 1947—1952 年生产的轿车，采用前置后驱布局。其车体长 3800 毫米、宽 1590 毫米、高 1530 毫米，轴距为 2400 毫米。该车搭载一台 1 升 I4 发动机，最大功率为 20 千瓦。与发动机匹配的是三速手动变速箱。

雷诺 4CV

所属品牌：雷诺

量产时间：1947 年

整备质量：620 千克

雷诺 4CV 是法国雷诺汽车公司在 1947—1961 年生产的小型车，采用后置后驱布局，总产量约 110.5 万辆。其车体长 3663 毫米、宽 1430 毫米、高 1470 毫米，轴距为 2100 毫米。该车搭载一台 0.76 升 I4 发动机，最大功率为 24 千瓦。与发动机匹配的是三速手动变速箱。

传奇车型鉴赏：大众甲壳虫

基 本 参 数	
车身长度	4070—4140 毫米
车身宽度	1540—1585 毫米
车身高度	1500 毫米
轴距	2400—2420 毫米
整备质量	730—930 千克

大众甲壳虫是大众汽车公司在 1938—2003 年生产的紧凑型轿车，正式名称为大众 1 型（Volkswagen Type 1）。1998 年，在最初的甲壳虫下线多年以后，大众汽车公司正式推出了外型与原先非常相似的新甲壳虫（以大众高尔夫为平台），而甲壳虫则在墨西哥和其他一些国家一直生产到 2003 年。

研发历史

大众甲壳虫的历史可以追溯到 20 世纪 30 年代的德国。阿道夫·希特勒希望能够生产出一款可以广泛使用的大众化汽车，委任工程师费迪南德·保时捷来完成这项任务。希特勒对这款车的要求是：可以乘载两名成人和三名儿童，最高时速 100 千米，售价不超过 1000 马克。同时还推出了一项储蓄计划，使普通民众可以通过"力量来自欢乐"组织（一个具有国家背景的大型休假组织，为德国当时的劳工组织——德意志劳工阵线的一部分）配给券买到汽车，因此这款汽车也叫作"力量来自欢乐汽车"。费迪南德·保时捷在接受这项任务之前几年就已简明叙述了这款汽车的最初技术参数，但一直未能形成产品，直到他得到了政府的支持。1938 年，大众甲壳虫在柏林汽车博览会上参展。

大众甲壳虫本身是针对经济相对不富裕的家庭，然而因为第二次世界大战，大众甲壳虫反而大量被投入战争（约 5 万辆），只有数百辆投入民用。至战争结束，大众甲壳虫再次投入生产。二战后欧洲经济百废待兴，大众甲壳虫的经济耐用性正好适应这种形势，立刻成为欧洲最畅销的车种。虽然"甲壳虫"这个名称很早就被公众所接受，但直到 1967 年 8 月，大众汽车公司才正式在市场上使用这个名字。而在此之前，欧洲市场都是以"Type 1"或"1200""1300""1500"这些发动机排气量来命名它的。

整体性能

大众甲壳虫采用现今少见的后置后驱布局，可省去车底沉重的传动轴，以及空出车头较大的空间做行李厢。不过，这也导致汽车发生碰撞时，少了发动机作缓冲，大大增加了司机和前排乘客的伤亡率。发动机为气冷式设计，其散热效率虽不如现今普遍的水冷式，但在严寒冬天也不必担心水箱结冻，在二战军用版上更是实用。大众甲壳虫车架为密封式，掉入水里也不会马上下沉，甚至可以当作船只使用。在大众甲壳虫的研发过程中，研发者相当注意汽车本身制作的水准和日后的维修问题，所以大众甲壳虫拥有相当坚实的车体结构和底盘发动机，这是它能成为长寿车的原因之一。

20世纪50年代后期的大众甲壳虫内饰设计

20世纪70年代初的大众甲壳虫

大众新甲壳虫

2.2　进入低谷的豪华轿车

1929年10月24日，美国迎来了它的"黑色星期四"（美国华尔街股市的突然暴跌事件）。这一天，美国金融界崩溃，股票一夜之间从顶峰跌入深渊，价格下跌之快连股票行情自动显示器都跟不上。当月29日，纽约证券交易所里所有的人都陷入了抛售股票的旋涡之中。成千上万的美国人眼睁睁地看着他们一生的积蓄在几天内烟消云散。这是美国证券史上最黑暗的一天，是美国历史上影响最大、危害最深的经济事件，波及西方国家乃至整个世界。此后，美国和全球的经济进入了长达十年的大萧条时期。因此，这一天被视作大萧条时期开启的标志性事件。从 1929 年 10 月 29 日到 11 月 13 日短短的两个星期内，共有 300 亿美元的财富消失，相当于美国在第一次世界大战中的总开支。但美国股票市场崩溃不过是一场灾难深重的经济危机爆发的火山口。

随着股票市场的崩溃，美国经济随即全面陷入毁灭性的灾难之中。之后，经济危机很快从美国蔓延到其他工业国家。对千百万人而言，生活成为吃、穿、住的挣扎。大规模的失业极大地降低了各国民众的生活水平。即使是最富裕的美国，也广泛地存在苦难与贫穷，尤其是在早期阶段，当时受托负责救济的是一些资金不足的私人机构和地方机构。在德国，由于失业率更高，挫折感和紧张情绪也就变得更加尖锐。各国为维护本国利益，加强了贸易保护的措施，进一步恶化了世界经济形势，这也是第二次世界大战爆发的一个重要根源。

在经济大萧条和第二次世界大战的影响下，20 世纪 20 年代开始兴起的豪华汽车遭到了毁灭性的打击。20 世纪 30 年代，由于缺乏买家，各国汽车公司生产的豪华汽车屈指可数。皮尔莱斯、皮尔斯 - 箭、马蒙和杜森博格这些豪华品牌相继走到了生命的尽头。

凯迪拉克 V-12

所属品牌：凯迪拉克
量产时间：1930 年
整备质量：2400—2800 千克

凯迪拉克 V-12 是美国通用汽车公司凯迪拉克事业部在 1930—1937 年生产的前置后驱轿车，包括 1930—1935 年生产的凯迪拉克 370 系列，以及 1936—1937 年生产的凯迪拉克 80 系列和凯迪拉克 85 系列。该车出自通用汽车 D 平台，设计师为哈利·厄尔。凯迪拉克 V-12 有双门敞篷轿车、四门敞篷轿车、双门轿跑车、四门封闭车厢轿车、四门城镇车等多种车体，均搭载一台 6 升 V12 发动机。与发动机匹配的是三速手动变速箱。1931 年款凯迪拉克 370 的车体长 5309 毫米、宽 1869 毫米、高 1842 毫米，轴距为 3556 毫米。

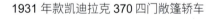
1931 年款凯迪拉克 370 四门敞篷轿车

1937 年款凯迪拉克 85 四门封闭车厢轿车

凯迪拉克 V-16

所属品牌：凯迪拉克
量产时间：1930 年
整备质量：2400—3000 千克

凯迪拉克 V-16 是美国通用汽车公司凯迪拉克事业部在 1930—1940 年生产的前置后驱轿车，是当时世界上第一款搭载 V16 发动机的量产车型，也是凯迪拉克当时最豪华的车型。由于凯迪拉克 V-16 全部采取定制方式生产，所以产量十分低，从 1930 年 1 月发布到由于第二次世界大战爆发而在 1940 年停止销售的 11 年中，全车系一共只生产了 4076 辆。该车分为两代，第一代是 1930—1937 年生产的凯迪拉克 452 系列，第二代是 1938—1940 年生产的凯迪拉克 90 系列。

第一代车型采用 7.4 升 V16 发动机，搭配三速手动变速箱，1930 年款和 1931 年款的车体长 5652 毫米、宽 1869 毫米、高 1842 毫米，轴距为 3759 毫米。第二代车型使用全新的 V16 发动机，汽缸夹角达到 135 度，但是排量降低到 7.1 升，配备双化油器、双燃油泵、双分电器、双水泵，还配备了九轴承曲轴。车体长度为 5639 毫米，轴距缩短至 3581 毫米。

1930 年款第一代凯迪拉克 452 双门敞篷轿车

1939 年款第二代凯迪拉克 90 四门封闭车厢轿车

梅赛德斯-奔驰770是德国梅赛德斯-奔驰汽车公司在1930—1943年生产的前置后驱豪华轿车，分为两个系列，一是1930—1938年生产的W07系列，二是1938—1943年生产的W150系列，总产量为205辆。其车体长5600毫米、宽1840毫米、高1830毫米，轴距为3750毫米。该车搭载一台7.7升I8发动机，最大功率为147千瓦。

梅赛德斯-奔驰770

所属品牌：梅赛德斯-奔驰

量产时间：1930年

整备质量：2700千克

宾利4升

所属品牌：宾利

量产时间：1931年

整备质量：1981千克

宾利4升是英国宾利汽车公司在1931年生产的豪华轿车，总产量为50辆。其车体长4851毫米、宽1740毫米，轴距为3400—3600毫米。该车采用前置后驱布局，搭载一台3.9升I6发动机，最大功率为89千瓦。

宾利 3½ 升

所属品牌：宾利

量产时间：1933 年

整备质量：1139 千克

宾利 3½ 升是英国宾利汽车公司在 1933—1939 年生产的大型豪华轿车，总产量为 2411 辆。该车采用前置后驱布局，轴距为 3200 毫米，搭载一台 3.7 升 I6 发动机，最大功率为 82 千瓦。与发动机匹配的是四速手动变速箱，最高速度为 145 千米/时。

梅赛德斯 - 奔驰 W22

所属品牌：梅赛德斯 - 奔驰

量产时间：1933 年

整备质量：2100 千克

梅赛德斯 - 奔驰 W22 是德国梅赛德斯 - 奔驰汽车公司在 1933—1934 年生产的前置后驱豪华轿车，总产量为 154 辆。其车体长 4690 毫米、宽 1730 毫米、高 1620 毫米，轴距为 3140 毫米。该车搭载一台 3.8 升发动机，最大功率为 103 千瓦。

梅赛德斯 - 奔驰 W29

所属品牌：梅赛德斯 - 奔驰

量产时间：1934 年

整备质量：2170—2500 千克

梅赛德斯 - 奔驰 W29 是德国梅赛德斯 - 奔驰汽车公司在 1934—1936 年生产的豪华轿车，其车体长 4480 毫米、宽 1820 毫米、高 1480 毫米，轴距为 2980 毫米。该车搭载一台 5 升 I8 发动机，最大功率为 118 千瓦。与发动机匹配的是四速手动变速箱或五速手动变速箱。

宝马 326 是德国宝马汽车公司从 1936 年开始生产的轿车，1941 年因战争而停产，1946 年短暂恢复生产，总产量约 1.6 万辆。其车体长 4600 毫米、宽 1600 毫米、高 1540 毫米，轴距为 2870 毫米。该车搭载一台 2 升 I6 发动机，最大功率为 37 千瓦。与发动机匹配的是四速手动变速箱，最高速度为 115 千米/时。

宝马 326

所属品牌：宝马
量产时间：1936 年
整备质量：1100 千克

宝马 335

所属品牌：宝马
量产时间：1939 年
整备质量：1300 千克

宝马 335 是德国宝马汽车公司在 1939—1941 年生产的豪华轿车，总产量为 420 辆。其车体长 4840 毫米、宽 1700 毫米、高 1690 毫米，

轴距为 2980 毫米。该车搭载一台 3.5 升 I6 发动机，最大功率为 67 千瓦。与发动机匹配的是四速手动变速箱，最高速度为 145 千米/时。

林肯大陆

所属品牌：林肯

量产时间：1939 年

整备质量：1800—2000 千克（第一代）

第一代林肯大陆

林肯大陆是美国林肯汽车公司设计和制造的轿车，1939 年开始生产，到 2021 年已发展到第十代，其间三度停产，2002 年和 2015 年出过两款概念车。第十代林肯大陆的官方指导价为 36.08 万—55.58 万元人民币。第十代林肯大陆搭载了 2 升涡轮增压发动机与 3 升 V6 高性能双涡轮增压发动机，后者最大功率为 278 千瓦，峰值扭矩为 570 牛米。传动方面，均匹配六速自动变速箱。这种动力组合在提供强劲动力的同时，带给驾驶者出色的驾驶体验。该车标配的自适应悬挂系统，实时监测车身、转向、加速和制动等状态，并以每秒 500 次的频率监测路面状况，以每秒 100 次的频率独立调节单个车轮的减震器，过滤路面不平或其他情况造成的颠簸，让旅程备感舒适。

第三代林肯大陆

第十代林肯大陆

劳斯莱斯银魂

所属品牌：劳斯莱斯

量产时间：1946 年

整备质量：2230 千克

1947 年款劳斯莱斯银魂

劳斯莱斯银魂是英国劳斯莱斯汽车公司设计和制造的前置后驱四门轿车，在 1946—1958 年生产，总产量为 1883 辆。该车是二战后劳斯莱斯生产的第一款轿车，第一种版本搭载 4.5 升直列六缸发动机，与宾利 MK6 共用手动变速箱和机械伺服辅助制动系统。1951 年，修改后的银魂搭载了 4.6 升发动机，车身开始演变为更现代的风格，一直生产到 1953 年。此外，劳斯莱斯公司还推出了轴距加长的银魂元首版（Silver Wraith LWB），一直生产到 1958 年。银魂采用的新技术包括发动机缸壁镀铬、独立前悬挂、配有同步器的手动变速箱（四速）以及底盘集中润滑系统。它的底盘轴距为 3225.8 毫米，与二战前的设计有很大不同，刚性更高。从 1952 年开始，银魂可以选装四速自动变速箱。

宾利六型

所属品牌：宾利

量产时间：1946 年

整备质量：1850 千克

宾利六型是英国宾利汽车公司在 1946—1952 年生产的大型豪华车，有四门轿车、双门轿车、双门轿跑车等车体，总产量为 5208 辆。其车体长 4877 毫米、宽 1778 毫米、高 1638 毫米，轴距为 3048 毫米。该车搭载 4.3 升、4.6 升排量的 I6 发动机，匹配四速手动变速箱。

知名汽车品牌探秘：劳斯莱斯

劳斯莱斯汽车有限公司是英国一家豪华汽车制造商，为宝马集团的全资子公司。宝马从大众集团取得"劳斯莱斯"品牌及标志使用权后，于 1998 年成立劳斯莱斯汽车有限公司，并从 2003 年起成为劳斯莱斯汽车的唯一制造商。

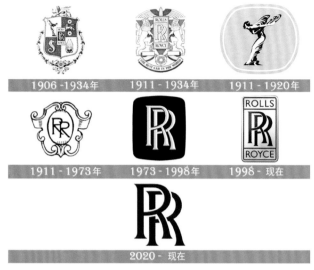

劳斯莱斯品牌标志变迁

劳斯莱斯起源于 1906 年由亨利·罗伊斯和查尔斯·罗尔斯创建的劳斯莱斯有限公司。1884 年，亨利·罗伊斯开始经营电子类与机械类生意。1904 年，亨利·罗伊斯在他的曼彻斯特工厂制造了自己的第一辆汽车。同年 5 月 4 日，他被引见给了查尔斯·罗尔斯，两人的出身、爱好、性格完全不同，但对汽车事业的执着和向往，使他们成为一对出色的搭档。两人达成协议，由亨利·罗伊斯负责生产汽车，查尔斯·罗尔斯负责销售。劳斯莱斯有限公司于 1906 年 3 月 15 日正式成立，并于 1908 年迁至德比郡。

1906 年开始生产的银魅为劳斯莱斯带来了极大的赞誉，被誉为"世界上最好的汽车"。最初的劳斯莱斯汽车与其竞争对手相比具有两大特点：制造工艺简单，行驶时噪声极低。这两大优势很快就成为劳斯莱斯的品牌代名词。1910 年 7 月 12 日，查尔斯·罗尔斯在伯恩茅斯飞行展的一次飞行事故中坠机身亡。1914 年，劳斯莱斯第一款航空发动机——"鹰"推出。在第一次世界大战中，约一半的盟军飞机使用劳斯莱斯的航空发动机。至 20 世纪 20 年代末，航空发动机成为劳斯莱斯最主要的业务。

1921 年，劳斯莱斯第二家工厂在美国马萨诸塞州春田城开张，以满足当地的销售需求。1931 年，劳斯莱斯收购了在大萧条中陷入财政困难的对手宾利。从此直到 2002 年，除了水箱栅格和一些小细节，宾利和劳斯莱斯几乎没有区别。1933 年 4 月 22 日，亨利·罗伊斯去世。

1946 年，劳斯莱斯和宾利的生产工厂都搬到了克鲁。第二次世界大战之后，劳斯莱斯在燃气涡轮发动机的设计和制造方面取得重大进步。20 世纪 50 年代末期和 60 年代是英国航空发动机制造业的黄金时期，在 1966 年劳斯莱斯公司与布里斯托尔希德莱公司合并后达到高峰。此后，由于研发新型 RB211 涡轮风扇发动机，劳斯莱斯公司陷入严重的财务危机，在 1971 年被希思政府实行国有化，国家提供了一系列的财政补助。1973 年，汽车业务被剥离，成立了单独的实体公司——劳斯莱斯汽车公司。主要的航空发动机业务仍属国有，直到 1987 年才被私有化。这也是当时撒切尔政府众多私有化改革之一。

1980 年，劳斯莱斯汽车公司被维克斯武器公司收购。1998 年，维克斯武器公司决定出售劳斯莱斯汽车业务。尽管大众集团出价达 4.3 亿英镑，远高于宝马集团 3.4 亿英镑的出价，但最终胜出的还是宝马集团，主要是因为宝马集团多年来一直为劳斯莱斯和宾利汽车提供发动机和其他部件。

第八代劳斯莱斯幻影

劳斯莱斯库里南

2.3　萌芽阶段的跑车

早在 20 世纪初，跑车就已出现在未来主义艺术作品中。美国是世界上第一个把汽车普及的国家，最早的跑车也出现在美国，福特 T 型双座和敞篷版本可能是最早的跑车。早期的跑车主要靠增大排气量与减轻车重来提高功率和速度，机械和其他轿车无异。二战前，英国跑车工业主要有阿斯顿·马丁、宾利、捷豹、名爵等老厂，宾利在 1926 年首次以"超级跑车"为名宣传新车，宾利男孩多次扬威国际赛车场。德国几家老厂也分别推出自己的跑车，其中宝马 328 更是世界上第一款流线型低风阻的跑车。而后来对跑车影响最大的著名工程师费迪南德·保时捷和恩佐·法拉利都已崭露头角。

20 世纪 30 年代，还出现了日后风行于世的 GT 跑车。事实上，"GT"这个词组早在 17 世纪就诞生了。当时，欧洲的贵族公子在成年之际会花上几个月甚至几年的时间在西欧游历，称为"Grand Tour"，大致的意思为"壮游""大旅行""大巡游""大巡旅""大巡回",这样的旅行在当时花费很大,只有富人支付得起,而在旅行中用的大型马车的车厢被称为 Grand Touring。一直到 19 世纪火车普及之后,这样的"壮游"才慢慢普及开来。20 世纪 30 年代,汽车已摆脱了刚发明时的粗糙形象,意大利一些车厂回想起"壮游"的年代,希望现在的人能开着这样高规格的车去自驾"壮游"。于是,阿尔法·罗密欧和法拉利等一些车厂推出了直接以 GT 命名的车型——Gran Turismo,意为适合长距离高速行驶的豪华跑车。

有别于超级跑车,GT 跑车不单纯追求速度感,舒适度反而更加重要,悬挂系统往往偏软,车身较重,储物空间较多,车厢内饰极尽豪华,当驾驶者有意加速时,发动机会产生雄浑的扭力,令加速易如反掌。传统上,GT 跑车为前置发动机、后轮驱动设计,车头较长,驾驶舱偏后;发动机方面普遍使用大马力的 V12 或 V8 大容积发动机。

布加迪 57 型

所属品牌:布加迪

量产时间:1934 年

整备质量:1400—1600 千克

布加迪 57 型是法国布加迪汽车公司在 1934—1940 年生产的跑车,总产量为 710 辆。其车体长 4020—4370 毫米、宽 1500 毫米,轴距为 2890—3300 毫米。该车搭载一台 3.3 升 I8 发动机,最大功率为 100 千瓦,最高速度为 153 千米/时。

SS 90

所属品牌:燕子挎斗

量产时间:1935 年

整备质量:1143 千克

SS 90 是英国燕子挎斗车公司(Swallow Sidecar Company,捷豹汽车公司的前身)在 1935 年生产的跑车,采用前置后驱布局。其车体长 3810 毫米、宽 1600 毫米,轴距为 2642 毫米。该车搭载一台 2.7 升 I6 发动机,最大功率为 50 千瓦。

SS 100

所属品牌：燕子挎斗

量产时间：1936 年

整备质量：1043 千克

SS 100 是英国燕子挎斗车公司在 1936—1939 年生产的跑车，采用前置后驱布局。其车体长 3886 毫米、宽 1600 毫米、高 1370 毫米，轴距为 2642 毫米。该车最初搭载一台 2.7 升 I6 发动机，最大功率为 75 千瓦。1938 年换装 3.5 升 I6 发动机，最大功率为 92 千瓦。

宝马 328

所属品牌：宝马

量产时间：1936 年

整备质量：830 千克

宝马 328 是德国宝马汽车公司在 1936—1940 年生产的跑车，总产量为 464 辆。其车体长 3900 毫米、宽 1550 毫米、高 1400 毫米，轴距为 2400 毫米。该车搭载一台 2 升 I6 发动机，最大功率为 59 千瓦。与发动机匹配的是四速手动变速箱，最高速度为 150 千米/时。

法拉利 125 S

所属品牌：法拉利

量产时间：1947 年

整备质量：750 千克

法拉利 125 S 是意大利法拉利汽车公司在 1947 年生产的前置后驱跑车，仅制造了 2 辆。其车体长 4500 毫米、宽 1550 毫米、高 1500 毫米，轴距为 2420 毫米。该车搭载一台 1.5 升 V12 发动机，最大功率为 87 千瓦。与发动机匹配的是五速手动变速箱。

知名汽车品牌探秘：宝马

宝马汽车公司是德国一家跨国豪华汽车、摩托车和发动机制造商，总部位于德国巴伐利亚州的慕尼黑。该公司的正式名称为巴伐利亚发动机制造厂股份有限公司（Bayerische Motoren Werke AG，BMW），在中国大陆曾称为巴依尔，后改称宝马。

1917年

1933年

1953年

1963年

1997年

2020年

宝马品牌标志变迁

1913年4月29日，宝马的创始人卡尔·弗里德里希·拉普利用慕尼黑近郊一座原本是制造自行车的工厂厂房，设立了拉普发动机制造厂，从事航空用发动机制造。同年，古斯塔夫·奥图也在附近创立了古斯塔夫·奥图航空机械制造厂，古斯塔夫是四冲程汽油发动机发明者尼古拉斯·奥古斯特·奥图的儿子。

古斯塔夫·奥图后与人合资，在1916年3月7日创立了巴伐利亚飞机制造厂（Bayerische Flugzeugwerke AG，BFW），并且将自己创立了3年的工厂并入这家新厂。同年，拉普也获得银行家卡米罗·卡斯提李奥尼与马克思·弗利兹的资助大幅扩张规模，但却因为评估错误过度扩张导致运营不善，致使拉普在11月14日黯然离开。他的合伙人找到奥地利金融家佛朗兹-约瑟夫·帕普合作接下了发动机厂的业务，在1917年7月20日将工厂改名为巴伐利亚发动机制造厂股份有限公司，由帕普担任首任总裁。当时正值第一次世界大战期间，身为军需供应厂商的BMW，在慕尼黑市郊的欧伯维森菲尔德军用机场附近设置了大型的工厂，持续替军方制造军机发动机直至1918年。1918年8月13日，BMW改制为股票公开上市的股份公司，确立了之后蒸蒸日上的公司规模。1922年，BMW合并了BFW，成为今日我们所熟悉的宝马。但在追溯该公司历史时，公司的官方说法是以BFW的创厂时间为准，也就是1916年3月7日作为宝马的创厂日。

1918年，第一次世界大战结束，根据《凡尔赛和约》的规定，德国境内禁止制造飞机，这严重打击了正在成长中的德国航空工业，也迫使宝马转为制造铁道用的制动器，并开始发展摩托车用的发动机。1927年，位于德国图林根州埃森纳赫市的埃森纳赫车厂，获得英国奥斯汀车厂的授权，开始制造著名的奥斯汀7轿车的德国版本，挂上迪克西（Dixi）的品牌销售。1929年，宝马以1600万马克的价格，并购了埃森纳赫车厂，也因此获得迪克西3/15 PS轿车的生产权，成为该厂第一款汽车产品。1933年登场的宝马303，开创了两项宝马一直维持到今天的传统：其一，它是宝马第一款搭载直列六缸发动机的汽车；其二，该车首度在车头部分采用了著名的"双肾"格栅。

宝马对技术研究十分重视，在专业媒体调试中宝马发动机的马力输出往往比同级车高，而且能保持优良的精致度与低噪声，车架操控性专业评价也通常比同级车杰出，这些驾驶乐趣是宝马能在后来被公认与梅赛德斯-奔驰并驾齐驱的原因。

时至今日，宝马除了以"BMW"作为品牌商标销售各式汽车与摩托车外，也收购过多家外国汽车公司。目前，宝马集团是BMW、MINI、劳斯莱斯三个品牌的拥有者。宝马与奥迪、梅赛德斯-奔驰并列为德国三大豪华汽车制造商。

宝马7系轿车

宝马I8跑车

Chapter 3
冷战前期

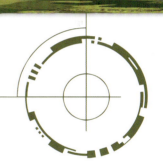

二战后，世界进入汽车时代，汽车无论是在外型、性能还是颜色上，都在不断发展变化。从20世纪50年代开始至70年代初，是汽车产品的多样化时期，也是世界汽车发展的黄金时期。20世纪50年代，美国汽车业界已形成通用、福特、克莱斯勒三大公司鼎立局面，并且以压倒性优势雄踞世界汽车市场。同时期的欧洲厂商也开始实行"量产化"，由于欧洲厂商具有卓越的产品设计能力，从而生产出各式各样的跑车，转而销往美国，最终出现欧美双雄并峙的局面。

1948—1969年

1948年 阿美石油公司在沙特阿拉伯发现了迄今为止仍是全球最大油田的加瓦尔油田	1959年 沃尔沃汽车公司推出了全球首款标配三点式安全带的车型
1949年 克莱斯勒汽车采用点火钥匙起动	1962年 奥兹摩比推出全球首款搭载涡轮增压发动机的车型
1951年 捷豹C型跑车上市，采用了盘式制动器	1963年 沃尔沃汽车公司开始在全球范围内大面积推广三点式安全带
1953年 玻璃纤维薄板加钢筋构成的车身问世	
1954年 梅赛德斯-奔驰300 SL跑车采用燃油直接喷射系统取代了传统的化油器	1964年 福特汽车公司采用计算机辅助设计新车型
	1965年 美国颁布《机动车辆安全法规》《净化空气法案》
1955年 通用汽车公司成为美国历史上第一个纳税超过10亿美元的公司	1967年 大众Type 3 1600TL/E成为全球首款配备电喷系统的车型
	1968年 废气排出控制系统成为各种汽车的标准设备
1956年 福特汽车公司成为美国股票上市企业	1969年 雷诺汽车公司率先使用了电控自动变速箱

3.1 两极分化的普通轿车

二战结束以后，随着美国国力逐渐恢复，汽车产业也开始快速发展。尤其是20世纪40年代后期，美国获得了丰富的石油资源，燃油税也较低。在这种背景下，美国汽车厂商的轿车产品趋于大型和豪华，发动机排量也越来越大。

相比之下，欧洲燃油资源匮乏，燃油税也高，战后经济复兴中重点发展了小型车。欧洲汽车厂商改进国内生产的产品，以适宜各国大同的市场状况。如意大利，国民收入低、燃料税率高，人口集中在街道狭窄、停车条件受限制的古老城区。这些条件导致消费者需求集中在小型车。而在瑞典，燃油税低，国民收入高，城市人口密度小，冬天的驾驶条件恶劣，消费者要求大而耐寒的汽车，耗费更多的燃油也在所不惜。当时许多欧洲汽车厂商都在寻求多样化的解决方案，有的偏爱功率大的发动机，有的设计了别出心裁的汽缸。有的使用后置式发动机，也有的集中研究前悬挂式发动机和后轮驱动。这一时期的欧洲汽车设计轻巧，各具特色又省油，成为主要的出口工业品。各国普遍实行大量生产方式。20世纪60年代，英国奥斯汀Mini小型车采用发动机前横置、前轮驱动结构，使之占用空间更小，车子更紧凑。这种布局几乎成为当代轿车的标准布置方式。

日本方面，由于石油完全依赖进口，故主要发展省油的小型车和柴油商用车。日本引进欧美先进产品和制造技术，把美国管理技术融合为日本方式，推行全面质量管理，整合零部件和材料供应商形成系列化协作配套体系，推行大量生产和设备持续现代化。1963年，丰田汽车公司全面推行把工件号、数量、时间、工程和用途等指令计入看板，实现了精益生产方式，这是组织汽车生产的又一重要技术进步。日本政府和企业共同推进产品出口，参加世界汽车拉力赛促进汽车水平提高，国际竞争力提高，1973年日本出口汽车达200万辆，其中轿车145万辆。

福特领航员

所属品牌：福特

量产时间：1947 年

整备质量：1500 千克

福特领航员是福特汽车英国公司在1947—1951年生产的中大型车，有四门轿车、四门旅行车、双门皮卡、双门轿跑车等车体。其车体长 4445 毫米、宽 1765 毫米，轴距为 2750 毫米。该车搭载 2.2 升、3.6 升排量的 V8 发动机，匹配三速手动变速箱。

福特骑哨

所属品牌：福特

量产时间：1948 年

整备质量：1180 千克

福特骑哨是美国福特汽车公司在1948—1954年生产的大型车，有四门掀背车、四门轿车、四门敞篷车、五门旅行车、双门轿跑车、双门敞篷车等多种车体。其车体长 4500 毫米、宽 1720 毫米、高 1570 毫米，轴距为 2690 毫米。该车搭载 2.2 升、3.9 升排量的 V8 发动机，匹配三速手动变速箱。

大众 14A 型

所属品牌：大众

量产时间：1949 年

整备质量：950 千克

大众 14A 型是德国大众汽车公司在 1949—1953 年生产的敞篷轿车，采用后置后驱布局。该车是在大众甲壳虫的基础上改装而来，沿用了后者的动力配置，最大功率为 19 千瓦。

福特西风

所属品牌：福特

量产时间：1950 年

整备质量：1118 千克（第一代）

第一代福特西风

福特西风是美国福特汽车公司在 1950—1972 年生产的轿车，一共发展了四代。第一代车型的车体长 4369 毫米、宽 1626 毫米、高 1524 毫米，轴距为 2642 毫米。该车搭载一台 2.3 升 I6 发动机，最大功率为 51 千瓦。与发动机匹配的是三速手动变速箱。

福特领事

所属品牌：福特

量产时间：1951 年

整备质量：1225 千克

福特领事是福特汽车英国公司在 1951—1962 年、1972—1975 年生产的轿车，有双门轿车、四门轿车、四门旅行车、双门敞篷车、双门轿跑车、五门旅行车等车体。早期车型的车体长 4166 毫米、宽 1626 毫米、高 1500 毫米，轴距为 2540 毫米。该车搭载一台 1.5 升 I4 发动机，最大功率为 35 千瓦。与发动机匹配的是三速手动变速箱。

福特克雷斯特莱恩

所属品牌：福特

量产时间：1952 年

整备质量：1360—1608 千克

福特克雷斯特莱恩是美国福特汽车公司在 1952—1954 年生产的大型轿车，采用前置后驱布局。其车体长 5024 毫米、宽 1859 毫米，轴距为 2921 毫米。该车搭载 3.7 升 I6 发动机或 3.9 升 V8 发动机，最大功率分别为 81 千瓦和 96 千瓦。

福特主线

所属品牌：福特

量产时间：1952 年

整备质量：1380—1567 千克

福特主线是美国福特汽车公司在 1952—1956 年生产的大型车，有双门轿车、四门轿车、双门轿跑车、双门旅行车等车体。其车体长 5024—5037 毫米、宽 1859—1887 毫米、高 1577—1582 毫米，轴距为 2921 毫米。该车有多种动力配置，包括 3.5 升 I6 发动机、3.6 升 I6 发动机、3.9 升 V8 发动机等。

福特流行

所属品牌：	福特
量产时间：	1953 年
整备质量：	737 千克（福特流行 103E）

福特流行 103E

福特流行是福特汽车英国公司在 1953—1962 年生产的轿车，包括 1953—1959 年生产的福特流行 103E 和 1959—1962 年生产的福特流行 100E。该车上市时是英国售价最低的汽车。福特流行 103E 的车体长 3848 毫米、宽 1435 毫米、高 1638 毫米，轴距为 2286 毫米。该车搭载一台 1.2 升 I4 发动机，最大功率为 22 千瓦。与发动机匹配的是三速手动变速箱。

福特费尔莱恩

所属品牌：	福特
量产时间：	1955 年
整备质量：	1397—1480 千克（第一代）

第一代福特费尔莱恩

福特费尔莱恩是美国福特汽车公司在 1955—1970 年生产的中大型轿车，采用前置后驱布局，一共发展了七代。第一代车型的车体长 5040 毫米、宽 1930 毫米，轴距为 2930 毫米。该车有多种动力配置，包括 3.7 升 I6 发动机、4.5 升 V8 发动机、4.8 升 V8 发动机、5.1 升 V8 发动机等。与发动机匹配的是三速自动变速箱。

宝马 600

所属品牌：	宝马
量产时间：	1957 年
整备质量：	515 千克

宝马 600 是德国宝马汽车公司在 1957—1959 年生产的微型车，总产量为 34 813 辆。其车体长 2900 毫米、宽 1400 毫米、高 1375 毫米，轴距为 1700 毫米。该车搭载一台 0.6 升发动机，最大功率为 14 千瓦，峰值扭矩为 38 牛米。与发动机匹配的是四速手动变速箱，最高速度为 103 千米/时。

福特德尔里奥
所属品牌：福特
量产时间：1957 年
整备质量：1700 千克

福特德尔里奥是美国福特汽车公司在 1957—1958 年生产的双门旅行车，采用前置后驱布局。其车体长 5148 毫米，轴距为 2946 毫米。该车有多种动力配置，包括 3.7 升 I6 发动机、5.4 升 V8 发动机、5.8 升 V8 发动机。与发动机匹配的是三速自动变速箱。

丰田科罗娜是日本丰田汽车公司在 1957—2001 年生产的紧凑型轿车，一共发展了十一代。第一代车型的车体长 3912 毫米、宽 1470 毫米、高 1518 毫米，轴距为 2400 毫米。该车搭载一台 1 升 I4 发动机，最大功率为 33 千瓦。与发动机匹配的是三速手动变速箱。

丰田科罗娜
所属品牌：丰田
量产时间：1957 年
整备质量：960—1005 千克（第一代）

第一代丰田科罗娜

第十一代丰田科罗娜

福特银河

所属品牌：福特

量产时间：1958 年

整备质量：1732—1838 千克（第四代）

福特银河是美国福特汽车公司在 1958—1983 年生产的大型车，一共发展了四代，有双门轿车、四门轿车、四门旅行车、双门敞篷车等车体。第四代车型的车体长 5433—5509 毫米、宽 2017—2027 毫米、高 1344—1400 毫米，轴距为 3073 毫米。该车有多种动力配置，包括 3.9 升排量的 I6 发动机，以及 4.9 升、5.8 升、6.4 升、6.6 升、7 升、7.5 升排量的 V8 发动机。与发动机匹配的是三速手动变速箱。

第四代福特银河

福特猎鹰

所属品牌：福特

量产时间：1959 年

整备质量：1400 千克（第一代）

第一代福特猎鹰

福特猎鹰是美国福特汽车公司在 1959—1970 年生产的紧凑型车，一共发展了三代。第一代车型的车体长 4597 毫米、宽 1781 毫米、高 1382 毫米，轴距为 2781 毫米。该车搭载 2.4 升、2.8 升排量的 I6 发动机或 4.3 升排量的 V8 发动机。与发动机匹配的是三速手动变速箱、四速手动变速箱或两速自动变速箱。

宝马 700

所属品牌：宝马

量产时间：1959 年

整备质量：640—690 千克

宝马 700 是德国宝马汽车公司在 1959—1965 年生产的小型轿车，总产量为 18.8 万辆。其车体长 3540 毫米、宽 1480 毫米、高 1270 毫米，轴距为 2120 毫米。该车搭载一台 0.7 升发动机，最大功率为 29 千瓦，峰值扭矩为 51 牛米。与发动机匹配的是四速手动变速箱，最高速度为 135 千米/时。

大众 3 型

所属品牌：大众

量产时间：1961 年

整备质量：880 千克

大众 3 型是德国大众汽车公司在 1961—1973 年生产的紧凑型轿车，总产量约 254 万辆。其车体长 4225 毫米、宽 1605 毫米、高 1475 毫米，轴距为 2400 毫米。该车搭载 1.5 升、1.6 升排量的水平对置四缸发动机，匹配四速手动变速箱或三速自动变速箱。

丰田国民 P10

所属品牌：丰田

量产时间：1961 年

整备质量：580 千克

丰田国民 P10 是日本丰田汽车公司在 1961—1966 年生产的小型车，有双门轿车、三门旅行车、双门敞篷车、双门皮卡四种车体。其车体长 3520 毫米、宽 1415 毫米、高 1203 毫米，轴距为 2130 毫米。该车搭载一台 0.7 升水平对置二缸发动机，最大功率为 24 千瓦。与发动机匹配的是四速手动变速箱或两速自动变速箱。

福特科尔蒂纳

所属品牌：福特

量产时间：1962 年

整备质量：940 千克（第一代）

第一代福特科尔蒂纳

福特科尔蒂纳是福特汽车英国公司在 1962—1982 年生产的大型车，一共发展了五代。第一代车型的车体长 4274 毫米、宽 1588 毫米、高 1435 毫米，轴距为 2489 毫米。该车搭载 1.2 升、1.5 升、1.6 升排量的 I4 发动机，匹配四速手动变速箱或三速自动变速箱。

奥迪 F103 是德国奥迪汽车公司在 1965—1972 年生产的紧凑型轿车，总产量约 41.7 万辆。其车体长 4380 毫米、宽 1626 毫米、高 1451 毫米，轴距为 2490 毫米。该车有多种动力配置，包括 1.5 升 I4 发动机、1.7 升 I4 发动机和 1.8 升 I4 发动机，均匹配四速手动变速箱。

奥迪 F103

所属品牌：奥迪

量产时间：1965 年

整备质量：960—1065 千克

福特 LTD 是美国福特汽车公司在 1965—1983 年生产的中大型车，一共发展了四代。第四代车型的车体长 4991 毫米、宽 1803 毫米、高 1367 毫米，轴距为 2682 毫米。该车有多种动力配置，包括 2.3 升 I4 发动机、3.3 升 I6 发动机、3.8 升 V6 发动机和 4.9 升 V8 发动机。与发动机匹配的是四速手动变速箱、三速自动变速箱或四速自动变速箱。

福特 LTD

所属品牌：福特

量产时间：1965 年

整备质量：1361 千克（第四代）

第四代福特 LTD

丰田国民 P20

所属品牌：丰田

量产时间：1966 年

整备质量：580 千克

丰田国民 P20 是日本丰田汽车公司在 1966—1969 年生产的小型车，其车身尺寸和整备质量与丰田国民 P10 相同。该车搭载一台 0.8 升水平对置二缸发动机，最大功率为 33 千瓦。与发动机匹配的是四速手动变速箱或两速自动变速箱。

宝马 02 系

所属品牌：宝马

量产时间：1966 年

整备质量：960 千克（1602）

宝马 2002 Turbo

宝马 02 系是德国宝马汽车公司在 1966—1977 年生产的轿车，包括 1602、2002、2002 Turbo、1802、1502 等多个车型。1502 和 1602 搭载 1.6 升 I4 发动机，1802 搭载 1.8 升 I4 发动机，2002 搭载 2 升 I4 发动机，2002 Turbo 搭载 2 升 I4 涡轮增压发动机。与发动机匹配的是四速手动变速箱、五速手动变速箱或三速自动变速箱。

大众 4 型

所属品牌：大众

量产时间：1968 年

整备质量：1020—1120 千克

大众 4 型是德国大众汽车公司在 1968—1974 年生产的中大型轿车，采用后置后驱布局。其车体长 4553 毫米、宽 1675 毫米、高 1475 毫米，轴距为 2500 毫米。该车先后搭载了 1.7 升和 1.8 升两种排量的水平对置四缸发动机，匹配四速手动变速箱或三速自动变速箱。

丰田短跑家是日本丰田汽车公司在1968—2000年生产的紧凑型轿车，是丰田卡罗拉的姊妹车型，一共发展了八代。第八代车型的车体长4120毫米、宽1690毫米、高1380毫米，轴距为2465毫米。该车搭载1.3升、1.4升、1.5升、1.6升、1.8升排量的I4汽油发动机，以及1.9升、2升、2.2升排量的I4柴油发动机，匹配五速手动变速箱、六速手动变速箱、三速自动变速箱或四速自动变速箱。

丰田短跑家

所属品牌：丰田

量产时间：1968年

整备质量：1095千克（第八代）

第八代丰田短跑家

丰田 Mark II

所属品牌：丰田

量产时间：1968年

整备质量：1530—1885千克（第九代）

第九代丰田 Mark II

丰田 Mark II 是日本丰田汽车公司在1968—2004年生产的轿车，一共发展了九代，前三代定位为紧凑型轿车，后六代定位为中型轿车。第九代车型的车体长4735毫米、宽1760毫米、高1460毫米，轴距为2780毫米。该车搭载2升、2.5升排量的I6发动机，匹配五速手动变速箱、四速自动变速箱或五速自动变速箱。

福特科塞尔

所属品牌：福特

量产时间：1968 年

整备质量：920—1005 千克（第一代）

第一代福特科塞尔

福特科塞尔是福特汽车巴西公司在 1968—1986 年生产的轿车，一共发展了两代。第一代车型的车体长 4390—4410 毫米、宽 1610 毫米、高 1370—1430 毫米，轴距为 2440 毫米。动力配置方面，搭载 1.3 升、1.4 升排量的 I4 发动机，匹配四速手动变速箱。

福特护卫

所属品牌：福特

量产时间：1968 年

整备质量：825—900 千克（第一代）

福特护卫是福特汽车欧洲公司在 1968—2002 年生产的小型车，一共发展了六代。第一代车型的车体长 3978—4070 毫米、宽 1565—1572 毫米、高 1391—1425 毫米，轴距为 2400 毫米。动力配置方面，有 0.9 升、1.1 升、1.3 升、1.6 升、1.7 升、2 升等多种排量的 I4 发动机。

第一代福特护卫

福特托里诺

所属品牌：福特

量产时间：1968 年

整备质量：1330—1594 千克（第一代）

福特托里诺是美国福特汽车公司在 1968—1976 年生产的中型车，一共发展了三代。第一代车型的车体长 5105 毫米、宽 1895 毫米、高 1397 毫米，轴距为 2946 毫米。该车有多种动力配置，包括 3.3 升排量的 I6 发动机，以及 4.7 升、4.9 升、6.4 升、7 升排量的 V8 发动机。与发动机匹配的是三速手动变速箱、四速手动变速箱或三速自动变速箱。

第一代福特托里诺

丰田国民 P30/50

所属品牌：丰田

量产时间：1969 年

整备质量：635—705 千克

丰田国民 P30/50 是日本丰田汽车公司在 1969—1988 年生产的小型车，有双门轿车、双门轿跑车、三门旅行车、双门皮卡四种车体。其车体长 3645—3835 毫米、宽 1450—1490 毫米、高 1380—1390 毫米，轴距为 2160—2280 毫米。该车有多种动力配置，包括 0.8 升 H2 发动机、1 升 I4 发动机、1.1 升 I4 发动机、1.2 升 I4 发动机、1.3 升 I4 发动机等。与发动机匹配的是四速手动变速箱、五速手动变速箱或两速自动变速箱。

传奇车型鉴赏：丰田皇冠

基本参数（第一代）	
车身长度	4285 毫米
车身宽度	1679 毫米
车身高度	1524 毫米
轴距	2530 毫米
整备质量	1152 千克

丰田皇冠是日本丰田汽车公司生产的大型豪华轿车，是丰田最为悠久的四门轿车，2021 年已发展到第十五代。该车在丰田产品系列中等级仅次于丰田世纪和丰田皇冠马杰斯塔。

研发历史

丰田皇冠最初是为出租车市场而设计，1955 年开始批量生产，主要在日本及亚洲部分国家销售。20 世纪 50 年代末，丰田皇冠进入美国市场。1964 年，丰田皇冠开始出口欧洲市场，最先进入的是芬兰、荷兰、比利时。英国在 20 世纪 80 年代以前也有丰田皇冠销售，但后来官方停止销售，只有少量丰田皇冠以平行进口方式销售。1965 年至 1968 年，丰田皇冠曾出口至加拿大。20 世纪 60 年代中期至 80 年代，曾在澳大利亚本地生产。20 世纪 80 年代以后，丰田皇冠在许多国家逐渐被雷克萨斯 GS 系列取代。

第一代丰田皇冠

第七代丰田皇冠

第十五代丰田皇冠

皇冠对丰田后来推出的汽车的命名产生了巨大影响,如丰田卡罗拉在拉丁语中意为"小皇冠",丰田凯美瑞是日语"皇冠"的音译,丰田科罗娜的名字则源于西班牙语"皇冠"。

整体性能

第一代车型搭载 1.5 升发动机,采用了前轮双叉杆式悬架、轿车专用底盘等技术;第二代车型采用四灯式前大灯,初次采用两速全自动变速箱;第三代车型采用曲面玻璃设计,扩大了内部空间,盘式刹车的导入,使安全性能得到提高;第四代车型在注重外观造型与空气阻力的考量下形成独特的纺锤体造型,并首次采用电子燃料注入系统;第五代车型采用四速自动变速箱,以及可以感应车速的助力转向系统及后座电动座椅等与高级轿车相匹配的设备;第六代车型搭载 2.8 升 I6 发动机,配备了涡轮增压,在提高动力性的同时,节省了能源;第七代车型采用四轮独立悬挂,ABS 成为标准配置,初次在发动机上搭载了机械式增压装置。

第八代车型采用电子控制空气悬架、牵引力控制等先进技术,并积极采用综合信息显示系统等先进装备;第九代车型初次配备五速自动变速箱、3 升 I6 发动机,外型设计彰显全新气质与风格;第十代车型采用承载式车身,初次采用车身稳定控制系统(VSC)、智能可变气门正时系统(VVT-I)等新技术;第十一代车型在传统的风格中融合了华丽的现代设计,首次配备 3 升 I6 直喷发动机;第十二代车型搭载 3 升 V6 发动机、双向 VVT-I、六速自动变速箱等，使卓越的舒适性与运动性得以兼备；第十三代车型首次采用混合动力系统，搭载 3.5 升 V6 发动机和电动机组合的油电混合动力系统；第十四代车型采用新的大嘴式前脸设计，搭载 2.5 升 V6 和 3.5 升 V6 两种汽油发动机；第十五代车型的中网采用了倒梯形的设计，外型更加运动和年轻化。

3.2 更大更强的豪华轿车

1948 年，美国独占沙特阿拉伯石油资源，大量石油使汽车燃料和生产汽车所需电力及各类材料得到低价充分供应，美国不但有充足的汽油供使用，且有低价格和低汽油税。汽车厂商生产高档车利润丰厚，促进美国轿车走向大型与豪华，发动机排量小则 3 升，大则超过 7 升。自动变速、助力制动、动力转向和车身与底盘成一体的结构已普及，大型尾翼、多款镀铬件和优质涂料将汽车打造得光亮夺目。虽然汽车耐用期已增加到 10 年，但是崇尚消费的美国人平均每 3 年就会换新车，所以美国各大汽车厂商纷纷采用产品换型、变更式样的策略，用大尺寸、大马力、高操纵性来提升产品价格，最大限度获取利润。相比之下，欧洲汽车厂商生产的豪华轿车在车身尺寸和发动机排量方面都更小。

宝马 340

所属品牌：宝马

量产时间：1949 年

整备质量：1200 千克

宝马 340 是德国宝马汽车公司在 1949—1955 年生产的豪华轿车，总产量为 21 250 辆。其车体长 4600 毫米、宽 1770 毫米、高 1630 毫米，轴距为 2870 毫米。该车搭载一台 2 升 I6 发动机，最大功率为 40 千瓦。与发动机匹配的是四速手动变速箱。

梅赛德斯-奔驰 W186

所属品牌：梅赛德斯-奔驰

量产时间：1951 年

整备质量：1770—1990 千克

梅赛德斯-奔驰 W186 是德国梅赛德斯-奔驰汽车公司在 1951—1957 年生产的轿车，其车体长 4950 毫米、宽 1838 毫米、高 1600 毫米，轴距为 3050 毫米。该车搭载一台 3 升 I6 发动机，最大功率为 92 千瓦。与发动机匹配的是四速手动变速箱或三速自动变速箱。

梅赛德斯-奔驰 W187

所属品牌：梅赛德斯-奔驰

量产时间：1951 年

整备质量：1350 千克

梅赛德斯-奔驰 W187 是德国梅赛德斯-奔驰汽车公司在 1951—1955 年生产的轿车，总产量约 1.85 万辆。其车体长 4507 毫米、宽 1685 毫米、高 1610 毫米，轴距为 2845 毫米。该车搭载一台 2.2 升 I6 发动机，最大功率为 59 千瓦，峰值扭矩为 142 牛米。与发动机匹配的是四速手动变速箱。

梅赛德斯-奔驰 W188

所属品牌：梅赛德斯-奔驰

量产时间：1951 年

整备质量：1670 千克

梅赛德斯-奔驰 W188 是德国梅赛德斯-奔驰汽车公司在 1951—1958 年生产的轿车，有双门轿跑车、双门敞篷轿车、双门敞篷跑车三种车体。其车体长 4700 毫米、宽 1916 毫米、高 1510 毫米，轴距为 2900 毫米。该车搭载一台 3 升 I6 发动机，最大功率为 110 千瓦。与发动机匹配的是四速手动变速箱。

宝马 501

所属品牌：宝马

量产时间：1952 年

整备质量：1340 千克

宝马 501 是德国宝马汽车公司在 1952—1962 年生产的豪华轿车，有四门轿车、双门敞篷车和双门轿跑车等车体。其车体长 4730 毫米、宽 1780 毫米、高 1530 毫米，轴距为 2835 毫米。该车有多种动力配置，包括 2 升 I6 发动机、2.1 升 I6 发动机、2.6 升 V8 发动机等。与发动机匹配的是四速手动变速箱。

梅赛德斯-奔驰 W120/W121 是德国梅赛德斯-奔驰汽车公司在 1953—1962 年生产的前置后驱轿车，是梅赛德斯-奔驰有史以来第一款全封闭车身设计的车型。梅赛德斯-奔驰 W120 于 1953 年推出，属直列四缸发动机轿车，由梅赛德斯-奔驰研制的 1.8 升 M136 发动机驱动。到 1956 年衍生出功率更大的梅赛德斯-奔驰 W121，使用 1.9 升 M121 发动机。该系列轿车完全摆脱了大翼子板、折叠式发动机盖和外挂式车灯等战前车型的元素，形成了现代化的三厢轿车风格，圆润的车身造型使其获得了"浮筒"的绰号。梅赛德斯-奔驰 W120/W121 也被认为是梅赛德斯-奔驰 E 级的鼻祖。

梅赛德斯-奔驰 W120/W121

所属品牌：梅赛德斯-奔驰

量产时间：1953 年

整备质量：1150—1220 千克

第一代凯迪拉克埃多拉多

凯迪拉克埃多拉多

所属品牌：凯迪拉克

量产时间：1953 年

整备质量：2300 千克（第一代）

凯迪拉克埃多拉多是美国通用汽车公司凯迪拉克事业部在 1953—2002 年生产的轿车，一共发展了十二代，前七代采用前置后驱，后五代采用前置前驱。第一代车型在 1953 年生产，仅有双门敞篷轿车，其车体长 5608 毫米、宽 2035 毫米、高 1486 毫米，轴距为 3200 毫米。车上搭载一台 5.4 升 V8 发动机，匹配四速自动变速箱。而发动机排量最大的是 1967—1970 年生产的第八代车型，配备了 7 升、7.7 升和 8.2 升三种排量的 V8 发动机。

梅赛德斯-奔驰 W180

所属品牌：梅赛德斯-奔驰

量产时间：1954 年

整备质量：1300—1450 千克

梅赛德斯-奔驰 W180 是德国梅赛德斯-奔驰汽车公司在 1954—1959 年生产的轿车，总产量约 8.5 万辆。其车体长 4670 毫米、宽 1740 毫米、高 1530 毫米，轴距为 2700 毫米。该车搭载一台 2.2 升 I6 发动机，最大功率为 78 千瓦，峰值扭矩为 162 牛米。与发动机匹配的是四速手动变速箱。

宝马 502

所属品牌：宝马

量产时间：1954 年

整备质量：1440 千克

宝马 502 是德国宝马汽车公司在 1954—1964 年生产的豪华轿车，由宝马 501 衍生而来，有四门轿车、双门敞篷车和双门轿跑车等车体。其车体长 4730 毫米、宽 1780 毫米、高 1530 毫米，轴距为 2835 毫米。该车有多种动力配置，包括 2.6 升 V8 发动机、3.2 升 V8 发动机等。与发动机匹配的是四速手动变速箱。

梅赛德斯-奔驰 W105

所属品牌：梅赛德斯-奔驰

量产时间：1956 年

整备质量：1290 千克

梅赛德斯-奔驰 W105 是德国梅赛德斯-奔驰汽车公司在 1956—1959 年生产的前置后驱轿车，仅生产了 27 845 辆。其车体长 4650 毫米、宽 1740 毫米、高 1560 毫米，轴距为 2750 毫米。该车搭载一台 2.2 升 I6 发动机，最大功率为 63 千瓦，峰值扭矩为 157 牛米。与发动机匹配的是四速手动变速箱。

梅赛德斯 - 奔驰 W189 是德国梅赛德斯 - 奔驰汽车公司在 1957—1962 年生产的前置后驱轿车，其车体长 5190 毫米、宽 1860 毫米、高 1620 毫米，轴距为 3150 毫米。该车搭载一台 3 升 I6 发动机，最大功率为 132 千瓦。与发动机匹配的是四速手动变速箱或三速自动变速箱。

梅赛德斯 - 奔驰 W189

所属品牌：梅赛德斯 - 奔驰

量产时间：1957 年

整备质量：1950 千克

梅赛德斯 - 奔驰 W128

所属品牌：梅赛德斯 - 奔驰

量产时间：1958 年

整备质量：1400 千克

梅赛德斯 - 奔驰 W128 是德国梅赛德斯 - 奔驰汽车公司在 1958—1960 年生产的轿车，有四门轿车、双门轿跑车、双门敞篷车三种车体，一共生产了 3916 辆。四门轿车的轴距为 2820 毫米，双门轿跑车和双门敞篷车的轴距为 2700 毫米。该车搭载一台 2.2 升 I6 发动机，匹配四速手动变速箱。

汽车联盟 1000

所属品牌：汽车联盟

量产时间：1958 年

整备质量：950 千克

汽车联盟 1000 是德国汽车联盟公司（奥迪汽车公司的前身）在 1958—1965 年生产的轿车，总产量约 17.8 万辆。其车体长 4170 毫米、宽 1727 毫米、高 1486 毫米，双门版和四门版的轴距分别为 2350 毫米和 2450 毫米。该车搭载一台 1 升 I3 发动机，匹配四速手动变速箱。

凯迪拉克帝威

所属品牌：凯迪拉克

量产时间：1958 年

整备质量：2200—2300 千克（第一代）

第一代凯迪拉克帝威

凯迪拉克帝威是美国通用汽车公司凯迪拉克事业部在 1958—2005 年生产的轿车，一共发展了八代，前五代采用前置后驱，后三代采用前置前驱。历代车型多使用 V8 发动机，排量从 4.1 升到 8.2 升不等。第五代和第六代还有 V6 发动机车型，排量分别为 4.1 升和 4.3 升。第一代的车体长 5715 毫米、宽 2037 毫米、高 1427 毫米，轴距为 3302 毫米。

梅赛德斯 - 奔驰 W111

所属品牌：梅赛德斯 - 奔驰

量产时间：1959 年

整备质量：1320 千克

梅赛德斯 - 奔驰 W111 是德国梅赛德斯 - 奔驰汽车公司在 1959—1971 年生产的轿车，总产量约 37 万辆。其车体长 4875 毫米、宽 1795 毫米、高 1510 毫米，轴距为 2750 毫米。该车有多种动力配置，包括 2.2 升 I6 发动机、2.3 升 I6 发动机、2.5 升 I6 发动机、2.8 升 I6 发动机、3 升 I6 发动机、3.5 升 V8 发动机等。

梅赛德斯 - 奔驰 W110

所属品牌：梅赛德斯 - 奔驰

量产时间：1961 年

整备质量：1250 千克

梅赛德斯 - 奔驰 W110 是德国梅赛德斯 - 奔驰汽车公司在 1961—1968 年生产的前置后驱轿车，是梅赛德斯 - 奔驰 W120/W121 的替代车型。该车的发动机盖明显缩短，车尾则有所加长，使其后备厢的容积大幅增加。值得注意的是，梅赛德斯 - 奔驰已开始关注车辆在碰撞时的安全性，在梅赛德斯 - 奔驰 W110 的车身前后设有缓冲区，用来吸收碰撞时的冲击力，这在当时是一个非常具有前瞻性的理念，后期的车型甚至已经过碰撞测试的检验。梅赛德斯 - 奔驰还对该车的内饰进行了个性化的设计，典型的特征是横向刻度式速度表，看上去像是温度计。

梅赛德斯 - 奔驰 W100

所属品牌：梅赛德斯 - 奔驰

量产时间：1963 年

整备质量：2990—3280 千克

梅赛德斯 - 奔驰 W100 是德国梅赛德斯 - 奔驰汽车公司在 1963—1981 年生产的前置后驱轿车，仅生产了 2677 辆。标准版的车体长 5540 毫米、宽 1950 毫米、高 1500 毫米，轴距为 3200 毫米。长轴距版的车体宽度保持不变，车体长度、高度和轴距都有所增加。该车搭载一台 6.3 升 V8 发动机，最大功率为 184 千瓦，峰值扭矩为 500 牛米。

梅赛德斯 - 奔驰 W108/W109

所属品牌：梅赛德斯 - 奔驰

量产时间：1965 年

整备质量：1470—1680 千克

梅赛德斯 - 奔驰 W108/W109 是德国梅赛德斯 - 奔驰汽车公司在 1965—1972 年生产的前置后驱轿车，总产量约 38 万辆。其车体长 4900 毫米、宽 1810 毫米、高 1440 毫米，轴距为 2750 毫米。该车有多种动力配置，包括 2.5 升 I6 发动机、2.8 升 I6 发动机、3 升 I6 发动机、3.5 升 V8 发动机、4.5 升 V8 发动机、6.3 升 V8 发动机等。

凯迪拉克加来

所属品牌：凯迪拉克

量产时间：1965 年

整备质量：2100—2200 千克（第一代）

第一代凯迪拉克加来

凯迪拉克加来是美国通用汽车公司凯迪拉克事业部在 1965—1976 年生产的前置后驱轿车，1965—1970 年为第一代，1971—1976 年为第二代。第一代车型的轴距为 3289 毫米，有 7 升 V8 发动机和 7.7 升 V8 发动机两种动力配置，匹配三速自动变速箱。第二代车型的轴距为 3302 毫米，有 7.7 升 V8 发动机和 8.2 升 V8 发动机两种动力配置，同样匹配三速自动变速箱。

玛莎拉蒂吉卜力是意大利玛莎拉蒂汽车公司研制的四门轿车，1967—1973年生产第一代车型，1992—1998年生产第二代车型，2013年推出第三代车型，官方指导价为78.88万—118.88万元人民币。吉卜力搭载两种不同功率的3升V6双涡轮增压发动机，低功率版发动机最大功率为243千瓦，峰值扭矩为500牛米，高功率版发动机最大功率为301千瓦，峰值扭矩为550牛米。与发动机匹配的是八速手自一体变速箱，带有手动、雪地以及运动模式。吉卜力全部车型标配限滑式差速器，目的是在各种驾驶条件下实现最佳牵引效果。

玛莎拉蒂吉卜力

所属品牌：玛莎拉蒂

量产时间：1967年

整备质量：1650-1770千克（第一代）

第二代玛莎拉蒂吉卜力

第一代玛莎拉蒂吉卜力

第三代玛莎拉蒂吉卜力

丰田世纪

所属品牌：丰田

量产时间：1967 年

整备质量：2370 千克（第三代）

丰田世纪是日本丰田汽车公司为了纪念丰田始创人丰田喜一郎的父亲丰田佐吉诞辰 100 周年而研制的大型轿车，也是丰田旗下的顶级产品，有"日本劳斯莱斯"之称。2018 年，第三代丰田世纪上市，其车体长 5335 毫米、宽 1930 毫米、高 1505 毫米，轴距为 3090 毫米。该车搭载一台最大功率为 280 千瓦的 5 升 V8 发动机，以及一台 165 千瓦电动机，匹配电子无极变速箱。

第一代丰田世纪

第二代丰田世纪

第三代丰田世纪

梅赛德斯-奔驰 W114/W115 是德国梅赛德斯-奔驰汽车公司在 1968—1976 年生产的前置后驱轿车，是梅赛德斯-奔驰 W110 的替代车型。该车的外型简洁优雅，复杂的"鱼尾"被彻底去掉，圆角矩形大灯呈竖直状，中网的高度明显降低，这一切都让梅赛德斯-奔驰 W114/W115 更富有时代气息。而该车最大的改进在于全承载式车身、拖曳臂后悬架和催化转化器的应用。

梅赛德斯-奔驰 W114/W115

所属品牌：梅赛德斯-奔驰

量产时间：1968 年

整备质量：1360—1555 千克

宝马 E3

所属品牌：宝马

量产时间：1968 年

整备质量：1334 千克

宝马 E3 是德国宝马汽车公司在 1968—1977 年生产的豪华轿车，其车体长 4700 毫米、宽 1750 毫米、高 1450 毫米，轴距为 2692 毫米。该车有多种动力配置，包括 2.5 升 I6 发动机、2.8 升 I6 发动机、3 升 I6 发动机、3.2 升 I6 发动机、3.3 升 I6 发动机等。与发动机匹配的是四速手动变速箱、五速手动变速箱或三速自动变速箱。

奥迪 100

所属品牌：奥迪

量产时间：1968 年

整备质量：1089 千克（第一代）

第一代奥迪 100

奥迪 100 是德国奥迪汽车公司在 1968—1994 年生产的轿车，一共发展了四代。第一代车型的车体长 4399 毫米、宽 1727 毫米、高 1417 毫米，轴距为 2675 毫米。动力配置方面，有 1.6 升 I4 发动机、1.8 升 I4 发动机、1.9 升 I4 发动机等，匹配四速手动变速箱。

捷豹 XJ

所属品牌：捷豹

量产时间：1968 年

整备质量：1796 千克（第四代）

第一代捷豹 XJ

捷豹 XJ 是英国捷豹汽车公司研制的轿车，1968 年开始生产，到 2021 年已发展到第四代，官方指导价为 88.8 万—106.8 万元人民币。第四代捷豹 XJ 有两种动力可选：第一种是 2 升 I4 涡轮增压汽油发动机，凭借多项创新技术的运用，在转速为 5500 转/分时功率可达峰值 177 千瓦，转速为 2000—4000 转/分时扭矩为 340 牛米，0—100 千米/时加速时间仅需 7.5 秒，最高速度为 241 千米/时；第二种是 3 升 V6 机械增压汽油发动机，最大输出功率为 250 千瓦，最大输出扭矩为 450 牛米，0—100 千米/时加速时间仅需 5.9 秒，最高速度达 250 千米/时。与发动机匹配的是八速自动变速箱，并搭配了自动启停系统。

第四代捷豹 XJ

传奇车型鉴赏：玛莎拉蒂总裁

基本参数（第一代）	
车身长度	5000 毫米
车身宽度	1720 毫米
车身高度	1360 毫米
轴距	2750 毫米
整备质量	1757 千克

第一代玛莎拉蒂总裁

玛莎拉蒂总裁是意大利玛莎拉蒂汽车公司研制的高性能豪华轿车，自 1963 年第一代车型问世，到 2021 年已发展到第六代，官方指导价为 141.8 万—162.1 万元人民币。其名称"Quattroporte"来自意大利语，意思是"四门"。

研发历史

1963 年意大利都灵汽车展上，由皮埃特罗·费鲁瓦设计的第一代总裁轿车首次亮相，向世人展示了将跑车的性能与豪华轿车的舒适性结合在一起的创举。第二代车型在 1974 年巴黎汽车展上亮相，与法国雪铁龙共用一个生产平台。第三代车型在 1979 年亮相，由意大利乔治亚罗设计公司所操刀设计。第四代车型在 1994 年都灵汽车展上亮相，由马塞罗·甘迪尼操刀设计。第五代车型在 2003 年法兰克福车展上亮相，由宾尼法利纳负责设计，这也是总裁系列中产量最高的一代，达 25 000 辆。第六代车型在 2013 年 1 月北美车展中登场，但 2012 年 11 月已正式投产。

第六代玛莎拉蒂总裁

整体性能

第一代车型采用 4.1 升 V8 发动机，匹配五速手动变速箱或三速自动变速箱。第二代车型采用 3 升 V6 发动机，匹配五速变速箱。第三代车型采用 4.8 升 V8 发动机，匹配采埃孚的五速手动变速箱或克莱斯勒的三速自动变速箱。第四代车型采用双涡轮发动机，海外版排量为 2.8 升，意大利本土版排量为 2 升，匹配格特拉克的六速手动变速箱或采埃孚的四速自动变速箱。第五代车型的最大卖点在于采用了法拉利发动机，同时全部配备采埃孚的自动变速箱。第六代车型的轴距达 3171 毫米，是历代总裁中最大的，采用 3 升双涡轮法拉利 F160 型 V6 发动机，以及 3.8 升双涡轮法拉利 F154A 型 V8 发动机，配备八速采埃孚 8HP70 自动变速箱。

第六代玛莎拉蒂总裁侧前方视角

第六代玛莎拉蒂总裁内饰设计

3.3 风行欧美的跑车

20 世纪 50 年代和 60 年代，汽车在美国人日常生活中的地位已远远超出了代步工具的范畴，一种名为 Drag Racing（1/4 英里或 1/8 英里直线加速赛，通常只允许两辆赛车参赛）的汽车比赛在当地日趋流行起来。在这一背景下，美国出现了搭载大排量 V8 发动机、具有强劲马力、外型富有肌肉感的各式跑车，如雪佛兰科迈罗、道奇挑战者以及福特野马等。这些跑车被称为"肌肉车"，成为一代美国精神的代表。

美国肌肉车提升速度的手段几乎是唯一的，就是以巨大的马力驱动汽车。这样的结果自然是获得了一般车辆难以媲美的加速度，可以说是充满了力量感的车。但这也造成了操控相对困难等缺点。而以现在的汽车工艺来看，硬朗的线条造型也不利于高速行驶，所以极速也打了折扣。但是无可否认，美国肌肉车正是由于它的原始、粗犷和亲民，还有它那种不依靠过多的现代电子辅助系统所带来的原汁原味的驾驶乐趣，吸引着无数的汽车爱好者。

在美国汽车厂商专注于肌肉车的同时，欧洲汽车厂商也不甘示弱，如英国捷豹和奥斯汀·希利，德国保时捷和梅赛德斯-奔驰，意大利菲亚特和阿尔法·罗密欧等，这些汽车厂商研发的跑车性能优越，采用了许多新技术，如梅赛德斯-奔驰300 SL为更好地参加比赛，采用燃油直接喷射系统取代了传统的化油器；捷豹C型跑车采用了盘式制动器。当时，欧洲汽车厂商生产的跑车主要出口美国。

捷豹 XK120

所属品牌：捷豹

量产时间：1948 年

整备质量：1150 千克

捷豹 XK120 是英国捷豹汽车公司在 1948—1954 年生产的跑车，总产量约 1.2 万辆。其车体长 4394 毫米、宽 1562 毫米、高 1334 毫米，轴距为 2591 毫米。该车搭载一台 3.4 升 I6 发动机，最大功率为 119 千瓦。与发动机匹配的是四速手动变速箱，最高速度为 193 千米/时。

雪佛兰科尔维特

所属品牌：雪佛兰

量产时间：1953 年

整备质量：1527 千克（第八代）

第八代雪佛兰科尔维特

雪佛兰科尔维特是美国雪佛兰汽车公司研制的前置/中置后驱双门跑车，1953 年开始生产，2021 年已发展到第八代，编号为 C1 到 C8。第八代车型的官方指导价为 5.59 万—12.3 万美元（约 39 万—86 万元人民币）。第八代车型搭载升级的 6.2 升 V8 发动机，最大功率为 360 千瓦，峰值扭矩为 630 牛米，选装性能排气套件后，输出则增加到 364 千瓦和 640 牛米。此外，第八代车型首次匹配并全系标配了专属的八速双离合自动变速箱，官方称 0—100 千米/时加速时间少于 3 秒。

梅赛德斯-奔驰 300 SL

所属品牌：梅赛德斯-奔驰

量产时间：1954 年

整备质量：1500—1660 千克

梅赛德斯-奔驰 300 SL 是德国梅赛德斯-奔驰汽车公司在 1954—1963 年生产的前置后驱轿跑车/跑车，总产量为 3258 辆。其车体长 4520 毫米、宽 1790 毫米、高 1300 毫米，轴距为 2400 毫米。该车搭载一台 3 升 I6 发动机，最大功率为 179 千瓦，峰值扭矩为 294 牛米。这款发动机一项重要的创新技术便是采用燃油直接喷射系统取代了传统的化油器，这远远领先于同时代的其他同类车型。这项技术令梅赛德斯-奔驰 300 SL 的 0—100 千米/时加速时间缩短到 10 秒以内，而最高速度可达惊人的 260 千米/时。

梅赛德斯 - 奔驰 190 SL

所属品牌：梅赛德斯 - 奔驰	
量产时间：1955 年	
整备质量：1158 千克	

梅赛德斯 - 奔驰 190 SL 是德国梅赛德斯 - 奔驰汽车公司在 1955—1963 年生产的跑车，总产量约 2.6 万辆。其车体长 4390 毫米、宽 1740 毫米、高 1320 毫米，轴距为 2400 毫米。该车搭载一台 1.9 升 I4 发动机，最大功率为 77 千瓦，峰值扭矩为 142 牛米。与发动机匹配的是四速手动变速箱，最高速度为 173 千米 / 时。

大众卡尔曼吉亚 14 型

大众卡尔曼吉亚

所属品牌：大众	
量产时间：1955 年	
整备质量：820—940 千克（14 型）	

大众卡尔曼吉亚是德国大众汽车公司在 1955—1974 年生产的后置后驱跑车，包括 1955—1974 年生产的 14 型和 1961—1969 年生产的 34 型。14 型的车体长 4140 毫米、宽 1634 毫米、高 1330 毫米，轴距为 2400 毫米。动力配置方面，搭载 1.2 升、1.3 升、1.5 升、1.6 升排量的水平对置四缸发动机。

宝马 507

所属品牌：宝马	
量产时间：1956 年	
整备质量：1330 千克	

宝马 507 是德国宝马汽车公司在 1956—1960 年生产的跑车，总产量为 252 辆。其车体长 4380 毫米、宽 1650 毫米、高 1257 毫米，轴距为 2480 毫米。该车搭载一台 3.2 升 V8 发动机，最大功率为 110 千瓦。与发动机匹配的是四速手动变速箱，0—100 千米 / 时加速时间为 11.1 秒。

DKW 蒙扎

所属品牌：DKW

量产时间：1956 年

整备质量：780 千克

　　DKW 蒙扎是德国 DKW 公司（奥迪合并前的四家公司之一）在 1956—1958 年生产的跑车，其车体长 4090 毫米、宽 1610 毫米、高 1350 毫米，轴距为 2350 毫米。该车搭载一台 0.9 升 I3 发动机，最大功率为 29 千瓦。与发动机匹配的是四速手动变速箱，0—100 千米/时加速时间为 20 秒。

汽车联盟 1000 Sp

所属品牌：汽车联盟

量产时间：1958 年

整备质量：950 千克

　　汽车联盟 1000 Sp 是汽车联盟公司在 1958—1965 年生产的跑车，其车体长 4170 毫米、宽 1680 毫米、高 1325 毫米，轴距为 2350 毫米。该车搭载一台 1 升 I3 发动机，最大功率为 40 千瓦，峰值扭矩为 93 牛米。与发动机匹配的是四速手动变速箱，0—100 千米/时加速时间为 22 秒，最高速度为 140 千米/时。

法拉利 250 GTO

所属品牌：法拉利

量产时间：1962 年

整备质量：880—950 千克

　　法拉利 250 GTO 是意大利法拉利汽车公司在 1962—1964 年生产的跑车，总产量为 36 辆。该车代表了 20 世纪 60 年代初法拉利的综合技术水平，其车体长 4325 毫米、宽 1600 毫米、高 1210 毫米，轴距为 2400 毫米。该车搭载一台 3 升 V12 发动机，最大功率为 221 千瓦，峰值扭矩为 294 牛米。与发动机匹配的是五速手动变速箱，0—100 千米/时加速时间仅需 5.8 秒。

梅赛德斯 - 奔驰 W113

所属品牌：梅赛德斯 - 奔驰

量产时间：1963 年

整备质量：1300 千克

梅赛德斯 - 奔驰 W113 是德国梅赛德斯 - 奔驰汽车公司在 1963—1971 年生产的前置后驱跑车，总产量约 4.9 万辆。其车体长 4335 毫米、宽 1760 毫米、高 1305 毫米，轴距为 2400 毫米。该车有多种动力配置，包括 2.3 升 I6 发动机、2.5 升 I6 发动机、2.8 升 I6 发动机等。与发动机匹配的是四速手动变速箱、五速手动变速箱或四速自动变速箱。

保时捷 911

所属品牌：保时捷

量产时间：1964 年

整备质量：1080—1335 千克（第一代）

第一代保时捷 911

保时捷 911 是德国保时捷汽车公司从 1964 年开始生产的跑车，因其独特的风格与极佳的耐用性而享誉世界。保时捷 911 系列是保时捷的传奇车型之一，同时也是中后置发动机跑车的代表作之一。第一代保时捷 911 是保时捷 356 的继任者，它取消了以往的四缸发动机，第一次在汽车后部安装六缸水平对置发动机。虽然第一代保时捷 911 的发动机功率只有 96 千瓦，但仍然可以在 9.1 秒内从 0 加速到 100 千米 / 时，最高速度达 210 千米 / 时。

福特野马

所属品牌：福特

量产时间：1964 年

整备质量：1600 千克（第六代）

第六代福特野马

福特野马是美国福特汽车公司研制的跑车，1964 年开始生产，2021 年已发展到第六代，官方指导价为 39.98 万—42.98 万元人民币。第六代福特野马有多种动力可选，包括 2.3 升 I4 发动机、5 升 V8 发动机、5.2 升 V8 发动机。与发动机匹配的是六速自动变速箱，也可选装六速手动变速箱。其中，5 升 V8 发动机的最大输出功率为 324 千瓦，峰值扭矩为 542 牛米。

丰田 Sports 800

所属品牌：丰田

量产时间：1965 年

整备质量：580 千克

丰田 Sports 800 是日本丰田汽车公司在 1965—1969 年生产的双门跑车，采用前置后驱布局。其车体长 3580 毫米、宽 1465 毫米、高 1175 毫米，轴距为 2000 毫米。该车搭载一台 0.8 升水平对置二缸发动机，最大功率为 33 千瓦。与发动机匹配的是四速手动变速箱。

雪佛兰科迈罗

所属品牌：雪佛兰

量产时间：1966 年

整备质量：1315—1645 千克（第一代）

第一代雪佛兰科迈罗

雪佛兰科迈罗是美国雪佛兰汽车公司在 1966—2002 年、2009 年至今生产的双门跑车，2021 年已发展到第六代。第一代车型的车体长 4691 毫米、宽 1842 毫米、高 1306 毫米，轴距为 2743 毫米。动力配置方面，有 3.8 升 I6 发动机、4.1 升 I6 发动机、4.6 升 V8 发动机、4.9 升 V8 发动机、5.4 升 V8 发动机、5.7 升 V8 发动机、6.5 升 V8 发动机、7 升 V8 发动机等。与发动机匹配的是三速手动变速箱、四速手动变速箱、两速自动变速箱或三速自动变速箱。

第六代雪佛兰科迈罗

兰博基尼缪拉

所属品牌：兰博基尼

量产时间：1966 年

整备质量：1298 千克

兰博基尼缪拉是意大利兰博基尼汽车公司在 1966—1973 年生产的跑车，总产量为 764 辆。其车体长 4360 毫米、宽 1760 毫米、高 1050 毫米，轴距为 2500 毫米。该车搭载一台 4 升 V12 发动机，最大功率为 283 千瓦，峰值扭矩为 400 牛米。与发动机匹配的是五速手动变速箱，最高速度为 276 千米/时。

丰田 2000GT

所属品牌：丰田

量产时间：1967 年

整备质量：1120 千克

丰田 2000GT 是日本丰田汽车公司在 1967—1970 年生产的跑车，总产量为 351 辆。其车体长 4175 毫米、宽 1600 毫米、高 1104 毫米，轴距为 2330 毫米。该车搭载 2 升或 2.3 升排量的 I6 发动机，匹配五速手动变速箱或三速自动变速箱。

知名汽车品牌探秘：大众

大众汽车公司（Volkswagen，VW）是总部位于德国沃尔夫斯堡的汽车制造公司，为大众集团的核心企业及原始品牌，也是该集团最畅销的品牌。在德语中，Volks 为人民之意，Wagen 为汽车之意，因此，其全名即是"人民的汽车"之意。中国大陆意译为大众汽车，中国香港音译为福士汽车。

1936 年，阿道夫·希特勒提出了一个设想：要生产一种只卖 990 马克的经济型汽车，让每个德国人（至少是每个德国职工）都拥有一辆自己的汽车，就像美国一样。当时，美国每五人就有一辆汽车，而德国每五十人才有一辆汽车，职工上下班都是骑自行车或乘公共汽车。希特勒将设计工作交由工程师费迪南德·保时捷负责。由于私营企业生产不出这么便宜的汽车，所以在德国政府官方工会德意志劳工阵线的支持下，于 1937 年 3 月 28 日成立了大众汽车公司。1938 年，大众汽车公司开始在沃尔夫斯堡建厂，这是当时世界最大的汽车厂。计划年产 150 万辆，用以生产由费迪南德·保时捷设计的汽车。不过由于第二次世界大战爆发，大众汽车公司被用于军备生产。

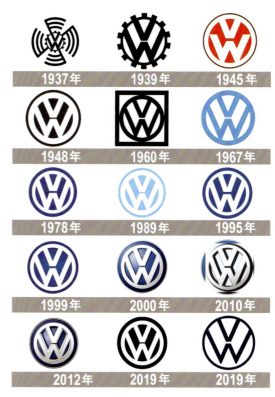

大众品牌标志变迁

二战结束以后，1945 年 6 月中旬，大众汽车公司由英国政府接管。在伊凡·赫斯特少将的管理下，大众甲壳虫轿车大量投入生产。1949 年，英国政府将大众汽车公司交还给德国联邦政府与地方州政府，合资为国营企业。1952 年，大众第一家海外销售分公司——大众加拿大有限公司成立。20 世纪 50 年代中期，大众汽车进入大中华市场，其中 1957 年首批汽车于香港发售。1983 年 4 月 11 日，中国首辆大众桑塔纳于上海嘉定区安亭镇成功组装下线，并于 1985 年成立上海大众合资公司，大众汽车正式进入中国大陆市场。

大众汽车在 20 世纪的车型风格通常较为俭朴保守，车身与机械强调耐用、安全、高速稳定性。1988 年，大众汽车公司建立汽车业第一个大量使用全车钢板镀锌的生产线。20 世纪 90 年代，大众汽车公司也发展少见的 W 型发动机，W 形十二汽缸发动机将小夹角 V6 发动机的活塞交错排列，发动机剖面看似 W 形，有 V 型发动机的动力和低震动但体积又明显缩小。此外，大众汽车公司研发的 VR6 发动机和 VR5 发动机，将直列六缸发动机和直列五缸发动机的汽缸向两旁以小角度交错倾斜，形成类似 V 型发动机的构造，却又如直列发动机一样可共用一个汽缸头和汽门机构以降低价格，其中 VR5 的 V 型五汽缸发动机则是大众汽车公司独创。

2009年5月7日,在经过长达4年之久的收购大战之后,保时捷和大众汽车公司的控股家族达成初步协议。这两家公司合二为一,打造出一家拥有多个品牌的欧洲最大汽车制造集团。2016年9月6日,大众汽车集团斥资2.56亿美元入股北美商用车及发动机巨头纳威司达国际公司16.6%股权。截至2021年,大众汽车集团旗下拥有大众、奥迪、保时捷、宾利、斯柯达、兰博基尼、西雅特、布加迪、杜卡迪等多个品牌。

大众甲壳虫

大众高尔夫

3.4 逐渐兴起的轿跑车

　　轿跑车的外型类似跑车,但拥有轿车乘坐的舒适性。轿跑车也具备一定程度的性能表现,但不像跑车般严格。虽然20世纪30年代就已出现这种车型,但直到20世纪60年代才真正开始流行。

　　轿跑车大多采用双门四座的设计,驱动方式多为前置后驱,不过也有前置前驱和四轮驱动的设计。虽然轿跑车原本的意思是指双门轿车,但实际上也可采用三门的设计。轿跑车是城市的新宠,其外型不像纯粹的跑车那样太过夸张和炫目,这完全符合高端人士对适度张扬性格的需要。因为对于高端人士来说,单独彰显个性不符合他们的身份和地位,而只有将个性与高品质结合起来,才能赢得他们的青睐。

宝马 327

所属品牌：宝马

量产时间：1937 年

整备质量：1100 千克

宝马 327 是德国宝马汽车公司在 1937—1941 年、1946—1955 年生产的轿跑车，总产量为 2470 辆。其车体长 4500 毫米、宽 1600 毫米、高 1430 毫米，轴距为 2750 毫米。该车搭载一台 2 升 I6 发动机，最大功率为 59 千瓦。与发动机匹配的是四速手动变速箱，最高速度为 140 千米/时。

哈德逊意大利

所属品牌：哈德逊

量产时间：1953 年

整备质量：1229 千克

哈德逊意大利是美国哈德逊汽车公司在 1953—1954 年生产的轿跑车，总产量为 26 辆。其车体长 4648 毫米、宽 1778 毫米、高 1372 毫米，轴距为 2667 毫米。该车搭载一台 3.3 升 I6 发动机，最大功率为 85 千瓦。与发动机匹配的是三速手动变速箱。

福特雷鸟

所属品牌：福特

量产时间：1954 年

整备质量：1750 千克（第一代）

第一代福特雷鸟

福特雷鸟是美国福特汽车公司在 1954—1997 年、2001—2005 年生产的前置后驱轿跑车，一共发展了十一代。1954—1957 年生产的第一代车型的车体长 4453 毫米（1956 年款为 4704 毫米，1957 年款为 4608 毫米）、宽 1786 毫米、轴距为 2591 毫米。该车优雅的圆形前照灯、椭圆板条式散热器格栅和飞机式的挡风玻璃与硕长的前罩板相映成趣。动力配置方面，搭载 4.8 升、5.1 升排量的 V8 发动机，匹配两速自动变速箱或三速手动变速箱。

宝马 503

所属品牌：宝马

量产时间：1956 年

整备质量：1500 千克

宝马 503 是德国宝马汽车公司在 1956—1959 年生产的双门双座轿跑车，总产量为 413 辆。其车体长 4750 毫米、宽 1710 毫米、高 1440 毫米，轴距为 2835 毫米。该车搭载一台 3.2 升 V8 发动机，最大功率为 104 千瓦。与发动机匹配的是四速手动变速箱，最高速度为 185 千米/时。

宝马 3200 CS

所属品牌：宝马

量产时间：1962 年

整备质量：1500 千克

宝马 3200 CS 是德国宝马汽车公司在 1962—1965 年生产的前置后驱轿跑车。其车体长 4850 毫米、宽 1760 毫米、高 1470 毫米，轴距为 2840 毫米。该车搭载一台 3.2 升 V8 发动机，最大功率为 120 千瓦。与发动机匹配的是四速手动变速箱。

宝马 E9

所属品牌：宝马

量产时间：1968 年

整备质量：1165—1420 千克

宝马 E9 是德国宝马汽车公司在 1968—1975 年生产的前置后驱轿跑车，其车体长 4661 毫米、宽 1648 毫米、高 1369 毫米，轴距为 2624 毫米。该车有多种动力配置，包括 2.5 升 I6 发动机、2.8 升 I6 发动机、3 升 I6 发动机等。

福特卡普里

所属品牌：福特

量产时间：1968 年

整备质量：931—1144 千克（第一代）

第一代福特卡普里

福特卡普里是美国福特汽车公司在 1968—1986 年生产的轿跑车，一共发展了三代。第一代车型的车体长 4280 毫米、宽 1646 毫米、高 1288 毫米，轴距为 2560 毫米。该车有多种动力配置，包括 1.3 升、2 升排量的 I4 发动机，1.3 升、1.5 升、1.6 升、1.7 升、2 升排量的 V4 发动机，以及 2 升、2.3 升、2.6 升、3 升、3.1 升、5 升排量的 V6 发动机等。与发动机匹配的是四速手动变速箱。

知名汽车品牌探秘：丰田

丰田汽车公司是一家同时在东京证交所（TYO）、名古屋证交所（NAG）、纽约证交所（NYSE）和伦敦证交所（LSE）上市的日本跨国汽车制造商，成立于昭和十二年（1937 年），总部位于日本爱知县丰田市和东京都文京区。

丰田汽车公司的前身是丰田佐吉的"丰田自动织布机制作所"

丰田品牌标志变迁

于1933年9月成立的汽车部门。这个提议是由丰田佐吉的儿子丰田喜一郎提出的，但是首任社长由入赘女婿丰田利三郎出任。通过活用在织布机制作上的铸造、机械加工技术，该部门于1935年开始制造汽车。1937年8月28日，汽车部门正式独立，成立了"丰田自动车工业株式会社"，并得到日本政府的支持，以缓解当时资金和物资的短缺。

二战时，丰田虽然是日本军方车辆的主要供应商，主要从事军用卡车的生产，但在美军的地图上标示的是"丰田汽车工厂"，显然没有被列为重要工厂之一，所以初期没有受到什么攻击，而在战争末期，1945年美军原定8月21日轰炸并烧毁丰田市，但昭和天皇在8月15日向全日本广播，宣告无条件投降，因此丰田的厂房幸免于难。

二战后，日本政府实施财政收紧政策，丰田陷入了经营危机。丰田喜一郎辞任社长一职，作为以帝国银行、东海银行为首的银行团紧急融资的条件，继而成立了以强化销售为主的"丰田自动车销售株式会社"，将制造及销售分开。之后，该公司便一直与负责生产及开发的"丰田自动车工业"紧密联系，同步工作。最终于1982年再次合并成为"丰田自动车株式会社"。

1962年，丰田开始进军欧洲。这一年，丰田汽车产量首次突破了百万大关。1965年，名神高速公路（名古屋至神户）的开通揭开了日本公路交通高速时代的序幕。经历了战争、战后空白年代的日本汽车产业，可以说是当时日本所有的工业产业中最不具备国际竞争力的领域。但是丰田却预见了大规模的国际贸易和资本的自由化不久必将席卷日本，为迎接新时期的到来，丰田一方面加紧开发性能更高的新车，同时为增强生产能力、提高质量水平而倾注了极大的努力。所有这些努力终于结出了丰硕的果实，丰田在1965年荣获了戴明大奖。同一年，日本政府取消了对进口汽车的关税壁垒，从此丰田在性能和价格两方面与国外汽车厂家开始了真正的较量。

1973年，伴随着第四次中东战争的爆发，世界经济遇到了第一次石油危机。对于石油资源几乎百分之百依赖进口的日本来说，整个经济活动都受到巨大影响，马上陷入了极大的混乱之中。战后初期那种恶性通货膨胀再度席卷日本，对汽车的需求一落千丈。在这种形势下，丰田将新的起点瞄准在资源的有限性上，有力地开展了节省资源、节省能源、降低成本的运动。

1973年和1979年的两次石油危机在极大程度上改变了美国的汽车需求结构，人们的选择热点开始由大型车转向节省燃油的小型车，缺少小型车生产技术的美国汽车厂商逐渐失去了往日的竞争优势。为了摆脱困境，美国的汽车厂商再三敦促政府和议会尽快对进口日本汽车实施限制。同时他们也一再要求日本汽车厂家到美国投资建厂，以便和美国汽车厂家在同一起点上开展竞争。在这种情况下，丰田决定与美国通用汽车公司进行合作生产，这样不仅可以为当地创造一些就业机会，同时还可以向美国汽车厂家转让小型轿车的生产技术。

自 2008 年开始，丰田汽车公司取代通用汽车公司成为全球排名第一的汽车生产厂商。2019 年，丰田汽车销量约 1074 万辆，旗下乘用车品牌主要包括核心品牌丰田和豪华品牌雷克萨斯。丰田汽车的最大单一市场为美国市场，2019 年贡献销量约 276 万辆。2020 年度《财富》世界企业 500 强排行榜上，丰田汽车公司位列第十名。

丰田凯美瑞

丰田卡罗拉

Chapter 4
冷战后期

　　1973 年、1979 年世界出现两次石油危机，汽车需求锐减，省油的小型车被市场看好，对世界汽车发展和汽车工业格局影响很大。这一影响历经十年，1984 年之后才步入新一轮增长期。由于 20 世纪 70 年代石油危机，日本汽车厂商以省油耐用的低价格小型车赢得当时消费者的青睐。至此，世界汽车市场形成了美国、日本、欧洲三足鼎立的格局。

　　20 世纪末，汽车工业逐渐走向全球化。各强势汽车工业集团以其技术和资本优势，在产品、生产成本、信息技术、电子商务、销售及各类售后服务和资本运作等领域展开了全方位激烈竞争。一方面向发展中国家输出剩余资本、技术；另一方面相互兼并、重组、吸纳全球资源，扩大全球市场份额，谋求利益最大化，进一步推进了汽车全球化。1998 年德国戴姆勒－奔驰公司和美国克莱斯勒汽车公司合并成立戴姆勒－克莱斯勒集团；1999 年美国福特汽车公司收购瑞典沃尔沃公司轿车事业部；法国雷诺集团向日本日产汽车公司出资 36.8%，向日产柴油机工业公司出资 22.5%。至此，全球形成"6+3"汽车集团格局，即通用、福特、戴姆勒－克莱斯勒、丰田、大众和雷诺六个集团化程度高的大集团，以及本田、宝马和标致雪铁龙三个集团化程度低的公司。

1970—1999 年

- 1970 年　福特汽车公司开始将通过电子装置控制来防止车轮抱死的电控式后轮 ABS 作为第三代林肯大陆的选装配置，并于次年升级为标配
- 1971 年　福特汽车公司率先将安全气囊装在试验性质的车辆上
- 1973 年　通用汽车公司开始为雪佛兰试验车配备安全气囊
- 1974 年　美国规定新型客车都必须装备座椅安全带和点火装置联锁系统
- 1975 年　美国汽车开始采用电控燃油喷射系统
- 1976 年　梅赛德斯－奔驰汽车公司改建成全尺寸现代化汽车风洞，气流速度高达 270 千米／时
- 1977 年　第一次国际电动汽车会议在美国举行，共展出 100 多辆电动汽车
- 1978 年　日本研制出复合燃料汽车
- 1979 年　巴西生产出以酒精为燃料的汽车
- 1980 年　阿尔法·罗密欧汽车公司推出了全球首款采用 VVT（可变气门正时）发动机技术的跑车
- 1981 年　本田汽车公司推出了全球首台行车导航仪
- 1982 年　批量生产的轿车风阻系数首次达到 0.3
- 1985 年　日本向美国出口的汽车达到 300 万辆，为日后两国间的汽车贸易摩擦埋下了导火索
- 1995 年　梅赛德斯－奔驰率先为代号 C140 的 S600 轿跑车配备了 ESP 电子稳定控制系统
- 1997 年　丰田普锐斯上市，成为第一种量产的混合动力汽车

4.1 以节能为基调的普通轿车

从 20 世纪 70 年代开始，由于石油危机的原因，小型车开始风靡欧洲，英国、法国、德国和意大利等国生产的小型车不断涌向欧洲各国，甚至销往全世界，让小型车一度成为人们爱不释手的新交通工具。而日本生产的小型车也因为耐用、便宜、性价比高，符合国外排放、安全标准，尤其是省油，受到国际市场欢迎，特别是对美国出口猛增。1980 年日本汽车出口近 600 万辆，汽车产量达 1100 万辆，首次超过美国居世界第一位，并保持到 1993 年，1994 年才被美国超过。

石油危机极大地促进了汽车节能和减排技术的发展。例如：发展小型车，减轻汽车自重，提高汽车传动效率，无内胎钢丝子午线轮胎普及化并改善轮胎花纹，降低汽车风阻；发动机的稀薄燃烧和电子控制配气、供油与点火以及增压技术，热效率比汽油机高的柴油机成为商用车的主体动力，柴油轿车的比例日益提高；使用压缩天然气、液化石油气、甲醇、乙醇、植物油等代用燃料；开发电动、混合动力和燃料电池等新能源汽车。

大众 K70

| 所属品牌：大众 |
| 量产时间：1970 年 |
| 整备质量：1100 千克 |

大众 K70 是德国大众汽车公司在 1970—1975 年生产的中型轿车，也是大众品牌第一款采用前轮驱动底盘结构和水冷四冲程发动机的轿车。从大众 K70 开始，大众放弃了沿用三十多年的后置风冷发动机、后轮驱动底盘结构。大众 K70 的设计并非出自大众汽车公司的设计师，而是由当时刚归属大众汽车公司的 NSU 工程师设计完成的。其外型具有浓郁的 NSU 轿车特征，搭载一台 1.6 升 I4 发动机，最大功率为 55 千瓦。与发动机匹配的是四速手动变速箱。

Chapter 4　冷战后期

丰田卡力那

所属品牌：丰田

量产时间：1970 年

整备质量：1100—1310 千克（第七代）

第七代丰田卡力那

丰田卡力那是日本丰田汽车公司在 1970—2001 年生产的轿车，一共发展了七代。第七代车型的车体长 4450 毫米、宽 1695 毫米、高 1400 毫米，轴距为 2580 毫米。该车搭载 1.5 升、1.6 升、1.8 升、2 升排量的 I4 汽油发动机，以及 2 升、2.2 升排量的 I4 涡轮增压柴油发动机，匹配四速自动变速箱、五速手动变速箱或六速手动变速箱。

福特平托

所属品牌：福特

量产时间：1970 年

整备质量：914—1030 千克

福特平托是美国福特汽车公司在 1970—1980 年生产的小型车，采用前置后驱布局，有双门轿车、双门旅行车、三门掀背车等车体。其车体长 4100 毫米、宽 1760 毫米、高 1300 毫米，轴距为 2390 毫米。该车搭载 1.6 升、2 升、2.3 升排量的 I4 发动机，以及 2.8 升排量的 V6 发动机。与发动机匹配的是四速手动变速箱或三速自动变速箱。

奥迪 80

所属品牌：奥迪

量产时间：1972 年

整备质量：1190—1430 千克（第四代）

第四代奥迪 80

奥迪 80 是德国奥迪汽车公司在 1972—1996 年生产的紧凑型轿车，一共发展了四代。第四代车型的车体长 4580 毫米、宽 1694 毫米、高 1379 毫米，轴距为 2611 毫米。动力配置方面，有 1.6 升 I4 汽油发动机、2 升 I4 汽油发动机、2.2 升 I5 涡轮增压汽油发动机、2.3 升 I5 汽油发动机、2.6 升 V6 汽油发动机、2.8 升 V6 汽油发动机、1.9 升 I4 柴油发动机等。与发动机匹配的是五速手动变速箱或四速自动变速箱。

福特格拉纳达

所属品牌：福特

量产时间：1972 年

整备质量：1190—1430 千克（第一代）

第一代福特格拉纳达

福特格拉纳达是美国福特汽车公司在 1972—1974 年生产的轿车，一共发展了三代。第一代车型的车体长 4572 毫米、宽 1791 毫米、高 1369 毫米，轴距为 2718 毫米。该车有多种动力配置，包括 1.7 升、2 升排量的 V4 发动机，2 升排量的 I4 发动机，2 升、2.3 升、2.5 升、2.6 升、2.8 升、3 升排量的 V6 发动机，5 升排量的 V8 发动机等。与发动机匹配的是四速手动变速箱。

本田思域是日本本田汽车公司从 1972 年开始生产的紧凑型轿车，2021 年已发展到第十一代。第十一代车型的车体长 4674 毫米、宽 1801 毫米、高 1415 毫米，轴距为 2736 毫米。该车搭载 1.5 升 I4 涡轮增压发动机或 2 升 I4 自然吸气发动机，匹配无级变速箱。

本田思域	
所属品牌：	本田
量产时间：	1972 年
整备质量：	1305—1396 千克（第十一代）

第十一代本田思域

大众巴西利亚	
所属品牌：	大众
量产时间：	1973 年
整备质量：	890 千克

大众巴西利亚是大众（巴西）汽车公司在 1973—1982 年生产的轿车，是第一款专门面向巴西市场的独立车型，也是 20 世纪 70 年代巴西市场上仅次于大众甲壳虫的第二大畅销车。其车体长 4015 毫米、宽 1605 毫米、高 1430 毫米，轴距为 2400 毫米。该车搭载一台 1.6 升 I4 发动机，最大功率为 40 千瓦。与发动机匹配的是四速手动变速箱。

丰田 Starlet

所属品牌：丰田

量产时间：1973 年

整备质量：720—785 千克（第一代）

第一代丰田 Starlet

丰田 Starlet 是日本丰田汽车公司在 1973—1999 年生产的小型轿车，一共发展了五代，前两代采用前置后驱布局，后三代采用前置前驱布局。第一代车型的车体长 3790 毫米、宽 1530 毫米、高 1310 毫米，轴距为 2265 毫米。该车搭载 1 升、1.2 升排量的 I4 发动机，匹配四速手动变速箱、五速手动变速箱或两速自动变速箱。

奥迪 50

所属品牌：奥迪

量产时间：1974 年

整备质量：685—700 千克

奥迪 50 是德国奥迪汽车公司在 1974—1978 年生产的小型轿车，总产量约 18 万辆。其车体长 3510 毫米、宽 1560 毫米、高 1340 毫米，轴距为 2335 毫米。该车有两种动力配置，即 1.1 升和 1.3 升 I4 发动机，均匹配四速手动变速箱。

大众高尔夫

所属品牌：大众

量产时间：1974 年

整备质量：1255—1465 千克（第八代）

第八代大众高尔夫

大众高尔夫是德国大众汽车公司从 1974 年开始生产的紧凑型轿车，2021 年已发展到第八代，在全球范围内销售。该车是大众汽车公司的畅销车型，累计销量已超过 3000 万辆。每一代高尔夫的独特创新，都引领着汽车界的时尚风潮。第八代车型的车体长 4284 毫米、宽 1789 毫米、高 1456 毫米，轴距为 2636 毫米。动力配置方面，有 1 升 I3 涡轮增压汽油发动机、1.4 升涡轮增压汽油发动机、1.5 升涡轮增压汽油发动机、2 升 I4 涡轮增压汽油发动机、2 升 I4 涡轮增压柴油发动机等。

大众 Polo

所属品牌：大众

量产时间：1975 年

整备质量：1105—1355 千克（第六代）

第六代大众 Polo

大众 Polo 是德国大众汽车公司从 1975 年开始生产的小型车，2021 年已发展到第六代，有两厢版、三厢版、轿跑版和休旅版。最早的大众 Polo 源自 1978 年生产的奥迪 50 的简装版本，Polo 的名称来自极地涡旋（大众汽车有以各类自然风为车型取名的传统），同时也借鉴马球运动。第六代车型的车体长 4053—4067 毫米、宽 1751 毫米、高 1438—1461 毫米，轴距为 2548 毫米。动力配置方面，有 1 升 I3 发动机、1.4 升 I4 发动机、1.5 升 I4 发动机、1.6 升 I4 发动机、2 升 I4 发动机等。与发动机匹配的是五速手动变速箱、六速手动变速箱、六速自动变速箱或七速自动变速箱。

福特嘉年华

所属品牌：福特

量产时间：1976 年

整备质量：1113—1207 千克（第七代）

第一代福特嘉年华

福特嘉年华是美国福特汽车公司从 1976 年开始生产的小型车，2021 年已发展到第七代。第七代车型的车体长 4040—4068 毫米、宽 1734—1783 毫米、高 1483—1498 毫米，轴距为 2493 毫米。动力配置方面，有 1 升 I3 涡轮增压汽油发动机、1.1 升 I3 汽油发动机、1.5 升 I3 涡轮增压汽油发动机、1.5 升 I4 涡轮增压柴油发动机等。与发动机匹配的是五速手动变速箱、六速手动变速箱或五速自动变速箱。

第七代福特嘉年华

本田雅阁是日本本田汽车公司从 1976 年开始生产的中型轿车，2021 年已发展到第十代。第十代车型的车体长 4882 毫米、宽 1862 毫米、高 1451 毫米，轴距为 2830 毫米。该车搭载 1.5 升、2 升排量的 I4 涡轮增压发动机，匹配六速手动变速箱或十速自动变速箱。此外，还有混合动力版。

本田雅阁

所属品牌：	本田
量产时间：	1976 年
整备质量：	1420—1555 千克（第十代）

第一代本田雅阁

第十代本田雅阁

大众德比

所属品牌：大众

量产时间：1977 年

整备质量：745 千克

大众德比是德国大众汽车公司基于第一代大众 Polo 打造的小型三厢轿车，在 1977—1981 年生产。其车体长 3866 毫米、宽 1599 毫米、高 1352 毫米，轴距为 2330 毫米。该车搭载一台 I4 汽油发动机，有 0.9 升、1.1 升、1.3 升三种排量。与发动机匹配的是四速手动变速箱。

丰田追击者

所属品牌：丰田

量产时间：1977 年

整备质量：1450 千克（第六代）

第六代丰田追击者

丰田追击者是日本丰田汽车公司在 1977—2001 年生产的轿车，一共发展了六代，第一代车型定位为紧凑型轿车，后五代车型定位为中型轿车。第六代车型的车体长 4760 毫米、宽 1760 毫米、高 1400 毫米，轴距为 2730 毫米。该车搭载 2.4 升排量的 I4 发动机以及 2 升、2.5 升、3 升排量的 I6 发动机，匹配四速自动变速箱或五速手动变速箱。

福特费尔蒙特

所属品牌：福特

量产时间：1977 年

整备质量：1246—1342 千克

福特费尔蒙特是美国福特汽车公司在 1977—1983 年生产的紧凑型轿车，有四门轿车、双门轿车、双门轿跑车、五门旅行车等车体。其车体长 4920 毫米、宽 1800 毫米、高 1326 毫米，轴距为 2680 毫米。该车有多种动力配置，包括 2.3 升 I4 发动机、3.3 升 I6 发动机、4.2 升 V8 发动机、5 升 V8 发动机等。与发动机匹配的是三速手动变速箱、四速手动变速箱或三速自动变速箱。

第五代丰田雄鹰

丰田雄鹰
所属品牌：丰田
量产时间：1978 年
整备质量：820—1080 千克（第五代）

丰田雄鹰是日本丰田汽车公司在 1978—1999 年生产的紧凑型轿车，一共发展了五代。第五代车型的车体长 4120 毫米、宽 1646 毫米、高 1351 毫米，轴距为 2380 毫米。该车搭载 1.3 升、1.5 升排量的 I4 汽油发动机以及 1.5 升排量的 I4 涡轮增压柴油发动机，匹配四速手动变速箱、五速手动变速箱、三速自动变速箱或四速自动变速箱。

第七代大众捷达

大众捷达
所属品牌：大众
量产时间：1979 年
整备质量：1310—1347 千克（第七代）

大众捷达是德国大众汽车公司从 1979 年开始生产的紧凑型轿车，2021 年已发展到第七代。一如大众汽车公司以风名命名车型的传统，Jetta 一名来自大西洋的高速气流。该车事实上是大众汽车公司另一款紧凑型轿车——大众高尔夫的三厢轿车版。根据车型及生产地域的不同，该车又被称作 Atlantic、City Jetta、Fox、Vento、Bora（宝来）和 Sagitar（速腾）等。第七代大众捷达有 1.2 升 I3 涡轮增压发动机、1.4 升 I4 涡轮增压发动机、1.6 升 I4 发动机、2 升 I4 涡轮增压发动机等动力配置，轴距为 2686 毫米。

大众高尔

所属品牌：大众

量产时间：1980 年

整备质量：998—1055 千克（第三代）

大众高尔是大众（巴西）汽车公司从 1980 年开始生产的小型轿车，2021 年已发展到第三代，主要在拉丁美洲销售。该车在巴西享有"国民车"的美誉，连续 16 年保持巴西市场销量冠军的地位。第三代车型的车体长 3892 毫米、宽 1893 毫米、高 1474 毫米，轴距为 2467 毫米。该车搭载 1 升 I4 发动机或 1.6 升 I4 发动机，匹配五速手动变速箱、五速自动变速箱或六速自动变速箱。

第三代大众高尔

丰田克雷斯塔

所属品牌：丰田

量产时间：1980 年

整备质量：1480 千克（第五代）

第五代丰田克雷斯塔

丰田克雷斯塔是日本丰田汽车公司在 1980—2001 年生产的中型轿车，是丰田 Mark II 的姊妹车，一共发展了五代。第五代车型的车体长 4760 毫米、宽 1755 毫米、高 1400 毫米，轴距为 2730 毫米。该车搭载 2 升、2.5 升、3 升排量的 I6 汽油发动机，以及 2.4 升排量的涡轮增压柴油发动机。与发动机匹配的是四速自动变速箱、五速自动变速箱或五速手动变速箱。

凯迪拉克西马龙

所属品牌：凯迪拉克

量产时间：1981 年

整备质量：1262 千克

凯迪拉克西马龙是美国通用汽车公司凯迪拉克事业部为了满足日益严格的汽车油耗法规而研制的首款紧凑型轿车，在 1981—1988 年生产，共售出约 13 万辆。其车体长 4516 毫米、宽 1684 毫米、高 1372 毫米，轴距为 2570 毫米。该车有 3 种动力配置，包括 1.8 升 I4 发动机、2 升 I4 发动机和 2.8 升 V6 发动机。与发动机匹配的是四速手动变速箱、五速手动变速箱或三速自动变速箱。

福特德雷

所属品牌：福特

量产时间：1981 年

整备质量：1110 千克

福特德雷是美国福特汽车公司在 1981—1991 年生产的中型车，有四门轿车、双门轿跑车和三门旅行车三种车体。其车体长 4498 毫米、宽 1676 毫米、高 1325 毫米，轴距为 2440 毫米。该车搭载 1.6 升、1.8 升排量的 I4 发动机，匹配五速手动变速箱或三速自动变速箱。

丰田凯美瑞

所属品牌：	丰田
量产时间：	1982 年
整备质量：	1540—1630 千克（第十代）

丰田凯美瑞是日本丰田汽车公司从 1982 年开始生产的中型轿车，2021 年已发展到第十代。其研发目的是为应对丰田卡罗拉更上一层的消费市场，因此与丰田卡罗拉相比有更气派的造型与更大的尺寸，也因而获得了更宽敞的乘坐空间。第十代车型的车体长 4880 毫米、宽 1840 毫米、高 1450 毫米，轴距为 2820 毫米。该车搭载 2 升、2.5 升、3.5 升排量的 I4 发动机，匹配六速自动变速箱或八速自动变速箱。

第一代丰田凯美瑞

第四代丰田凯美瑞

第十代丰田凯美瑞

大众桑塔纳是德国大众汽车公司从 1983 年开始生产的轿车，其原型为第二代帕萨特。该车在欧美和日本都有过生产与销售，但销售情况都不甚理想。而在巴西和中国，桑塔纳却赢得了很好的口碑。巴西的桑塔纳从 1984 年开始生产直至 2006 年停产，历经 20 余年，有着不错的销售情况。1983 年上海引进桑塔纳，该车几乎成为一个时代中国的"国民车"，顶峰时在中国汽车市场的占有率超过 60%。第一代大众桑塔纳的车体长 4546 毫米，宽 1710 毫米，高 1427 毫米，轴距为 2548 毫米。

大众桑塔纳

所属品牌：大众

量产时间：1983 年

整备质量：965—1100 千克（第一代）

第一代大众桑塔纳

福特猎户座是福特汽车欧洲公司在 1983—1993 年生产的小型车，一共发展了三代。第一代车型的车体长 4213 毫米、宽 1640 毫米、高 1385 毫米，轴距为 2400 毫米。该车搭载 1.3 升、1.6 升、1.8 升排量的 I4 发动机，匹配四速手动变速箱、五速手动变速箱或三速自动变速箱。

福特猎户座

所属品牌：福特

量产时间：1983 年

整备质量：1100 千克（第一代）

第一代福特猎户座

福特金牛座

所属品牌：福特

量产时间：1985 年

整备质量：1380 千克（第一代）

第一代福特金牛座

福特金牛座是美国福特汽车公司在 1985—2019 年生产的中大型轿车，一共发展了七代。第一代车型的车体长 4785 毫米、宽 1798 毫米、高 1379 毫米，轴距为 2692 毫米。动力配置方面，有 2.5 升 I4 发动机、3 升 V6 发动机和 3.8 升 V6 发动机。与发动机匹配的是三速自动变速箱、四速自动变速箱或五速手动变速箱。

丰田帕萨奥

所属品牌：丰田

量产时间：1991 年

整备质量：870—950 千克（第一代）

第一代丰田帕萨奥

丰田帕萨奥是日本丰田汽车公司在 1991—1999 年生产的小型轿车，一共发展了两代。第一代车型的车体长 4145 毫米、宽 1645 毫米、高 1295 毫米，轴距为 2380 毫米。该车搭载一台 1.5 升 I4 发动机，最大功率为 84.5 千瓦。与发动机匹配的是五速手动变速箱或四速自动变速箱。

福特蒙迪欧是美国福特汽车公司从 1993 年开始生产的中型轿车，2021 年已发展到第四代，其名称是从拉丁文的"世界"演变而来。第一代和第四代均为全球车型，第二代和第三代则主打欧洲市场。第四代车型的车体长 4869 毫米、宽 1852 毫米、高 1476 毫米，轴距为 2850 毫米。动力配置方面，有 1 升 I3 汽油发动机、1.5 升 I4 汽油发动机、2 升 I4 汽油发动机、1.5 升 I4 柴油发动机、1.6 升 I4 柴油发动机、2 升 I4 柴油发动机等。此外，还有混合动力车型。

福特蒙迪欧

所属品牌：	福特
量产时间：	1993 年
整备质量：	1507—1554 千克（第四代）

第一代福特蒙迪欧

第四代福特蒙迪欧

大众 Pointer

所属品牌：	大众
量产时间：	1994 年
整备质量：	1000 千克

大众 Pointer 是大众（巴西）汽车公司在 1994—1997 年生产的小型轿车，主要在南美洲市场销售。其车体长 4076 毫米、宽 1695 毫米、高 1406 毫米，轴距为 2525 毫米。该车有两种动力配置，即 1.8 升发动机和 2 升发动机，最大功率分别为 65 千瓦和 88 千瓦。

丰田阿瓦隆

所属品牌：丰田

量产时间：1994 年

整备质量：1615—1685 千克（第五代）

第五代丰田阿瓦隆

丰田阿瓦隆是日本丰田汽车公司从 1994 年开始生产的大型轿车，2021 年已发展到第五代。该车最初仅在北美市场销售，2018 年第五代车型进入中国市场后被称为"亚洲龙"。第五代车型的车体长 4980 毫米、宽 1850 毫米、高 1440 毫米，轴距为 2870 毫米。该车搭载 2 升、2.5 升排量的 I4 发动机，以及 3.5 升排量的 V6 发动机，匹配八速自动变速箱或无极变速箱。

奥迪 A3

所属品牌：奥迪

量产时间：1996 年

整备质量：1090—1320 千克（第一代）

第一代奥迪 A3 五门掀背车

奥迪 A3 是德国奥迪汽车公司从 1996 年开始生产的轿车，2021 年已发展到第四代，官方指导价为 19.32 万—24.97 万元人民币。该车有四门轿车、三门掀背车、五门掀背车三种车体。第一代车型的车体长 4152 毫米、宽 1735 毫米、高 1423 毫米，轴距为 2513 毫米。动力配置方面，有 1.6 升 I4 汽油发动机、1.8 升 I4 汽油发动机、1.8 升 I4 涡轮增压汽油发动机、1.9 升 I4 涡轮增压柴油发动机等。与发动机匹配的是五速手动变速箱、六速手动变速箱、四速自动变速箱或五速自动变速箱。

梅赛德斯-奔驰 A 级是德国梅赛德斯-奔驰汽车公司于 1997 年开始生产的轿车，2021 年已发展到第四代。该车是梅赛德斯-奔驰品牌的入门车系，也是梅赛德斯-奔驰所有汽车产品中（悬挂不同品牌的 Smart 除外）最便宜的车款。第四代车型的车体长 4419 毫米、宽 1796 毫米、高 1440 毫米，轴距为 2729 毫米。动力方面，有 1.3 升 I4 涡轮增压汽油发动机、2 升 I4 涡轮增压汽油发动机、1.5 升 I4 涡轮增压柴油发动机、2 升 I4 涡轮增压柴油发动机等多种配置。

梅赛德斯 - 奔驰 A 级
所属品牌：梅赛德斯 - 奔驰
量产时间：1997 年
整备质量：1300—1445 千克（第四代）

第一代梅赛德斯 - 奔驰 A 级

第四代梅赛德斯 - 奔驰 A 级

大众新甲壳虫
所属品牌：大众
量产时间：1997 年
整备质量：1250—1390 千克

大众新甲壳虫是德国大众汽车公司在 1997—2011 年生产的紧凑型轿车，与第一代甲壳虫后置发动机、后轮驱动不同，该车采用前

置发动机、前轮驱动或四轮驱动，发动机也由气冷式改为水冷式。前轮为麦弗逊悬挂，后轮为扭力梁悬挂，有多种发动机可供选择，包括少见的 2.3 升 V5 发动机。车身外型设计源自大众汽车公司在美国加利福尼亚州的设计室所推出的甲壳虫概念车，量产版外型几乎和概念车完全相同。

丰田 Avensis

所属品牌：丰田

量产时间：1997 年

整备质量：1200—1395 千克（第一代）

第一代丰田 Avensis

丰田 Avensis 是日本丰田汽车公司在 1997—2018 年生产的大型轿车，一共发展了三代。第一代车型的车体长 4490—4600 毫米、宽 1710 毫米、高 1425—1500 毫米，轴距为 2630 毫米。该车有多种动力配置，包括 1.6 升 I4 汽油发动机、1.8 升 I4 汽油发动机、2 升 I4 汽油发动机、2 升 I4 涡轮增压柴油发动机等。

丰田普锐斯

所属品牌：丰田

量产时间：1997 年

整备质量：1365—1397 千克（第四代）

第四代丰田普锐斯

丰田普锐斯是日本丰田汽车公司从 1997 年开始生产的紧凑型轿车，2021 年已发展到第四代。该车是世界上第一款大规模生产的混合动力汽车，上市以后陆续销往四十多个国家和地区，其最大的市场是日本和北美。第四代车型的车体长 4570 毫米、宽 1760 毫米、高 1470 毫米，轴距为 2700 毫米。

大众路波

所属品牌：大众

量产时间：1998 年

整备质量：975 千克

大众路波是德国大众汽车公司在 1998—2005 年生产的小型轿车，其车体长 3524 毫米，宽 1640 毫米，高 1457 毫米，轴距为 2318 毫米。该车有多种动力配置，包括 1 升 I4 汽油发动机、1.4 升 I4 汽油发动机、1.6 升 I4 汽油发动机、1.2 升 I3 柴油发动机、1.4 升 I3 柴油发动机和 1.7 升 I4 柴油发动机。与发动机匹配的是五速手动变速箱、六速手动变速箱、四速自动变速箱或五速自动变速箱。

第四代福特福克斯

福特福克斯

所属品牌：福特

量产时间：1998 年

整备质量：1239—1408 千克（第四代）

福特福克斯是美国福特汽车公司从 1998 年开始生产的紧凑型轿车，2021 年已发展到第四代，有两厢车（三门及五门）、三厢车和旅行车。第四代车型的车体长 4647 毫米、宽 1825 毫米、高 1483 毫米，轴距为 2700 毫米。动力配置方面，有 1 升 I3 涡轮增压汽油发动机、1.5 升 I3 涡轮增压汽油发动机、2.3 升 I4 涡轮增压汽油发动机、1.5 升 I4 涡轮增压柴油发动机、2 升 I4 涡轮增压柴油发动机等。与发动机匹配的是六速手动变速箱、七速自动变速箱或八速自动变速箱。

奥迪 A2

所属品牌：奥迪

量产时间：1999 年

整备质量：895—1030 千克

奥迪 A2 是德国奥迪汽车公司在 1999—2005 年生产的五门掀背车。其车体长 3826 毫米、宽 1673 毫米、高 1553 毫米，轴距为 2405 毫米。该车有多种动力配置，包括 1.4 升 I4 汽油发动机、1.6 升 I4 汽油发动机、1.2 升 I3 柴油发动机、1.4 升 I3 柴油发动机。与发动机匹配的是五速手动变速箱或五速自动变速箱。

丰田威姿

所属品牌：丰田

量产时间：1999 年

整备质量：970—1130 千克（第三代）

第三代丰田威姿

丰田威姿是日本丰田汽车公司在 1999—2019 年生产的小型轿车，一共发展了三代。该车在欧洲市场称为丰田雅力士（Yaris），第一代车型在北美市场又称丰田回声（Echo）。第三代车型的车体长 3885—3930 毫米、宽 1695 毫米、高 1490 毫米，轴距为 2410 毫米。该车有多种动力配置，包括 1 升排量的 I3 汽油发动机，1.3 升、1.5 升、1.8 升排量的 I4 汽油发动机，以及 1.4 升排量的 I4 涡轮增压柴油发动机。

传奇车型鉴赏：大众帕萨特

基本参数（第八代）	
车身长度	4767 毫米
车身宽度	1832 毫米
车身高度	1456 毫米
轴距	2786 毫米
整备质量	1721 千克

第八代大众帕萨特

大众帕萨特是德国大众汽车公司从 1972 年开始生产的中型轿车，在大众汽车的产品系列中介于高尔夫/捷达和辉腾之间。帕萨特的名字源于德语 Passat（或称 Passatwinde），意指由亚热带吹往赤道地区的热带信风。

研发历史

第一代大众帕萨特于 1972 年推出，有三门掀背车和五门掀背车两种车体，它与早一年推出的奥迪 80 共用一个开发平台。之后数十年间，大众汽车公司陆续推出了第二代（1981 年）、第三代（1988 年）、第四代（1993 年）、第五代（1996 年）、第六代（2005 年）、第七代（2010 年）和第八代（2014 年）车型。时至 2021 年，大众帕萨特的总产量已超过 3000 万辆。其所到之处，均有较好的口碑，获得了"欧洲最好汽车""英国最佳家庭汽车""葡萄牙最佳汽车""日本最佳进口车型""加拿大最佳家庭汽车"等荣誉。根据车型及生产地域的不同，该车也被称为冲击者、桑塔纳、迈腾或者量子。

外型设计

第八代大众帕萨特运用大众品牌最新设计理念——流动韵律，光韵前脸设计配合流光环绕式镀铬饰条，大众标志性格栅进一步进化，点阵式横拉一体格栅、双 L 回旋式全 LED 透镜大灯，更加饱满的发动机盖共同构成全新前脸。

内饰设计

第八代大众帕萨特的内饰采用"律动设计"，与外观遥相呼应，中控区域的大尺寸液晶显示屏，提升了其科技感，大面积软性材质的包裹，加上木纹装饰的点缀，营造了一种舒适豪华的内饰氛围。该车还配有1000×870毫米大尺寸电动全景天窗，后排乘客也可以享受到全景视野。此外，为了防止夹手等情况的发生，大尺寸电动全景天窗还配有防夹保护传感器，当探测到障碍物时，会自动中止关闭过程并稍向后退。

整体性能

第八代大众帕萨特采用全新开发的车身结构，超高强度钢比例达84%。搭配有HUD平视显示系统、RTA驶出车位辅助系统、Area View全景影像系统、PLA 3.0智能泊车辅助系统、带走停功能的ACC自适应巡航系统、Traffic Jam Assist交通拥堵辅助系统、Lane Assist车道保持系统、带行人识别功能的Front assist前方保护系统、Pre-Crash预防式乘员保护系统等，并具备BSD盲区监测、智能疲劳检测功能。动力配置方面，有1.4升I4涡轮增压发动机、1.6升I4涡轮增压发动机、1.8升I4涡轮增压发动机、2升I4涡轮增压发动机等。

第八代大众帕萨特外观

第八代大众帕萨特内饰设计

4.2　电子化和智能化的豪华轿车

20 世纪 80 年代，汽车逐渐步入电子化、智能化阶段，尤其是豪华汽车。新兴的电子技术取代汽车原来单纯的机电液操纵控制系统，以适应对汽车安全、排放、节能日益严格的要求。最初有电子控制的燃油喷射、点火、排放、防抱死制动、驱动力防滑、灯光、故障诊断及报警系统等。20 世纪 90 年代以后，陆续出现了智能化的发动机控制、自动变速、动力转向、电子稳定程序、主动悬架、座椅位置、空调、刮水器、安全带、安全气囊、防碰撞、防盗、巡航行驶、全球卫星定位等不胜枚举的智能化自动控制系统。此外，还有车载音频、视频数字多媒体娱乐系统、无线网络和智能交通等车辆辅助信息系统。

宝马 5 系是德国宝马汽车公司研制的 C 级轿车系列，1972 年开始生产，2021 年已发展到第七代，官方指导价为 42.69 万—54.99 万元人民币。宝马 5 系搭载荣获"沃德十佳"的 B 系列发动机，强劲的动力随之而来，创造快速体验的同时，降低油耗。智能轻量化高刚度车身，使用了复合车身材料，实现了车身减重，抗扭刚性、操控感和安全性都得到显著增强。后桥空气悬挂，能实现舒适的驾驶体验。通过各种互联驾驶功能和驾驶者辅助系统，宝马 5 系让驾驶者实现随时与外界的无缝通信连接，从容面对任何场合。直观的方式使操作简单便捷，令车辆的舒适性、安全性和通信功能的效率大幅提升，给驾驶者和乘客带来愉悦的出行体验。

宝马 5 系	
所属品牌：	宝马
量产时间：	1972 年
整备质量：	1605 千克（第七代）

第七代宝马 5 系

宝马 3 系

所属品牌：宝马

量产时间：1975 年

整备质量：1850 千克（第七代）

第一代宝马 3 系

第七代宝马 3 系

宝马 3 系是德国宝马汽车公司研制的 B 级轿车系列，1975 年开始生产，2021 年已发展到第七代，官方指导价为 29.39 万—40.99 万元人民币。宝马 3 系提供汽油和柴油多种动力选择，标配涡轮增压发动机。汽油方面，318i、320i 和 330i 车型均搭载 2 升 I4 涡轮增压汽油发动机。M340i 车型搭载 3 升 I6 涡轮增压汽油发动机，峰值扭矩达 500 牛米，0—100 千米/时加速时间为 4.4 秒。Alpina B3 车型搭载 3 升 I6 双涡轮增压汽油发动机，峰值扭矩达 700 牛米，0—100 千米/时加速时间为 3.8 秒。柴油方面，316d、318d 和 320d 车型搭载 2 升 I4 涡轮增压柴油发动机，330d 搭载 3 升 I6 涡轮增压柴油发动机，M340d 和 Alpina D3 S 搭载 3 升 I6 双涡轮增压柴油发动机。传动系统方面，宝马 3 系各车型配备六速手动变速箱或八速自动变速箱。

凯迪拉克塞维利亚

所属品牌：凯迪拉克

量产时间：1975 年

整备质量：1800 千克（第五代）

第一代凯迪拉克塞维利亚

凯迪拉克塞维利亚是美国通用汽车公司凯迪拉克事业部在 1975—2004 年生产的轿车，一共发展了五代，第一代车型为前置后驱，后四代均为前置前驱。第一代车型的车体长 5180 毫米、宽 1820 毫米、高 1390 毫米，轴距为 2900 毫米。车上搭载一台 5.8 升 V8 发动机，汽油版和柴油版皆有。与发动机匹配的是三速自动变速箱。而发动机排量最大的是第二代车型中的 1980 年款和 1981 年款，搭载 6 升 V8 发动机，最大功率为 108 千瓦。

梅赛德斯 - 奔驰 W123

所属品牌：梅赛德斯 - 奔驰

量产时间：1976 年

整备质量：1625 千克

梅赛德斯 - 奔驰 W123 是德国梅赛德斯 - 奔驰汽车公司在 1976—1986 年生产的轿车，是梅赛德斯 - 奔驰 W114/W115 的替代车型。该车采用楔形车身，大灯呈横向排列，中网的高度进一步降低。尽管外型尺寸较梅赛德斯 - 奔驰 W114/115 变化不大，但车内空间又有了进步。作为一项重要的安全改进，梅赛德斯 - 奔驰 W123 的油箱移到后轴前方，从而在发生追尾事故时的安全系数更高。该车最大的改进是电子喷射发动机的引入。2.8 升直列六缸发动机加装电喷装置后，最大功率达 104 千瓦。

宝马 7 系

所属品牌：宝马

量产时间：1977 年

整备质量：1755 千克（第六代）

第六代宝马 7 系

宝马 7 系是德国宝马汽车公司研制的 D 级轿车系列，1977 年开始生产，2021 年已发展到第六代，官方指导价为 82.8 万—242.8 万元人民币。第六代宝马 7 系采用了全新进气格栅以及大灯组，标志性的"双肾"进气格栅相比老款面积增加了 40%。M760Li 车型在 C 柱处标有 V12 标识，侧窗外沿则是采用了专属的黑色装饰条。内饰方面，换装了一套最新 12.3 英寸全液晶仪表盘，提升了车厢内的科技感。第六代宝马 7 系搭载提升后的 2 升 I4 涡轮增压发动机、3 升 I6 涡轮增压发动机和 4.4 升 V8 双涡轮增压发动机，分别对应 730Li、740Li 以及 750Li 车型。M760Li 车型搭载一台 6.6 升 V12 发动机，最大功率调整为 430 千瓦，峰值扭矩为 850 牛米，0—100 千米 / 时加速时间为 3.8 秒。传动方面，全系匹配八速手自一体变速箱。

凯迪拉克弗雷特伍德-布鲁海姆

所属品牌：凯迪拉克

量产时间：1977 年

整备质量：1800—2000 千克

凯迪拉克弗雷特伍德-布鲁海姆是美国通用汽车公司凯迪拉克事业部在 1977—1986 年生产的前置后驱轿车，有四门封闭车厢轿车和双门轿跑车两种车体。早期车型的车体长 5618 毫米、宽 1913 毫米、高 1453 毫米，轴距为 3086 毫米。后期车型的车身尺寸略有变化。该车有多种动力配置，包括 4.1 升 V6 汽油发动机、4.1 升 V8 汽油发动机、5 升 V8 汽油发动机、5.7 升 V8 柴油发动机、6 升 V8 汽油发动机和 7 升 V8 汽油发动机等。与发动机匹配的是三速自动变速箱或四速自动变速箱。

劳斯莱斯银灵

所属品牌：劳斯莱斯

量产时间：1980 年

整备质量：2205 千克（Mark I）

1984 年款第一代劳斯莱斯银灵

劳斯莱斯银灵是英国劳斯莱斯汽车公司研制的前置后驱四门轿车，在 1980—1999 年生产，设计师为弗里茨·费勒。该车先后推出了 Mark I（1980—1989 年）、Mark II（1989—1993 年）、Mark III（1993—1996 年）、Mark IV（1995—1999 年）四代车型。劳斯莱斯同时还推出了银灵的加长轴距版本，称为银刺（Silver Spur）。银灵全系列的总产量约 19 000 辆。银灵首次在车头安装了可以伸缩的"欢庆女神"（Spirit of Ecstasy）雕像。这个小天使有弹簧驱动，可以在不需要的时候收起，沉入下面发动机舱前部的散热器内。

Mark I 采用 6.75 升 L410 V8 发动机，底盘配备能自动保持车身水平的悬吊系统与气压式避震器。Mark II 采用电子控制避震器，能随时调整避震的软硬度。Mark III 有新设计的发动机进气歧管与汽缸头，配备双安全气囊，自动调整避震装置的耐用性也经过改善。Mark IV 车头水箱护罩的高度降低了 5.1 厘米，"欢庆女神"雕像尺寸缩小 20%，车头车尾保险杠和后视镜采用更合乎空气力学的新设计。

梅赛德斯 - 奔驰 W124

所属品牌：梅赛德斯 - 奔驰

量产时间：1984 年

整备质量：1735—1781 千克

梅赛德斯 - 奔驰 W124 是德国梅赛德斯 - 奔驰汽车公司在 1984—1994 年生产的轿车，是梅赛德斯 - 奔驰 W123 的替代车型。尽管 E 级的历史可以追溯到 1953 年推出的 W120，但是"E 级"这个名字却是从 1994 年款 W124 开始被官方正式使用。因此，W124 才是官方认定的第一代 E 级。梅赛德斯 - 奔驰率先在该车采用后多连杆独立悬挂系统，将汽车的舒适性和操控性提升了一个档次。作为上一代车型的选装配置，驾驶员侧气囊、车载报警装置、ABS、中控门锁、电动车窗、大灯清洗器等都在 W124 上成为标配。此外，还首次出现 4Matic 全时四驱系统。

宝马 M5

所属品牌：宝马

量产时间：1984 年

整备质量：1982 千克（第六代）

第六代宝马 M5

宝马 M5 是德国宝马汽车公司研制的轿车，是以宝马 5 系为基础衍生开发的高性能车型，由宝马直属的赛车部门宝马 M 负责开发制造。该车于 1984 年开始生产，2021 年已发展到第六代，官方指导价为 146.9 万元人民币。第六代沿用了第五代的 4.4 升 V8 双涡轮增压发动机，经过重新调校，发动机最大功率提升为 441 千瓦。匹配 ZF 八速手自一体变速箱，0—100 千米 / 时加速时间缩短为 3.4 秒。宝马汽车公司还首次将四驱系统引入宝马 M5 系列，全新开发的四驱系统拥有四驱、运动四驱、后驱三种模式，满足全路况驾驶需求。

凯迪拉克弗雷特伍德

所属品牌：凯迪拉克

量产时间：1985 年

整备质量：1588—1769 千克（第一代）

凯迪拉克弗雷特伍德是美国通用汽车公司凯迪拉克事业部在 1985—1996 年生产的豪华轿车，一共发展了两代。第一代采用前置前驱设计，轴距为 2814 毫米，有 4.1 升 V8 汽油发动机、4.5 升 V8 汽油发动机、4.9 升 V8 汽油发动机和 4.3 升 V6 柴油发动机四种发动机，匹配四速自动变速箱。第二代为采用前置后驱设计，轴距为 3086 毫米，搭载 5.8 升 V8 发动机，匹配四速自动变速箱。

福特天蝎座

所属品牌：福特

量产时间：1985 年

整备质量：1380 千克（第一代）

福特天蝎座是美国福特汽车公司在 1985—1998 年生产的大型豪华轿车，一共发展了两代，有四门轿车、五门掀背车、五门旅行车等车体。第一代车型的车体长 4744 毫米、宽 1760 毫米、高 1440 毫米，轴距为 2761 毫米。该车有多种动力配置，包括 1.8 升、2 升排量的 I4 汽油发动机，2.4 升、2.8 升、2.9 升排量的 V6 汽油发动机，以及 2.5 升排量的 I4 柴油发动机。与发动机匹配的是五速手动变速箱或四速自动变速箱。

第五代宝马 M3

宝马 M3
所属品牌：宝马
量产时间：1986 年
整备质量：1621 千克（第五代）

　　宝马 M3 是德国宝马汽车公司研制的轿车，是以宝马 3 系为基础衍生开发的高性能车型，由宝马直属的赛车部门宝马 M 负责开发制造。该车于 1986 年开始生产，2021 年已发展到第五代，官方指导价为 87.68 万—108.89 万元人民币。该车搭载 3 升 I6 双涡轮增压发动机，峰值扭矩为 550 牛米。与发动机匹配的是六速手动变速箱，0—100 千米 / 时加速时间仅需 4.1 秒，最大速度则被电子系统限制在 250 千米 / 时，解除电子限速后可达 290 千米 / 时。

凯迪拉克布鲁海姆
所属品牌：凯迪拉克
量产时间：1986 年
整备质量：2000 千克

　　凯迪拉克布鲁海姆是美国通用汽车公司凯迪拉克事业部在 1986—1992 年生产的前置后驱四门轿车，出自通用汽车 D 平台。其车体长 5613 毫米、宽 1913 毫米、高 1440 毫米，轴距为 3086 毫米。该车搭载 5 升 V8 发动机或 5.7 升 V8 发动机，匹配四速自动变速箱。

奥迪 V8

所属品牌：奥迪

量产时间：1988 年

整备质量：1710—1810 千克

奥迪 V8 是德国奥迪汽车公司在 1988—1993 年生产的大型豪华轿车，是当时奥迪的旗舰型号。其车体长 4861 毫米（长轴距版为 5190 毫米）、宽 1814 毫米、高 1420 毫米，轴距为 2702 毫米（长轴距版为 3020 毫米）。该车是第一款采用 V8 发动机（有 3.6 升和 4.2 升两种排量）的奥迪汽车，也是第一款采用自动变速箱 Quattro 系统的奥迪汽车。

雷克萨斯 ES

所属品牌：雷克萨斯

量产时间：1989 年

整备质量：1655 千克（第七代）

第七代雷克萨斯 ES

雷克萨斯 ES 是日本丰田汽车公司雷克萨斯部门研制的豪华轿车，1989 年开始生产，2021 年已发展到第七代，官方指导价为 29 万—48.3 万元人民币。雷克萨斯 ES 前五代是以丰田凯美瑞作为开发平台，第六代和第七代改以尺码更大的亚洲龙为基础设计。ES 250 搭载 133 千瓦的 2.5 升双顶置凸轮轴发动机，ES 350 搭载 202 千瓦的 3.5 升双顶置凸轮轴发动机，两种车型均配备六速手自一体智能电子控制自动变速系统。ES 300H 则配备雷克萨斯第二代油电混合动力系统，2.5 升阿特金森循环发动机与电动机协同合作，可产生 149 千瓦最大输出功率以及 213 牛米峰值扭矩。ES 300H 配备先进的电子无级变速系统（ECVT），带来平顺流畅的驾驶体验。

第五代雷克萨斯 LS

雷克萨斯 LS

所属品牌：雷克萨斯

量产时间：1989 年

整备质量：2135 千克（第五代）

雷克萨斯 LS 是日本丰田汽车公司雷克萨斯部门研制的轿车，1989 年开始生产，2021 年已发展到第五代，官方指导价为 81.1 万—117.2 万元人民币。雷克萨斯 LS 前四代的外观设计较为成熟内敛，第五代则采用了许多雷克萨斯 LF-FC 概念车上更为年轻化的设计，纺锤形水箱护罩具有独特的识别效果，错落交叉的格栅线条较为复杂，但又十分优雅。第五代雷克萨斯 LS 换装排量更小的 3.5 升 V6 双涡轮增压发动机，最大输出功率为 305 千瓦，峰值扭矩为 600 牛米。与之匹配的是十速自动变速箱。后驱版车型 0—100 千米 / 时加速时间仅需 4.5 秒，明显优于前代的 5.7 秒。

第一代别克林荫大道

别克林荫大道

所属品牌：别克

量产时间：1990 年

整备质量：1604 千克（第一代）

别克林荫大道是美国通用汽车公司别克事业部在 1990—2005 年生产的大型豪华轿车，一共发展了两代。上海通用汽车有限公司在 2007—2012 年生产，作为第三代车型。第一代车型的车体长 5212 毫米、宽 1902 毫米、高 1405 毫米，轴距为 2814 毫米。该车搭载一台 3.8 升 V6 发动机，匹配四速自动变速箱。

丰田皇冠马杰斯塔

所属品牌：丰田

量产时间：1991 年

整备质量：1810—1830 千克（第六代）

第六代丰田皇冠马杰斯塔

丰田皇冠马杰斯塔是日本丰田汽车公司在 1991—2018 年生产的大型轿车，一共发展了六代。该车是基于丰田皇冠而研发，定位高于雷克萨斯 LS，低于丰田世纪。第六代车型的车体长 4970 毫米、宽 1800 毫米、高 1460 毫米，轴距为 2925 毫米。该车搭载 2.5 升 I4 发动机或 3.5 升 V6 发动机，匹配电子无级变速系统。

雷克萨斯 GS

所属品牌：雷克萨斯

量产时间：1991 年

整备质量：1721 千克（第四代）

第四代雷克萨斯 GS

雷克萨斯 GS 是日本丰田汽车公司雷克萨斯部门研制的轿车，1991 年开始生产，2021 年已发展到第四代，官方指导价为 42.9 万—103.4 万元人民币。雷克萨斯 GS 全部车型均采用了雷克萨斯标志性设计元素——纺锤形格栅，具有突破性意义的纺锤形格栅自然流畅地整合了上下两部分，呈现出动感与优雅兼具的独特魅力。通过在车架纵梁运用雷克萨斯首创的热压材料、并在车身大量运用高强板材和铝材，雷克萨斯 GS 实现了高强度的轻量化车身。雷克萨斯 GS 有多种动力可选，包括 2 升 I4 发动机、2.5 升 I4 发动机、2.5 升 V6 发动机、3.5 升 V6 发动机、5 升 V8 发动机等。全系配备六速手自一体电子控制自动变速系统，能够实现更快速的换挡操作、更及时的离合器锁止控制和降挡补油功能。

梅赛德斯 - 奔驰 C 级

所属品牌：梅赛德斯 - 奔驰

量产时间：1993 年

整备质量：1490 千克（第四代）

第四代梅赛德斯 - 奔驰 C 级

梅赛德斯 - 奔驰 C 级是德国梅赛德斯 - 奔驰汽车公司研制的四门轿车，1993 年开始生产，2021 年已发展到第四代。第四代车型于 2014 年开始生产，官方指导价为 30.78 万—47.48 万元人民币。第四代车型有 1.6 升和 2 升两种涡轮增压发动机。1.6 升涡轮增压发动机的最大功率为 115 千瓦，峰值扭矩为 250 牛米。2 升涡轮增压发动机的最大功率为 135 千瓦，峰值扭矩为 300 牛米。传动方面，与发动机匹配的是六速手动变速箱或七速自动变速箱。

梅赛德斯 - 奔驰 E 级

所属品牌：梅赛德斯 - 奔驰

量产时间：1993 年

整备质量：1605 千克（第五代）

第五代梅赛德斯 - 奔驰 E 级

梅赛德斯 - 奔驰 E 级是德国梅赛德斯 - 奔驰汽车公司研制的四门轿车，1993 年开始生产，2021 年已发展到第五代，官方指导价为 42.98 万—62.38 万元人民币。从第一代的虎头样式，到第二、第三代的圆灯四眼样式，再到第四代的锐利四眼样式，直到现在消费者所熟识的第五代样式，梅赛德斯 - 奔驰 E 级的每次换代都是彻底且大胆的。由于不断更换设计团队血液的原因，梅赛德斯 - 奔驰 E 级在设计元素的传承上并没有特别的标签化。第五代车型除了在整体造型上依然秉承修长优雅的风格之外，还在前后细节上加入了年轻的元素。在动力上，第五代车型更加倾向于电动化，欧洲版本搭载 2 升、3 升两种涡轮增压发动机，并配备 48V 轻混系统。与发动机匹配的是九速自动变速箱，更快、更平顺的换挡技术实现强劲动力的即时释放，同时有效降低油耗。

奥迪 A4

所属品牌：奥迪

量产时间：1994 年

整备质量：1610 千克（第五代）

第五代奥迪 A4

奥迪 A4 是德国奥迪汽车公司研制的 B 级轿车系列，1994 年开始生产，2021 年已发展到第五代，官方指导价为 30.58 万—39.68 万元人民币。奥迪 A4 继承了奥迪注重安全的传统，其标配的多项安全设备为乘员创造了理想的安全环境，达到各项国际被动安全标准。两侧的头部保护气帘几乎覆盖了从 A 柱到车厢后部的整个侧面；为前方安全气囊设计的新型智能碰撞感知器可探测到事故的严重程度，确保气囊及时打开。该车采用纵置式前置发动机，第五代车型有 1.4 升、2 升、3 升三种排量。驱动方式为前轮驱动，某些型号配有卡特罗全时四轮驱动系统。

奥迪 A6

所属品牌：奥迪

量产时间：1994 年

整备质量：1900 千克（第五代）

第五代奥迪 A6

奥迪 A6 是德国奥迪汽车公司研制的 C 级轿车系列，1994 年开始生产，2021 年已发展到第五代，官方指导价为 40.98 万—65.38 万元人民币。第五代奥迪 A6 拥有先进、丰富的发动机配置，其中 2.8 FSI 和 3.0 TFSI 两款高效汽油发动机堪称奥迪全球发动机战略中的新星。3.0 TFSI 发动机是奥迪 V6 发动机的最新顶级版本，汽油直喷和机械增压的完美结合使其具有超过 8 缸发动机的动力和极高的燃油效率。它能够输出 213 千瓦的最大功率和 420 牛米的强大扭矩，使奥迪 A6 的 0—100 千米/时加速时间在 6.6 秒以内。而 2.8 FSI 发动机采用了创新的奥迪可变气门升程系统，油耗表现颇为出色。

第四代奥迪 A8

奥迪 A8

所属品牌：奥迪

量产时间：1994 年

整备质量：1930 千克（第四代）

奥迪 A8 是德国奥迪汽车公司研制的 D 级轿车系列，1994 年开始生产，2021 年已发展到第四代，官方指导价为 83.88 万—114.88 万元人民币。第四代奥迪 A8 是奥迪旗下首款搭载 48V 轻混动系统的车型。先期推出经过改造的 3.0 TFSI 汽油机以及 3.0 TDI 柴油机搭配电机组成的混合动力。其中 3.0 TFSI V6 汽油发动机最大功率为 250 千瓦，最大扭矩为 500 牛米；3.0 TDI V6 柴油发动机最大功率为 210 千瓦，最大扭矩为 600 牛米。传动方面，匹配八速自动变速箱，以及卡特罗四驱系统。第四代奥迪 A8 还配备动态四轮转向系统，能根据不同的车速来调整转向，令车辆操控更加平稳。

凯迪拉克卡泰拉

所属品牌：凯迪拉克

量产时间：1996 年

整备质量：1768 千克

凯迪拉克卡泰拉是美国通用汽车公司凯迪拉克事业部在 1996—2001 年生产的前置后驱四门轿车，出自通用汽车 V 平台。其车体长 4928 毫米、宽 1786 毫米、高 1430 毫米，轴距为 2730 毫米。该车搭载一台 3 升 V6 发动机，匹配四速自动变速箱。

劳斯莱斯银天使

所属品牌：劳斯莱斯

量产时间：1998 年

整备质量：2300 千克

1998 年款劳斯莱斯银天使

　　劳斯莱斯银天使是英国劳斯莱斯汽车公司研制的四门轿车，在 1998—2002 年生产，设计师为史蒂夫·哈珀。银天使是劳斯莱斯最后一款纯英式风格的高级轿车，它率先在高级轿车领域使用了空气滤清系统、双桥减震器和碳纤维吸声系统，使银天使在乘驾方面更优于前代。银天使采用 5.4 升 V12 发动机，搭配 ZF 5HP30 五速自动变速箱，0—100 千米/时加速时间为 7 秒，最高车速可达 223 千米/时。内饰方面，大块的真皮、光亮的镀铬开关、精细的裁缝手艺和考究的木工制品，营造出劳斯莱斯特有的氛围。

宾利雅致

所属品牌：宾利

量产时间：1998 年

整备质量：2320 千克

2002 年款雅致 T

　　宾利雅致是英国宾利汽车公司研制的前置后驱四门轿车，在 1998—2009 年生产。2009 年停产时，雅致的官方指导价为 548 万元人民币。该车有雅致、雅致 T、雅致 R、雅致 RL 和雅致终极版（雅致系列最后一款限量型）等车型，可以满足不同消费者的需求。雅致系列将宾利的造车宗旨体现得淋漓尽致：精湛的工艺、卓越的性能、豪迈的驾乘感觉，是一款名副其实的高性能豪华轿车。自投产以来，雅致系列先后使用了三种发动机，即 4.4 升 V8 双涡轮增压发动机（1998—2000 年）、6.75 升 V8 双涡轮增压发动机（1999—2006 年）、6.8 升 V8 双涡轮增压发动机（2007—2009 年）。

现代雅科仕

所属品牌：现代

量产时间：1999 年

整备质量：1875 千克（第二代）

第二代现代雅科仕

现代雅科仕是韩国现代汽车公司研制的轿车，1999 年推出第一代车型，2009 年推出第二代车型，2016 年停产，官方指导价为 47.2 万—132 万元人民币。现代雅科仕有 3 种动力可选，入门车型搭载 3.8 升 V6 发动机，中端车型搭载 4.6 升 V8 发动机，高配车型搭载 5 升 V8 发动机。变速箱方面，各个车型最初采用六速自动变速箱，2012 年改为八速自动变速箱。在车辆的主动安全保护方面，现代雅科仕配置了包裹式气囊设计，全车气囊、气帘共有 12 个，提供了可靠的安全豪华乘坐空间。

传奇车型鉴赏：梅赛德斯 - 奔驰 S 级

基 本 参 数（第 六 代）	
车身长度	5116 毫米
车身宽度	1899 毫米
车身高度	1496 毫米
轴距	3035 毫米
整备质量	1910 千克

第六代梅赛德斯 - 奔驰 S 级

梅赛德斯 - 奔驰 S 级是德国梅赛德斯 - 奔驰汽车公司研制的四门轿车，1972 年开始生产，2021 年已发展到第六代，官方指导价为 84.28 万—169.28 万元人民币。

外型设计

梅赛德斯-奔驰S级外观大气,端庄优雅,线条流畅,前脸格外沉稳,大灯、尾灯、转向灯甚至内饰照明等均采用LED光源。车身侧面修长,19英寸轮毂极为大气。后尾部圆润,采用双边排气。内饰方面,用料做工无可挑剔,大面积的皮质手感十足,木纹饰板凸显档次,圆形空调出风口复古精致,双12.3英寸大连屏视觉冲击力极强,64色氛围灯也很有情调。

内饰设计

梅赛德斯-奔驰S级的座椅在人体工程学设计、舒适性和安全性方面均很出色。前排座椅带有按摩功能、动感操控功能,以及碰撞响应式颈部保护头枕。即使在长途旅程中,也能为驾驶者和前排乘客提供非比寻常的舒适性。腰部和肩部区域的一系列气室可根据乘客体形进行相应设定,座椅侧垫可根据汽车的运动状态自动进行动态调节,确保始终可以获得可靠的支撑——尤其在转弯时。7个按摩气室和4个按摩程序采用滚动运动刺激背部肌肉,从而在保持驾驶者和乘客身体健康方面起到了积极作用。

整体性能

梅赛德斯-奔驰S级搭载了燃油消耗经过优化的汽油发动机,从而实现了超凡驾驶乐趣与环境保护的结合。创新的梅赛德斯-奔驰发动机技术在极大提升功率输出的同时,显著降低了二氧化碳排放量和燃油消耗量。S250、S300、S350和S400车型搭载V6发动机,S450、S500和S550车型搭载V8发动机,S600则搭载V12发动机。V6和V8发动机均标准配备梅赛德斯-奔驰七速自动变速箱,V12发动机则配备五速自动变速箱。驾驶者可通过方向盘上的直接选挡换挡杆进行控制。借助7个前进挡,七速自动变速箱确保每次都能达到最适宜的转速,从而降低燃油消耗量。简短而平滑的换挡使操作极其轻松顺畅,并降低了噪声级别。驾驶者可通过设置开关选择手动、舒适型或运动型三种模式。

第六代梅赛德斯-奔驰S级外观

第六代梅赛德斯-奔驰S级内饰

4.3 大受欢迎的轿跑车

冷战后期，随着西方各国服务业的持续发展，中产阶级的白领人数也越来越多，因此，以高级白领为主打市场的轿跑车一直是很重要的市场，可以和家庭轿车并驾齐驱。这一时期的轿跑车有两个发展方向：一个方向是更加偏重运动性能，另一个方向则更加侧重运动型与舒适性的结合。

丰田赛利卡	
所属品牌：	丰田
量产时间：	1970 年
整备质量：	1090—1180 千克（第七代）

第七代丰田赛利卡

丰田赛利卡是日本丰田汽车公司在 1970—2006 年生产的轿跑车，一共发展了七代。Celica 原为西班牙语，意思是"天堂的、天空的、神的"。第七代车型的车体长 4335 毫米、宽 1735 毫米、高 1310 毫米，轴距为 2600 毫米。该车搭载 1.8 升、2 升排量的 I4 发动机，匹配四速自动变速箱、五速手动变速箱或六速手动变速箱。

福特精英	
所属品牌：	福特
量产时间：	1974 年
整备质量：	1854—1889 千克

福特精英是美国福特汽车公司在 1974—1976 年生产的轿跑车，采用前置后驱布局。其车体长 5489 毫米、宽 1994 毫米、高 1349 毫米，轴距为 2896 毫米。该车搭载 5.8 升、6.6 升、7.5 升排量的 V8 发动机，匹配三速自动变速箱。

宝马 6 系

所属品牌：宝马

量产时间：1976 年

整备质量：1720 千克（第四代）

第四代宝马 6 系

宝马 6 系是德国宝马汽车公司研制的双门轿跑车，1976 年开始生产，2021 年已发展到第四代，官方指导价为 85.8 万—203.9 万元人民币。该车搭载一台采用电子气门技术的 4.4 升发动机，0—100 千米/时加速时间仅 5.6 秒，最高时速被电子限制在 250 千米以内。该发动机最大功率为 245 千瓦，最大扭矩为 450 牛米。与发动机所搭配的变速箱有三种选择，将动力传输给后轮是宝马一惯的风格。除了六速手动变速箱外，宝马 645ci 还提供带有手动换挡模式的六速自动变速箱，如果用户更爱好如同 F1 赛车一样的换挡方式，还可以选择顺序式手动变速箱，可用方向盘上的桨片或变速杆来换挡。

保时捷 928

所属品牌：保时捷

量产时间：1977 年

整备质量：1450 千克

保时捷 928 是德国保时捷汽车公司研制的前置后驱双门轿跑车，在 1977—1995 年生产。该车采用前置后驱的设计理念，与后置后驱的保时捷 911 设计大相径庭，发动机采用强劲的 V8 发动机，有 4.5 升、4.7 升、5.0 升和 5.4 升四种排量，搭配三速、四速自动变速箱，或五速手动变速箱，最高速度可达 275 千米/时，0—100 千米/时加速时间不超过 6 秒。无论是设计理念还是外观造型，保时捷 928 都优于保时捷 911，然而事与愿违，本应该引爆汽车市场的保时捷 928 最终因为得不到市场的认同而在 1995 年停产。

第三代宝马 M6

宝马 M6

所属品牌：宝马

量产时间：1983 年

整备质量：1925 千克（第三代）

宝马 M6 是德国宝马汽车公司研制的轿跑车，是以宝马 6 系为基础衍生开发的高性能车型，由宝马直属的赛车部门宝马 M 负责开发制造。该车于 1983 年开始生产，2021 年已发展到第三代，官方指导价为 179.8 万—276.8 万元人民币。该车搭载一台 4.4 升 V8 双涡轮增压发动机，可随时提供 412 千瓦和 680 牛米的强大动力。通过搭配选装赛车套件，输出动力可增至 423 千瓦。这得益于高发动机转速、涡轮增压与电子气门和高精度直喷系统等先进技术的结合。发动机从约 1500 转 / 分转速起即可提供最大扭矩，从而绘制出一条令人印象深刻的线性动力输出曲线，同时令驾驶者充分体验到强大动力带来的驾驶乐趣。

大众科拉多

所属品牌：大众

量产时间：1988 年

整备质量：1210—1274 千克

大众科拉多是德国大众汽车公司在 1988—1995 年生产的三门轿跑车。其车体长 4049 毫米、宽 1674 毫米（1993 年开始改为 1689 毫米）、高 1310 毫米，轴距为 2471 毫米（1993 年开始改为 2469 毫米）。该车有多种动力配置，包括 1.8 升 I4 发动机、2 升 I4 发动机、2.8 升 V6 发动机、2.9 升 V6 发动机等。与发动机匹配的是五速手动变速箱或四速自动变速箱。

福特普罗布

所属品牌：福特

量产时间：1988 年

整备质量：1313 千克（第二代）

第二代福特普罗布

　　福特普罗布是美国福特汽车公司在 1988—1997 年生产的轿跑车，一共发展了两代。第二代车型的车体长 4544 毫米、宽 1773 毫米、高 1311 毫米，轴距为 2614 毫米。该车搭载一台 2 升 I4 发动机或 2.5 升 V6 发动机，匹配四速自动变速箱或五速手动变速箱。

宝马 8 系

所属品牌：宝马

量产时间：1990 年

整备质量：1785 千克（第二代）

第二代宝马 8 系

　　宝马 8 系是德国宝马汽车公司研制的轿跑车，第一代车型在 1990—1999 年生产，2018 年重新推出第二代车型，官方指导价为 96.8 万—126.8 万元人民币。该车采用宝马标志性的双肾式进气格栅，采用了更加扁平化的不规则形状，边框与内部直瀑式辐条均采用了高亮银色镀铬。内饰方面，宝马 8 系采用了与旗下其他车型截然不同的设计理念，T 型中控结构两侧为对称式设计，中央功能区略向驾驶者一侧倾斜，强调了宝马一贯的操控理念。宝马 8 系搭载 3 升直列六缸涡轮增压发动机，最大功率为 250 千瓦，最大扭矩为 500 牛米，匹配改进后的八速手自一体变速箱，同时还配备了整体主动转向系统，最快车型的 0—100 千米/时加速时间仅需 4.9 秒。

丰田塞拉

所属品牌：丰田

量产时间：1990 年

整备质量：930 千克

　　丰田塞拉是日本丰田汽车公司在 1990—1995 年生产的轿跑车，采用前置前驱布局。其车体长 3860 毫米、宽 1650 毫米、高 1265 毫米，轴距为 2300 毫米。该车搭载一台 1.5 升 I4 发动机，最大功率为 80 千瓦。与发动机匹配的是四速自动变速箱或五速手动变速箱。

梅赛德斯 - 奔驰 CL 级

所属品牌：梅赛德斯 - 奔驰

量产时间：1992 年

整备质量：2060—2240 千克（第一代）

第三代梅赛德斯 - 奔驰 CL 级

　　梅赛德斯 - 奔驰 CL 级是德国梅赛德斯 - 奔驰汽车公司在 1992—2014 年生产的轿跑车，一共发展了三代。第一代车型的车体长 5065 毫米、宽 1895 毫米、高 1427 毫米，轴距为 2944 毫米。动力方面，有 4.2 升 V8 发动机、5 升 V8 发动机、6 升 V12 发动机、6.9 升 V12 发动机、7.3 升 V12 发动机等多种配置。与发动机匹配的是四速自动变速箱或五速自动变速箱。

大众 Logus

所属品牌：大众

量产时间：1993 年

整备质量：1025—1110 千克

  大众 Logus 是德国大众汽车公司在 1993—1997 年生产的双门轿跑车，主要在巴西市场销售。该车由位于意大利都灵的吉亚设计中心负责外型设计，完全打破了当时大众汽车保守、老派的设计风格，更为圆润、更加时尚的造型设计让大众 Logus 变得年轻动感，而且空气动力学系数达到 0.32。内饰方面，大众 Logus 带有明显的第二代帕萨特的基因，但更为年轻化。动力方面，该车采用了 1.6 升、1.8 升多款自然吸气发动机。

梅赛德斯 - 奔驰 CLK 级

所属品牌：梅赛德斯 - 奔驰

量产时间：1997 年

整备质量：1465—1685 千克（第二代）

第二代梅赛德斯 - 奔驰 CLK 级

  梅赛德斯 - 奔驰 CLK 级是德国梅赛德斯 - 奔驰汽车公司在 1997—2010 年生产的双门四座豪华轿跑车，一共发展了两代。其车身尺寸介于梅赛德斯 - 奔驰 C 级与梅赛德斯 - 奔驰 E 级之间，有硬顶与敞篷两种不同的车体。该车以梅赛德斯 - 奔驰 C 级为基础衍生，但是使用梅赛德斯 - 奔驰 E 级的款式风格及发动机。

福特彪马

所属品牌：福特

量产时间：1997 年

整备质量：1035—1039 千克

福特彪马是美国福特汽车公司在 1997—2002 年生产的轿跑车，采用前置前驱布局。其车体长 3984 毫米、宽 1837 毫米、高 1315 毫米，轴距为 2446 毫米。该车最初搭载 1.4 升 I4 发动机，2000 年换装 1.6 升 I4 发动机和 1.7 升 I4 发动机。与发动机匹配的是五速手动变速箱。

福特美洲狮

所属品牌：福特

量产时间：1998 年

整备质量：1315—1466 千克

福特美洲狮是福特汽车欧洲公司在 1998—2002 年生产的轿跑车，采用前置前驱布局。其车体长 4699 毫米、宽 1769 毫米、高 1308 毫米，轴距为 2704 毫米。该车搭载 2 升 I4 发动机或 2.5 升 V6 发动机，匹配五速手动变速箱或四速自动变速箱。

知名汽车品牌探秘：菲亚特

菲亚特（FIAT）是意大利著名汽车制造公司，正式名称为意大利都灵汽车工厂。该公司成立于1899年，总部位于意大利工业中心、皮埃蒙特大区首府都灵。

菲亚特由意大利陆军退役军官乔瓦尼·阿涅利及其合伙人于1899年创立。公司第一款车只生产了8辆，之后一位员工温琴佐·蓝旗亚在1900年赢得赛车冠军后销量开始增加。1903年起由私家车生产扩展到货车生产并多元化经营，1903年开始生产船舶发动机，1908年开始生产飞机发动机，1909年开始生产自行车，1919年开始生产农耕机，一战时为意大利陆军生产拖曳能力达100吨的拖炮车，旗下的SIA公司生产了超过1300架军用飞机。在20世纪20年代，欧洲很多出租车都是采用菲亚特汽车。1923年，菲亚特推出可载4名乘客的飞机，并兴建了当时欧洲最大的汽车生产厂房。1925年，菲亚特推出全球第一台柴油电力火车头EL440。1931年，菲亚特在西班牙巴塞罗那成立工厂，该工厂后来成为西亚特（SEAT）汽车。1935年，在法国设立西姆卡（Simca）汽车。

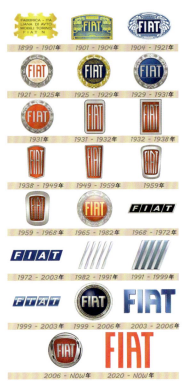

菲亚特品牌标志变迁

一手创立并长期掌控菲亚特的阿涅利家族在二战时与当时的墨索里尼政府有密切关系，并为墨索里尼军队提供大量军用车辆。墨索里尼倒台后，希特勒派兵接管意大利北部，菲亚特员工以消极怠工来抗议。1946年，阿涅利家族被新政府赶出菲亚特。然而在1963年，乔瓦尼·阿涅利的孙子贾尼·阿涅利成功取得菲亚特控制权，并买下蓝旗亚以及法拉利一半的股权。1969年，苏联扩大汽车工业，与菲亚特合作成立汽车公司，即后来的拉达（LADA）汽车。1975年与西德合资成立依维柯（Iveco）卡车公司，1976年卖掉旗下的飞机制造公司。其主席任期一直到1996年为止。

2014年1月，菲亚特宣布完成对克莱斯勒集团所有股份的收购，克莱斯勒成为菲亚特旗下的全资子公司。同时，菲亚特克莱斯勒集团宣布成立，成为全球第七大汽车制造商。目前，菲亚特克莱斯勒集团旗下的著名品牌包括：菲亚特、克莱斯勒、Jeep、道奇、玛莎拉蒂、阿尔法·罗密欧、蓝旗亚、阿巴斯、纽荷兰等。

菲亚特500X

菲亚特500

4.4 百花齐放的跑车

20世纪60年代美国肌肉车的产生不仅反映了当时美国的汽车文化，更是向全世界展现了美国人热情奔放、向往自由、崇尚个性的民族精神。然而好景不长，20世纪70年代的石油危机以及美国政府推出的汽车燃料经济性法规与标准，使具有高油耗缺点的美国肌肉车昙花一现，逐渐退出了美国汽车的历史舞台。

日本政府对于成立汽车工厂的审批非常严格，而且对于汽车工业的监管程度较高，令日本的独立跑车厂难以生存，所以日本跑车几乎都是由汽车大厂属下的赛车部门研发生产。20世纪80年代在日本跑车性能一度领先世界时，日本跑车工业却受到"280匹君子协定"的限制，规定日本国内销售的轿车马力不得超过280匹，限制了日本跑车的发展，日本跑车一度绝迹，到了2005年协定才被取消。直到21世纪初，日系跑车才出现新的车款。韩国战后汽车工业有了长足的发展，到汉江奇迹后汽车工业更是发展到外销的程度，有相当成熟的汽车工业。1988年，韩国现代汽车公司推出了旗下第一款跑车斯库普。

与美国和日本相比，欧洲汽车厂商的跑车发展环境较好。20世纪80年代，欧洲各国经济普遍向好，而且是一个"年轻"的时代，"嬉皮士"已成过去。跑车市场成为欧洲各国汽车厂商的必争之地。德国的保时捷、梅赛德斯-奔驰、宝马、奥迪和大众，英国的阿斯顿·马丁、捷豹和莲花，意大利的兰博基尼、阿尔法·罗密欧等众多品牌都推出了极具个性的跑车产品。

梅赛德斯-奔驰 R107

所属品牌：梅赛德斯-奔驰

量产时间：1971 年

整备质量：1585 千克

梅赛德斯-奔驰 R107 是德国梅赛德斯-奔驰汽车公司在 1971—1989 年生产的跑车，采用前置后驱布局。其车体长 4390 毫米、宽 1790 毫米、高 1300 毫米，轴距为 2460 毫米。该车有多种动力配置，包括 2.8 升、3 升排量的 I6 发动机，以及 3.5 升、3.8 升、4.2 升、4.5 升、5 升、5.6 升排量的 V8 发动机。与发动机匹配的是四速手动变速箱、五速手动变速箱、三速自动变速箱或四速自动变速箱。

大众 SP2

所属品牌：大众

量产时间：1973 年

整备质量：890 千克

大众 SP2 是大众（巴西）汽车公司在 1973—1976 年生产的跑车，总产量为 11 123 辆。其车体长 4217 毫米、宽 1610 毫米、高 1158 毫米，轴距为 2400 毫米。该车有两种动力配置，即 1.6 升发动机和 1.7 升发动机，最大功率分别为 40 千瓦和 48 千瓦，峰值扭矩分别为 112 牛米和 123 牛米，0—100 千米/时加速时间分别为 16 秒和 15 秒。

第三代大众尚酷

大众尚酷
所属品牌：大众
量产时间：1974 年
整备质量：1298—1450 千克（第三代）

大众尚酷是德国大众汽车公司在 1974—1992 年、2008—2017 年生产的双门跑车，一共发展了三代，其德文名称源于西洛可风（东南风）。第三代车型的车体长 4256 毫米、宽 1810 毫米、高 1404 毫米，轴距为 2578 毫米。该车搭载 1.4 升 I4 汽油发动机、2 升 I4 汽油发动机或 2 升 I4 柴油发动机，匹配六速手动变速箱、六速双离合变速箱或七速双离合变速箱。

第五代丰田 Supra

丰田 Supra
所属品牌：丰田
量产时间：1978 年
整备质量：1410—1520 千克（第五代）

丰田 Supra 是日本丰田汽车公司在 1978—2002 年、2019 年至今生产的双门跑车，已发展到第五代。1978—1985 年的第一、第二代车型基于丰田赛利卡而来。1986—2002 年的第三、第四代车型基于丰田 Soarer（雷克萨斯成立后在北美市场以雷克萨斯 SC 的名义发行）而来。前四代车型均搭载直列六缸发动机。2019 年的第五代车型基于第三代宝马 Z4 而来，首次可选直列四缸发动机车型。

法拉利特斯塔罗萨

所属品牌：法拉利

量产时间：1984 年

整备质量：1708 千克

法拉利特斯塔罗萨是意大利法拉利汽车公司在 1984—1996 年生产的跑车，采用后置后驱布局。其车体长 4485 毫米、宽 1976 毫米、高 1130 毫米，轴距为 2550 毫米。该车搭载一台 4.9 升 V12 发动机，最大功率为 287 千瓦，峰值扭矩为 490 牛米。与发动机匹配的是五速手动变速箱，0—100 千米/时加速时间为 5.2 秒，最高速度为 290 千米/时。

丰田 MR2

所属品牌：丰田

量产时间：1984 年

整备质量：996 千克

丰田 MR2 是日本丰田汽车公司在 1984—2007 年生产的跑车，一共发展了三代。该车采用双门双座、中置后驱布局，因为其轻量化的车体，以及采用麦弗逊悬挂（前后底盘均采用）、四置刹车盘等方式使其运动性能十分出色。第三代车型的车体长 3886 毫米、宽 1694 毫米、高 1240 毫米，轴距为 2451 毫米。该车搭载一台 1.8 升 I4 发动机，最大功率为 103 千瓦，峰值扭矩为 171 牛米。与发动机匹配的是五速手动变速箱或六速自动变速箱。

福特 RS200

所属品牌：福特

量产时间：1984 年

整备质量：1050 千克

福特 RS200 是福特汽车欧洲公司在 1984—1986 年生产的跑车，采用中置四驱布局。其车体长 3988 毫米、宽 1752 毫米、高 1320 毫米，轴距为 2540 毫米。该车搭载 1.8 升、2.1 升排量的 I4 发动机，匹配五速手动变速箱。

凯迪拉克欧兰特

所属品牌：凯迪拉克

量产时间：1986 年

整备质量：1690 千克

凯迪拉克欧兰特是美国通用汽车公司凯迪拉克事业部在 1986—1993 年生产的双座敞篷跑车，也是凯迪拉克在二战后推出的第一款双座敞篷跑车。该车先后搭载了 4.1 升（1986—1988 年）、4.5 升（1989—1992 年）、4.6 升（1993 年）三种排量的 V8 发动机，匹配四速自动变速箱。其车身由意大利宾尼法利纳设计公司设计和制造，完工后由意大利运往美国，最终在底特律与当地制造的底盘完成组合。独特的生产方式、较少的共享配件和近乎完备的豪华配置，使其成为当时标价最高的美国汽车之一。不过，宾尼法利纳颇具韵味但一眼望去略显平淡的设计未能得到大多数人的赏识，该车的最终销量不到预期的一半。

宝马 Z1

所属品牌：宝马

量产时间：1989 年

整备质量：1250 千克

宝马 Z1 是德国宝马汽车公司在 1989—1991 年生产的前置后驱跑车，其车体长 3921 毫米、宽 1690 毫米、高 1227 毫米，轴距为 2447 毫米。该车搭载一台 2.5 升 I6 发动机，最大功率为 125 千瓦，峰值扭矩为 222 牛米。与发动机匹配的是五速手动变速箱。

奥迪 S2

所属品牌：奥迪

量产时间：1991 年

整备质量：1420—1560 千克

奥迪 S2 是德国奥迪汽车公司在 1991—1995 年生产的跑车，其车体长 4401 毫米、宽 1695 毫米、高 1375 毫米，轴距为 2548 毫米。该车搭载一台 2.2 升 I5 发动机，最大功率为 169 千瓦，峰值扭矩为 350 牛米。与发动机匹配的是五速手动变速箱或六速手动变速箱，0—100 千米/时加速时间为 5.9 秒。

奥迪 S4

所属品牌：奥迪

量产时间：1991 年

整备质量：1750 千克（第六代）

第六代奥迪 S4

奥迪 S4 是德国奥迪汽车公司从 1991 年开始生产的跑车，2021 年已发展到第六代。第六代车型的车体长 4726 毫米、宽 1842 毫米、高 1427 毫米，轴距为 2820 毫米。该车搭载一台 3 升 V6 涡轮增压发动机，匹配八速自动变速箱，0—100 千米/时加速时间为 4.7 秒。

迈凯伦 F1

所属品牌：迈凯伦

量产时间：1992 年

整备质量：1138 千克

迈凯伦 F1 是英国迈凯伦汽车公司研制的中置后驱超级跑车，在 1992—1998 年生产，总产量为 106 辆，设计师为戈登·默里。2017 年，第一辆出口到美国的迈凯伦 F1 在圆石滩车展宝龙拍卖会上拍出 1420 万美元（约 9900 万元人民币）天价。该车搭载一台宝马汽车公司开发的 V12 发动机。与当时的其他 V12 发动机不同，它配备了 12 个节气门，这意味着空气几乎可以立即进入汽缸，从而提高了发动机响应速度。另外，汽缸间距也仅相距 3 毫米，从而实现了超紧凑的设计。铬镍铁合金排气系统还充当后碰撞吸收器，使迈凯伦汽车成为首家将排气系统整合到汽车安全装置中的汽车制造商。迈凯伦 F1 曾经是世界上最快的量产车，最高速度达 386.5 千米/时，这一纪录直到 2005 年才被打破。

捷豹 XJ220

所属品牌：捷豹

量产时间：1992 年

整备质量：1470 千克

捷豹 XJ220 是英国捷豹汽车公司研制的中置后驱超级跑车，在 1992—1994 年生产，总产量为 282 辆，1993 年官方指导价为 47 万英镑（约 417 万元人民币）。该车最初搭载 6.2 升 V12 发动机，与其他发动机相比，体积小、功率大、燃油效率更高，最高速度超过 354 千米/时。量产后，捷豹 XJ220 的动力系统被换成 3.5 升 V6 涡轮增压发动机，搭配五速手动变速箱，最大功率从 515 千瓦降低到 399 千瓦。1992 年，一辆由英国车手驾驶的捷豹 XJ220 在意大利纳尔多赛道跑出了 341.7 千米/时的成绩后，又创下 349.4 千米/时的量产车最高速度纪录。

奥迪 S6

所属品牌：奥迪

量产时间：1994 年

整备质量：2030—2095 千克（第五代）

第五代奥迪 S6

奥迪 S6 是德国奥迪汽车公司从 1994 年开始生产的跑车，2021 年已发展到第五代。第五代车型的车体长 4954 毫米、宽 1886 毫米、高 1445 毫米，轴距为 2928 毫米。欧洲版搭载一台 3 升 V6 涡轮增压柴油发动机，匹配七速双离合变速箱。非欧洲版搭载一台 2.9 升 V6 涡轮增压汽油发动机，匹配八速自动变速箱。

宝马 Z3

所属品牌：宝马

量产时间：1995 年

整备质量：1160—1400 千克

宝马 Z3 是德国宝马汽车公司在 1995—2002 年生产的前置后驱跑车，也是该公司第一款在美国南卡罗来纳州生产的车型。其车体长 4025 毫米、宽 1692 毫米、高 1293 毫米，轴距为 2446 毫米。该车有多种动力配置，包括 1.8 升 I4 发动机、1.9 升 I4 发动机、2 升 I6 发动机、2.2 升 I6 发动机、2.3 升 I6 发动机、2.5 升 I6 发动机、2.8 升 I6 发动机、3 升 I6 发动机、3.2 升 I6 发动机等。与发动机匹配的是五速手动变速箱、四速自动变速箱或五速自动变速箱。

第四代奥迪 S8

奥迪 S8

所属品牌：奥迪

量产时间：1996 年

整备质量：2305 千克（第四代）

奥迪 S8 是德国奥迪汽车公司从 1996 年开始生产的跑车，2021 年已发展到第四代。第四代车型的车体长 5179 毫米、宽 1945 毫米、高 1474 毫米，轴距为 2998 毫米。该车搭载一台 4 升 V8 涡轮增压发动机，最大功率为 420 千瓦，峰值扭矩为 800 牛米。与发动机匹配的是八速自动变速箱，0—100 千米 / 时加速时间为 3.8 秒。

第一代梅赛德斯 - 奔驰 SLK 级

梅赛德斯 - 奔驰 SLK 级

所属品牌：梅赛德斯 - 奔驰

量产时间：1996 年

整备质量：1195—1461 千克（第一代）

梅赛德斯 - 奔驰 SLK 级是德国梅赛德斯 - 奔驰汽车公司在 1996—2020 年生产的跑车，一共发展了三代。第一代车型的车体长 3995 毫米、宽 1715 毫米、高 1289 毫米，轴距为 2400 毫米。该车有两种动力配置，即 2 升 I4 发动机和 3.2 升 V6 发动机。与发动机匹配的是五速手动变速箱或六速手动变速箱。

奥迪 TT

所属品牌：奥迪

量产时间：1998 年

整备质量：1230—1425 千克（第三代）

第三代奥迪 TT

奥迪 TT 是德国奥迪汽车公司从 1998 年开始生产的跑车，2021 年已发展到第三代，每一代都有双门双座跑车和双座敞篷车两种车体。前两代由奥迪子公司奥迪匈牙利汽车公司负责组装，组装基地设在杰尔，漆料和车身主要壳件都出自德国英戈尔施塔特的奥迪总部。而第三代的主要零件生产和组装都由奥迪匈牙利汽车公司全权负责。TT 这个名称被认为是科技与传统两个词语的缩写。

帕加尼风之子

所属品牌：帕加尼

量产时间：1999 年

整备质量：1210 千克

帕加尼风之子是意大利帕加尼汽车公司研制的中置后驱超级跑车，在 1999—2017 年生产，官方指导价为 2900 万元人民币。该车搭载梅赛德斯 - 奔驰 M120 型 6 升（或 7 升）V12 发动机或梅赛德斯 - 奔驰 M297 型 6.9 升（或 7.3 升）V12 发动机。其中，高性能车型帕加尼风之子 R 搭载 6 升 V12 发动机和六速序列式变速箱，在 7500 转/分时可输出 552 千瓦，峰值扭矩可达 710 牛米。在如此强大的动力下，帕加尼风之子 R 的 0—100 千米/时加速时间仅需 2.7 秒，最高速度超过 350 千米/时。

知名汽车品牌探秘：法拉利

法拉利（Ferrari）是举世闻名的赛车和运动跑车的生产厂家，总部位于意大利马拉内罗。该公司由恩佐·法拉利于 1947 年创办，主要制造一级方程式赛车、赛车及高性能跑车。

法拉利著名的跃马标志来自第一次世界大战中意大利排名第一的空战英雄弗朗西斯科·巴拉卡的座机标志，巴拉卡于第一次世界大战中因战机被奥匈帝国高射炮击中而阵亡。他的母亲于 1932 年法拉利赛车获胜时将其座机上的跃马标志给予恩佐·法拉利使用，并于创办法拉利车厂后作为车厂的商标，黄色是恩佐·法拉利故乡摩德纳的代表颜色，而上方的绿、白、红三种颜色则代表意大利国旗。

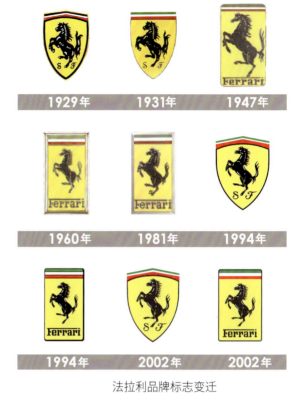

法拉利品牌标志变迁

对恩佐·法拉利来说，1919 年是特殊的一年，他在巴雷图举行的帕尔马爬坡大赛中首次担任赛车手，驾驶一台四缸发动机赛车获得第四名。此后，他在塔格·佛罗热大奖赛驾驶一台四缸发动机的阿尔法·罗密欧赛车荣膺亚军。这一好成绩也为恩佐·法拉利与阿尔法·罗密欧汽车公司开启了长达二十余年的合作之门。1931 年 8 月 9 日，恩佐·法拉利驾驶一台阿尔法·罗密欧赛车在三省环道赛获得亚军。在儿子阿尔弗雷多·法拉利出生后，恩佐·法拉利决定放弃赛车，终止了赛车手的生涯，主攻车队管理。

1937 年，恩佐·法拉利制造了著名的阿尔法·罗密欧 158"Alfetta"赛车，继续称霸国际赛场。同年年底，法拉利车队解散，恩佐·法拉利仍然担任阿尔法·科西嘉车队队长一职。1939 年 9 月 6 日，恩佐·法拉利决定离开阿尔法·罗密欧汽车公司并开创一家属于自己的企业。同年 9 月 13 日，恩佐·法拉利在摩德纳特雷维索（即法拉利车队前总部）成立了一家为意大利政府制造飞机零件的公司。1943 年公司迁至马拉内罗，1944 年遭到轰炸，1947 年重建并加建了街车生产设施。第一部供一般道路行驶的法拉利街车是 1947 年设计的法拉利 125S，以 1.5 升 V12 发动机驱动。恩佐·法拉利为了赚取经费予其赛车队，迫不得已才制造及售卖这款跑车。很快，法拉利跑车便获得了优良的名声。法拉利的跑车以漂亮及流畅的线条闻名，不少设计是由著名设计工作室如宾尼法利纳负责设计。

1969 年，菲亚特集团购入法拉利 50% 的股权，1988 年进一步提升至 90%。2008 年，菲亚特克莱斯勒集团拥有法拉利 75% 股权，穆巴达拉发展公司持有 15% 股权，恩佐·法拉利的儿子皮耶路·法拉利持有 10% 股权。2014 年 10 月，菲亚特克莱斯勒集团宣布分拆法拉利。2016 年 1 月，法拉利完全脱离菲亚特克莱斯勒集团。目前，由意大利最大的私营工商业集团 EXOR 持股 22.91%，公众持股 67.09%，皮耶路·法拉利持股 10%。

法拉利拉法

法拉利 F12 伯林尼塔

4.5　悍然崛起的运动休旅车

运动休旅车（SUV）是一种拥有旅行车般的舒适性和空间机能，配以货卡车的牵引力和越野能力的车型。这种车型的内部空间较大，发动机动力强，有装载货物的能力，搭乘人数一般为 5 至 7 人。

美国吉普汽车与英国路虎汽车是最早的 SUV，大多是户外活动者或工程单位使用，造型十分粗犷而内饰很简陋。20 世纪 80 年代初期，美国汽车公司（American Motors Corporation，缩写为 AMC，20 世纪 80 年代末期被克莱斯勒并购）旗下的吉普汽车将吉普切诺基成功推销给休闲车主,成为畅销车型,在汽车界开创出现代 SUV 的市场。20 世纪 90 年代,SUV 成为美国与全球汽车市场的主流种类,因为开阔的驾驶视野与舒适宽敞的车内空间,得到许多车主的青睐。美国长期以来最畅销的 SUV 是福特探险者。

在欧洲,梅赛德斯-奔驰、宝马等汽车厂商也紧跟潮流,推出了各自的 SUV 车型。这股热潮从美国散发开来,不仅在欧美地区流行,连远在亚洲的日本和韩国汽车厂商也开始研发 SUV 车型。凭借高空间机能和越野能力,SUV 逐渐取代旅行车成为休闲旅游的主要车型。

丰田兰德酷路泽

所属品牌:丰田

量产时间:1951 年

整备质量:2405 千克(J200)

丰田兰德酷路泽 J200

丰田兰德酷路泽是日本丰田汽车公司从 1951 年开始生产的前置四驱 SUV,2007 年投产的 J200 型的官方指导价为 64.5 万—119.4 万元人民币。其车体长 4990 毫米、宽 1980 毫米、高 1945 毫米,轴距为 2850 毫米。该车有多种动力可选,汽油版本有 4 升 V6 发动机、4.6 升 V8 发动机、4.7 升 V8 发动机和 5.7 升 V8 发动机,柴油版本有 4.5 升 V8 发动机。传动系统方面,也有五速自动变速箱、六速自动变速箱、八速自动变速箱和五速手动变速箱等多种方案。该车配备了全时四驱系统、综合感应防抱死系统、动力调节悬挂系统、低速巡航驾驶辅助系统和上坡辅助控制系统等。

日产途乐

所属品牌：日产

量产时间：1951 年

整备质量：2695 千克（第六代）

第六代日产途乐

日产途乐是日本日产汽车公司研制的前置后驱/四驱 SUV，1951 年开始生产，2021 年已发展到第六代，官方指导价为 55.8 万—139 万元人民币。该车搭载 5.6 升 V8 发动机，最大功率达 294 千瓦，峰值扭矩为 550 牛米，得益于日产的 VVEL（可变气门正时和升程）和 DIG（汽油直喷系统）等技术的帮助，该发动机在油耗方面有着令人满意的表现。与发动机匹配的是七速自动变速箱。日产途乐配备了液压车身动态控制系统，让车辆过弯稳，减震强，抓地牢，并提升驾乘舒适性。

路虎揽胜

所属品牌：路虎

量产时间：1970 年

整备质量：2160 千克（第四代）

第四代路虎揽胜

路虎揽胜是英国路虎汽车公司研制的前置四驱 SUV，1970 年开始生产，2021 年已发展到第四代，官方指导价为 122.5 万—321.3 万元人民币。该车有多种动力可选，汽油版本包括 2 升 L4 发动机、3 升 V6 发动机和 5 升 V8 发动机，柴油版本包括 3 升 V6 发动机和 4.4 升 V8 发动机。各个车型的 0—100 千米/时加速时间在 4.3—8 秒，最高速度在 209—283 千米/时。路虎揽胜的恒时四驱系统备有攀爬所必须的低速挡，还有专用来安全下坡的陡坡缓降系统。两者的开关都设在中控台挡杆后方，操作非常简单。

新一代路虎卫士

路虎卫士

所属品牌：路虎

量产时间：1983 年

整备质量：2100 千克（卫士 110）

路虎卫士是英国路虎汽车公司研制的前置四驱 SUV，老款车型在 1983—2016 年生产，新一代车型于 2019 年开始生产，官方指导价为 77.8 万—95.8 万元人民币。该车的外观设计简约、精致，给人一种刚毅果敢的感觉，配合机舱盖复古黑色饰板、方格网散热出口、标志性阿尔卑斯山之光侧顶窗，以及 3D 内嵌式尾灯、外挂式全尺寸备胎等经典元素设计，辨识度极高。高性能车型采用英杰力 3 升 I6 涡轮增压发动机和 48V 轻度混合动力技术，搭配八速自动变速箱，最大功率为 294 千瓦，峰值扭矩为 550 牛米，0—100 千米/时加速时间为 6.1 秒。

福特烈马 II

所属品牌：福特

量产时间：1983 年

整备质量：1800 千克

福特烈马 II 是美国福特汽车公司在 1983—1990 年生产的紧凑型 SUV，采用前置后驱布局，也可选择四驱版。其车体长 4021 毫米、宽 1727 毫米、高 1732 毫米，轴距为 2388 毫米。该车有 3 种动力配置，包括 2.3 升 I4 涡轮增压发动机、2.8 升 V6 发动机和 2.9 升 V6 发动机。与发动机匹配的是四速手动变速箱、五速手动变速箱、三速自动变速箱或四速自动变速箱。

吉普牧马人

所属品牌：吉普

量产时间：1986 年

整备质量：2049 千克（第四代）

第四代吉普牧马人

　　吉普牧马人是美国吉普汽车公司研制的前置后驱/四驱 SUV，1986 年开始生产，2021 年已发展到第四代，官方指导价为 42.99 万—55.99 万元人民币。该车有多种动力可选，包括 2 升 I4 涡轮增压发动机、2.2 升 I4 涡轮增压发动机、3 升 V6 涡轮增压发动机、3.6 升 V6 发动机等。其中，2 升 I4 涡轮增压发动机的最大功率为 196 千瓦，峰值扭矩为 400 牛米。传动部分，匹配八速自动变速箱。吉普牧马人的核心技术是 Rock-Trac 分时四驱系统。该系统的 NV241 分动箱扭矩容量达 7533 牛米，低速齿轮比为 4∶1，即在低速模式下，扭力可以放大 4 倍。

路虎发现

所属品牌：路虎

量产时间：1989 年

整备质量：2193 千克（第五代）

第五代路虎发现

　　路虎发现是英国路虎汽车公司研制的 SUV，1989 年开始生产，2021 年已发展到第五代，官方指导价为 66.98 万—93.48 万元人民币。第五代路虎发现标配一台 3 升 V6 涡轮增压汽油发动机，最大功率为 250 千瓦，峰值扭矩为 450 牛米，与之匹配的是八速自动变速箱。该车拥有较强的越野能力，配备了全地形驾驶进度控制系统，越野模式下，其最大接近角和离去角分别达 34°和 30°，涉水深度达 900 毫米。为了提升驾驶乐趣，第五代路虎发现配备了车速感应式电子助力转向系统和诸多稳定控制系统，可以适应各种路况。

福特探险者	
所属品牌：	福特
量产时间：	1990 年
整备质量：	1971 千克（第六代）

第六代福特探险者

　　福特探险者是美国福特汽车公司研制的前置前驱（第五代）/后驱（除第五代外）/四驱（历代可选）SUV，1990 年开始生产，2021 年已发展到第六代，官方指导价为 41.28 万—51.98 万元人民币。该车使用了大量高抗压材质打造，车身框架极为牢固。搭载 2.3 升涡轮增压发动机，匹配十速手自一体变速箱。该发动机的动力非常强悍，入门车型就可以爆发出高达 203 千瓦的最大功率，峰值扭矩为 425 牛米。底盘方面，福特探险者采用了前双球节弹簧减震支柱悬架和后多连杆式独立悬架，部分车型还配有四驱系统。

丰田普拉多	
所属品牌：	丰田
量产时间：	1990 年
整备质量：	2230 千克（第四代）

第四代丰田普拉多

　　丰田普拉多是日本丰田汽车公司研制的前置四驱 SUV，1990 年开始生产，2021 年已发展到第四代，官方指导价为 43.58 万—60.48 万元人民币。该车有多种动力配置可选，汽油版本有 2.7 升 I4 自然吸气发动机、3.5 升 V6 自然吸气发动机和 4 升 V6 自然吸气发动机，柴油版本有 2.8 升 I4 涡轮增压发动机、3 升 I4 自然吸气发动机和 3 升 I4 涡轮增压发动机。传动系统方面，也有四速自动变速箱、五速自动变速箱、六速自动变速箱、五速手动变速箱和六速手动变速箱等多种方案。

GMC 育空

所属品牌：通用

量产时间：1991 年

整备质量：2605 千克（第四代）

　　GMC 育空是美国通用汽车公司研制的前置后驱 / 四驱 SUV，1991 年开始生产，2021 年已发展到第四代，官方指导价为 155 万—238 万元人民币。该车搭载 6.2 升 V8 智能变缸发动机、主动燃油管理系统，最大功率为 309 千瓦，峰值扭矩为 623 牛米。该车配备了主动电磁感应悬挂、前进碰撞警报、倒车影像辅助系统、自适应巡航控制系统、车道变更警示、侧盲区接近预警系统、车辆后方穿越警报、车道偏离警报、防止侧倾翻滚系统、脉冲式安全警报座椅、前排自动乘客传感器等一系列科技安全技术，最大限度保护行车安全。

吉普大切诺基

所属品牌：吉普

量产时间：1992 年

整备质量：2388 千克（第四代 V8 4WD）

第四代吉普大切诺基

　　吉普大切诺基是美国吉普汽车公司研制的前置后驱 / 四驱 SUV，1992 年开始生产，2021 年已发展到第四代，官方指导价为 52.99 万—71.49 万元人民币。该车搭载 4.7 升 V8 发动机，该发动机能够提供 175 千瓦的最大功率和 400 牛米的峰值扭矩，加上多段式五速自动变速箱的精巧配合，给驾驶者提供了强劲的起步力，敏捷的加速性及燃油经济性。根据有关测试显示，大切诺基最高速度为 200 千米 / 时，转弯半径为 5.9 米，0—100 千米 / 时加速时间为 8.6 秒。

丰田 RAV4

所属品牌：丰田

量产时间：1994 年

整备质量：1530—1640 千克（第五代）

第五代丰田 RAV4

丰田 RAV4 是日本丰田汽车公司从 1994 年开始生产的紧凑型 SUV，2021 年已发展到第五代。第五代车型的车体长 4570 毫米、宽 1855 毫米、高 1660 毫米，轴距为 2690 毫米。该车搭载 2 升、2.5 升排量的 I4 汽油发动机，匹配六速手动变速箱、八速自动变速箱或十速无级变速箱。此外，还有搭载 2.5 升 I4 发动机的混合动力车型。

丰田巨型巡洋舰

所属品牌：丰田

量产时间：1995 年

整备质量：2850 千克

丰田巨型巡洋舰是日本丰田汽车公司在 1995—2001 年生产的大型 SUV，总产量为 3000 辆。其车体长 5090 毫米、宽 2170 毫米、高 2075 毫米，轴距为 3395 毫米。该车搭载一台 4.1 升 I4 涡轮增压柴油发动机，最大功率为 114 千瓦，峰值扭矩为 382 牛米。与发动机匹配的是四速自动变速箱。

雷克萨斯 LX

所属品牌：雷克萨斯

量产时间：1995 年

整备质量：2685 千克（第三代）

第三代雷克萨斯 LX

雷克萨斯 LX 是日本丰田汽车公司雷克萨斯部门研制的前置四驱 SUV，1995 年开始生产，2021 年已发展到第三代，官方指导价为 129.1 万—141.7 万元人民币。该车搭载一台 5.7 升 V8 全铝发动机，具有 DualVVT-i 双智能正时可变气门控制系统，最大功率为 270 千瓦，峰值扭矩为 530 牛米。配合六速自动变速箱，其官方 0—100 千米/时加速时间为 7.8 秒。雷克萨斯 LX 采用了雷克萨斯研发的四轮主动悬架高度控制系统和适应式可调悬架系统。通过将两大系统和四个车轮上的悬架整合在一起，车辆得以根据驾驶环境实时保持最佳姿态，显著提升车辆的操控性能。

本田 CRV

所属品牌：本田

量产时间：1995 年

整备质量：1500—1593 千克（第五代）

第五代本田 CRV

本田 CRV 是日本本田汽车公司从 1995 年开始生产的紧凑型 SUV，2021 年已发展到第五代。该车秉承"无论何时、无论何地，都能轻松、愉快驾驶"的开发理念，诞生二十余年来，揽获了 160 多个国家超过 1100 多万车主的喜爱。第五代车型的车体长 4584—4623 毫米、宽 1855 毫米、高 1657—1690 毫米，轴距为 2660 毫米。

第四代梅赛德斯-奔驰 GLE 级

梅赛德斯-奔驰 GLE 级

所属品牌：梅赛德斯-奔驰

量产时间：1997 年

整备质量：2150 千克（第四代）

梅赛德斯-奔驰 GLE 级是德国梅赛德斯-奔驰汽车公司研制的 SUV，1997 年开始生产，2021 年已发展到第四代，官方指导价为 70.98 万—135.38 万元人民币。该车汽油版本有三种动力配置可选，GLE 350 4MATIC 搭载 2 升 I4 涡轮增压发动机，GLE 450 4MATIC 和 AMG GLE 53 4MATIC+ 搭载 3 升 I6 涡轮增压发动机，GLE 580 4MATIC、AMG GLE 63 4MATIC+ 和 AMG GLE 63 S 4MATIC+ 搭载 4 升 V8 双涡轮增压发动机。根据发动机调校，各版本的 0—100 千米/时加速时间在 3.8—7.6 秒，最高速度在 228—280 千米/时。此外，GLE 级还有柴油版本，包括 2 升 I4 涡轮增压发动机和 2.9 升 I6 涡轮增压发动机。传动系统方面，GLE 级各个车型均匹配九速自动变速箱。

第四代林肯领航员

林肯领航员

所属品牌：林肯

量产时间：1997 年

整备质量：2579 千克（第四代）

林肯领航员是美国林肯汽车公司研制的前置后驱/四驱 SUV，1997 年开始生产，2021 年已发展到第四代，官方指导价为 109.8 万—129.8 万元人民币。第一代、第二代和第三代早期车型均搭载 5.4 升 V8 发动机，最大输出功率可达 224 千瓦，峰值扭矩为 490 牛米。与发动机匹配的是四速或六速自动变速箱，提供两轮或四轮驱动。林肯领航员的悬架系统采用四轮独立空气悬架，在坑凹的路面可以通过旋钮调整到四驱模式，此时底盘会升高 10 厘米。从第三代后期车型开始，换装 3.5 升 V6 发动机，搭配十速自动变速箱。

大发特锐

所属品牌：大发

量产时间：1997 年

整备质量：1245—1270 千克（第三代）

大发特锐是日本大发汽车公司从 1997 年开始生产的前置后驱小型 SUV，2021 年已发展到第三代。第三代车型的车体长 4435 毫米、宽 1695 毫米、高 1705 毫米，轴距为 2685 毫米。该车搭载一台 1.5 升 I4 发动机，最大功率为 76.5 千瓦。与发动机匹配的是五速手动变速箱或四速自动变速箱。

凯迪拉克凯雷德

所属品牌：凯迪拉克

量产时间：1998 年

整备质量：2670 千克（第四代）

第四代凯迪拉克凯雷德

凯迪拉克凯雷德是美国通用汽车公司凯迪拉克事业部研制的前置后驱/四驱 SUV，1998 年开始生产，2021 年已发展到第四代，官方指导价为 148.8 万元人民币。该车搭载一台 6.2 升 V8 发动机，最大输出功率为 313 千瓦，峰值扭矩为 623 牛米。最初配备六速自动变速箱（2015 年），之后相继换装八速自动变速箱（2015—2017 年）、十速自动变速箱（2018—2020 年）。凯迪拉克凯雷德依旧坚持着怀挡的操作方式，并具有手动控制升降挡的功能。除了四驱车型外，凯迪拉克凯雷德还提供后驱车型供用户选择。

第四代雷克萨斯 RX

雷克萨斯 RX

所属品牌：雷克萨斯

量产时间：1998 年

整备质量：1890 千克（第四代）

雷克萨斯 RX 是日本丰田汽车公司雷克萨斯部门研制的前置前驱 / 四驱 SUV，1998 年开始生产，2021 年已发展到第四代，官方指导价为 39.8 万—80.1 万元人民币。该车搭载了 2.7 升至 3.5 升排量的直列四缸顶置双凸轮轴发动机，由于加入了双智能正时可变气门控制系统，使雷克萨斯 RX 拥有更加高效的燃油性和更低的排放。该车应用了最新一代六速手自一体电子控制自动变速箱，当快速踩下油门踏板时，直接降挡控制将允许变速箱进行越级降挡，以实现更快地响应。

第四代宝马 X5

宝马 X5

所属品牌：宝马

量产时间：1999 年

整备质量：2060 千克（第四代）

宝马 X5 是德国宝马汽车公司研制的前置后驱 / 四驱 SUV，1999 年开始生产，2021 年已发展到第四代，官方指导价为 64.99 万—84.99 万元人民币。入门车型搭载 3 升 I6 涡轮增压发动机，最大功率为 250 千瓦，峰值扭矩为 450 牛米，最大功率转速为 5500—6500 转 / 分，最高时速达 243 千米 / 时，0—100 千米 / 时加速时间仅需 5.5 秒。高性能车型搭载 4.4 升 V8 双涡轮增压发动机，视调校不同，各车型的 0—100 千米 / 时加速时间在 3.7—4.7 秒。

传奇车型鉴赏：梅赛德斯 - 奔驰 G 级

基 本 参 数 （W463 第二代）	
车身长度	4725 毫米
车身宽度	1931 毫米
车身高度	1969 毫米
轴距	2890 毫米
整备质量	2354—2485 千克

梅赛德斯 - 奔驰 G 级是德国梅赛德斯 - 奔驰汽车公司研制的前置四驱 SUV，1979 年开始生产，先后推出了 W460（1979—1992 年）、W461（1992 年至今）、W463 第一代（1990—2018 年）、W463 第二代（2018 年至今）。其中，W463 第二代的官方指导价为 143 万—189.9 万元人民币。

梅赛德斯 - 奔驰 G 级 W460

梅赛德斯 - 奔驰 G 级 W463 第一代

外型设计

梅赛德斯-奔驰G级整体造型简单经典,线条简洁有力,具有典型的越野车特色。平实的表面和简约的直线赋予了梅赛德斯-奔驰G级独特的风格,这是建筑设计包豪斯流派所倡导的"功能决定形式"的设计典范。正是实用性导向使梅赛德斯-奔驰G级的车身线条和比例展现出一种庄重。以平行线和不同角度为主要线条的前脸设计,结合发动机盖的弧线、保险杠的圆角设计、底部略微内扣的翼子板以及向上略微收窄的A柱等线条,给人一种沉稳和自信的感觉。车侧设计更是以最清晰简洁的线条构成,门槛、车窗底部和车顶形成了三条平行线,腰线以下的车身为矩形结构。

内饰设计

与外型忠于传统的风格不同,梅赛德斯-奔驰G级的内饰在兼顾实用性的同时,被更多地赋予了豪华与复古的韵味。标配的皮革搭配胡桃木木饰的风格显现出奔驰一贯的豪华大气风范,诸如将6碟DVD、导航和车载电话集成在一起的COMAND APS中央控制系统,以及倒车影像等功能,为驾驶者提供了充足的舒适便利性和人性化设计。

整体性能

梅赛德斯-奔驰G级堪称梅赛德斯-奔驰旗下最具个性化的车型,几乎完全承袭初代的车身外观,车系面世至今皆以小改款强化外观、内装、车架及动力部分等细节,车身架构及车架基础仍维持原架构,是梅赛德斯-奔驰旗下车系世代寿命最长的一款车型。该车搭载5.5升V8发动机,能够输出281千瓦的最大功率和530牛米的峰值扭矩,从而为旅途提供充足的动力储备。在面对越野路况时,梅赛德斯-奔驰G级配备的手动差速锁、带越野减速比的变速箱、空气减震器、4ETS四轮驱动电子牵引系统使它拥有了无与伦比的通过性能。

梅赛德斯-奔驰G级W463第二代

4.6 大肚能容的多功能休旅车

多功能休旅车（MPV）是集轿车、旅行车和厢式货车的功能于一身的车型。MPV的车厢设计通常为单厢或两厢式。车身高度介于1600—1800毫米，比轿车、掀背车或旅行车还要高，但车身比传统的大型厢型车要小，采用多数人较易驾驶的前轮驱动设计而非传统厢型车的后轮驱动设计。MPV的搭乘人数可多达7—8人，车内每个座椅都可以调整，并有多种组合方式，例如可将中排座椅靠背翻下变为桌台，前排座椅可作180°旋转等。

虽然MPV的外型看起来像货车，但是从源头上说，MPV并非厢型车家用化而来，而是从欧洲流行的旅行车拉高发展而来。严格意义上说，MPV是主要针对家庭及商业用户的车型。MPV的空间要比同排量的轿车相对大些，也存在着尺寸规格之分，但不像轿车那么细，多与功能性有关。自20世纪80年代初面世以来，MPV以其实用的性能征服了无数用户。

MPV通常分为大型、紧凑型、中型、小型与迷你型五种：大型MPV的车身长度超过4600毫米，乘坐人数多在7—8人，座椅配置采用三排（2-2-3或2-3-3），但有些高级型号只配置豪华4人座；紧凑型MPV的车身长度介于4200—4600毫米，乘坐人数为6—7人，座椅配置采用三排（2-2-2或2-3-2）；中型MPV介于紧凑型和小型之间，车身长度介于4100—4200毫米，乘坐人数为5—6人，座椅配置采用两排半；小型MPV的车身长度短于4100毫米，乘坐人数为5人，座椅配置采用两排；迷你型MPV比起传统掀背车，车身高度有所增加，乘坐人数多为4人，座椅配置采用两排。

福特宇宙之星

所属品牌：福特

量产时间：1985 年

整备质量：1274—1467 千克

福特宇宙之星是美国福特汽车公司在 1985—1997 年生产的 MPV，为了降低成本，车身大量使用轻质材料。其车体长 4440 毫米、宽 1820 毫米、高 1830 毫米，轴距为 3020 毫米。该车有多种动力配置，包括 2.3 升 I4 发动机、2.8 升 V6 发动机、3 升 V6 发动机、4 升 V6 发动机等。与发动机匹配的是五速手动变速箱、四速自动变速箱或五速自动变速箱。

丰田普瑞维亚

所属品牌：丰田

量产时间：1990 年

整备质量：1725—1915 千克（第三代）

第三代丰田普瑞维亚

丰田普瑞维亚是日本丰田汽车公司在 1990—2019 年生产的 MPV，一共发展了三代，在日本市场称为丰田大霸王，在澳大利亚市场称为丰田塔勒戈。第三代车型的车体长 4795 毫米、宽 1800 毫米、高 1750 毫米，轴距为 2950 毫米。该车搭载 2.4 升 I4 发动机，匹配七速无级自动变速箱；或 3.5 升 V6 发动机，匹配六速自动变速箱。

丰田依普莎姆

所属品牌：丰田

量产时间：1995 年

整备质量：1490—1540 千克（第二代）

第二代丰田依普莎姆

丰田依普莎姆是日本丰田汽车公司在 1995—2009 年生产的 MPV，一共发展了两代。第二代车型的车体长 4690 毫米、宽 1760 毫米、高 1675 毫米，轴距为 2825 毫米。该车搭载 2 升、2.4 升排量的 I4 汽油发动机，或 2 升排量的 I4 涡轮增压柴油发动机。与发动机匹配的是五速手动变速箱或四速自动变速箱。

福特风之星

所属品牌：福特

量产时间：1995 年

整备质量：1724 千克（第一代）

福特风之星是美国福特汽车公司在 1995—2007 年生产的 MPV，一共发展了三代，均采用前置前驱布局。第一代车型的车体长 5110 毫米、宽 1915 毫米、高 1727 毫米，轴距为 3066 毫米。该车搭载 3 升或 3.8 升排量的 V6 发动机，匹配四速自动变速箱。

大众夏朗

所属品牌：大众

量产时间：1995 年

整备质量：1703—1970 千克（第二代）

第二代大众夏朗

大众夏朗是德国大众汽车公司从 1995 年开始生产的 MPV，2010 年推出第二代车型。自面世以来，大众夏朗一直占据着德国市场最畅销 MPV 的位置。在整个欧洲市场，大众夏朗在同级车中的销量也名列前茅。第二代车型的车体长 4854 毫米、宽 1904 毫米、高 1720 毫米，轴距为 2919 毫米。动力配置方面，有 1.4 升 I4 涡轮增压汽油发动机、2 升 I4 涡轮增压汽油发动机、2 升 I4 涡轮增压柴油发动机等。与发动机匹配的是六速手动变速箱、五速自动变速箱或六速双离合变速箱。

梅赛德斯 - 奔驰维托

所属品牌：梅赛德斯 - 奔驰

量产时间：1996 年

整备质量：2040—2135 千克（第二代）

梅赛德斯 - 奔驰维托是德国梅赛德斯 - 奔驰汽车公司从 1996 年开始生产的 MPV，2021 年已发展到第三代。第三代车型的车体长 5140 毫米、宽 1928 毫米、高 1901 毫米，轴距为 3200 毫米。该车有多种动力配置，包括 2 升 I4 汽油发动机、1.6 升 I4 涡轮增压柴油发动机、1.7 升 I4 涡轮增压柴油发动机、2 升 I4 涡轮增压柴油发动机、2.2 升 I4 涡轮增压柴油发动机等。

丰田塞纳

所属品牌：丰田

量产时间：1997 年

整备质量：2091—2143 千克（第四代）

第四代丰田塞纳

丰田塞纳是日本丰田汽车公司从 1997 年开始生产的 MPV，2021 年已发展到第四代。第四代车型的车体长 5170—5180 毫米、宽 1990 毫米、高 1740—1780 毫米，轴距为 3060 毫米。该车搭载一台 2.5 升 I4 汽油发动机和两台永磁同步电动机，匹配电子无极变速箱。

丰田盖亚

所属品牌：丰田

量产时间：1998 年

整备质量：1250 千克

丰田盖亚是日本丰田汽车公司在 1998—2004 年生产的 MPV，采用前置前驱布局，也可选择四驱版。其车体长 4620 毫米、宽 1695 毫米、高 1640 毫米，轴距为 2735 毫米。该车搭载 2 升 I4 汽油发动机或 2.2 升 I4 涡轮增压柴油发动机，匹配四速自动变速箱。

丰田纳迪亚
所属品牌：丰田
量产时间：1998 年
整备质量：1420—1470 千克

丰田纳迪亚是日本丰田汽车公司在 1998—2003 年生产的紧凑型 MPV，采用前置前驱布局，也可选择四驱版。其车体长 4435 毫米、宽 1695 毫米、高 1650 毫米，轴距为 2735 毫米。该车搭载一台 2 升 I4 发动机，匹配四速自动变速箱。

知名汽车品牌探秘：通用汽车

通用汽车公司是一家总部位于美国密歇根州底特律市的跨国汽车制造公司，制造厂房遍布美国数十个州和世界三十多个国家。旗下拥有雪佛兰、别克、GMC、凯迪拉克、霍顿等品牌。

通用汽车公司的前身是 1907 年由戴维·别克创办的别克汽车公司，1908 年美国最大的马车制造商威廉姆·杜兰特买下了别克汽车公司并成为公司总经理，同时推出 C 型车。为了推销这种汽车，威廉姆·杜兰特迅速建立了一个经销网络并吸引了大笔订单——远远超出了公司的生产能力。到 1908 年，别克汽车公司已成为全美主要汽车生产商，威廉姆·杜兰特很想结束当时汽车工业数百家公司并存的局面，因而大力支持本杰明·克里斯科有关将别克、福特、马克斯韦尔-布里斯科、奥兹摩比等几家主要汽车公司合并的建议，但协商因福特汽车公司要价达 800 万美元之巨而以失败告终。同年，威廉姆·杜兰特以别克汽车公司和奥兹摩比汽车公司为基础

通用汽车品牌标志变迁

成立了一家汽车控股公司——通用汽车公司，1909年又合并了另外两家汽车公司——奥克兰汽车公司和凯迪拉克汽车公司。

一百多年以来，通用汽车公司及其产品已触及全球无数消费者的生活。经历了一百多年的创新和发展，从1908年9月16日最不被看好的开始到阿尔弗雷德·斯隆著名的"不同的钱包、不同的目标、不同的车型"战略；从全球第一款量产跑车到第一款燃油效率达到每百千米3.53升的汽车；从收购雪佛兰、欧宝、沃克斯豪这些世界著名汽车品牌到如今重点发展新型"绿色"动力推进技术，通用汽车公司发展的市场已远远超出公司诞生地。

GMC 育空

GMC 悍马 EV

4.7　风靡欧美的皮卡

皮卡是驾驶室后方设有无车顶货箱，货箱侧板与驾驶室连为一体的轻型载货汽车。它是前面像轿车，后面带货箱的客货两用汽车。皮卡作为汽车市场的重要组成部分之一，既能提供舒适的驾驶体验，又有较大的载货空间，方便人们日常出行，所以一直深受人们喜爱。

1925年，美国福特汽车公司把福特T型车后面的车厢改成货箱，这就是世界上第一种皮卡。随后，其他汽车厂商也加入了皮卡研发生产的大军。这一时期的皮卡多采用细长而圆润的发动机盖设计，并辅以多横幅的进气格栅，看起来十分可爱。

20世纪40年代末期，美国进入了一个属于皮卡的疯狂年代。这一时期，不仅福特、雪佛兰等老牌皮卡厂商继续发力推出新产品，而且丰田、道奇等优秀汽车厂商也相继发布了新车型。这些皮卡有很多属于轿卡车型，虽然底盘低，不具备越野能力，但是动力强劲，速度快。在外型上，也逐渐摆脱了20世纪40年代以前细长圆润的发动机盖设计，变得更加霸气威猛。

到了20世纪80年代，经过几十年的发展，皮卡在动力、配置和外型方面都得到了极大的改观。但随着时代的发展，消费者的诉求也在不断的变化。就在这一时期，皮卡厂商通过调查发现，人们更加喜欢全尺寸的大皮卡。所以在后来的换代车型中，新一代皮卡都比上一代皮卡拥有更强劲的动力或更大的车身尺寸，并渐渐形成了北美地区主流的皮卡三巨头：福特、道奇和雪佛兰。

第一代福特牧场主

福特牧场主

所属品牌：福特

量产时间：1957年

整备质量：1629千克（第一代）

福特牧场主是美国福特汽车公司在1957—1979年生产的皮卡，采用前置后驱布局，一共发展了七代。第一代车型的车体长5154毫米、宽1956毫米、高1461毫米，轴距为2946毫米。该车有3种动力配置，包括3.7升I6发动机、4.8升V8发动机和5.8升V8发动机。

丰田海拉克斯
所属品牌：丰田
量产时间：1968 年
整备质量：1955 千克（第八代）

第八代丰田海拉克斯

丰田海拉克斯是日本丰田汽车公司设计和制造的皮卡，1968 年开始生产，2021 年已发展到第八代，官方指导价为 20 万元人民币。该车分为两驱和四驱车型，四驱车型采用了带有后桥差速锁的分时四驱系统，并且带有低速四驱模式。该车有多种动力配置可选，汽油版有 2 升 I4 自然吸气发动机、2.7 升 I4 自然吸气发动机和 4 升 V6 自然吸气发动机，柴油版有 2.4 升 I4 涡轮增压发动机、2.5 升 I4 涡轮增压发动机、2.8 升 I4 涡轮增压发动机、3 升 I4 涡轮增压发动机和 3 升 I4 自然吸气发动机。其中，4 升 V6 自然吸气汽油发动机的最大功率为 173 千瓦，峰值扭矩为 376 牛米。传动系统方面，有五速手动变速箱、六速手动变速箱、五速自动变速箱和六速自动变速箱。

道奇公羊
所属品牌：道奇
量产时间：1980 年
整备质量：3500 千克（第五代）

道奇公羊是美国道奇汽车公司设计和制造的皮卡，1980 年开始生产，2020 年已发展到第五代，官方指导价为 65 万—75 万元人民币。该车配备了克莱斯勒汽车公司研发的 5.7 升 V8 发动机，最大功率为 283 千瓦，峰值扭矩为 548 牛米。该车的底盘采用的是 98% 高强度钢，提高了耐用性、刚度和操控性，同时还达到了减重的效果。

福特游骑兵

所属品牌：福特

量产时间：1983 年

整备质量：1866 千克（第四代）

福特游骑兵是美国福特汽车公司设计和制造的皮卡，1983 年开始生产，2021 年已发展到第四代，官方指导价为 29.98 万元人民币。该车有多种动力配置，汽油版有 2.3 升 I4 涡轮增压发动机搭配十速自动变速箱、2.5 升 I4 自然吸气发动机搭配五速手动变速箱；柴油版有 2 升 I4 涡轮增压发动机搭配十速自动变速箱、2.2 升 I4 涡轮增压发动机搭配六速手动/自动变速箱、3.2 升 I5 涡轮增压发动机搭配六速手动/自动变速箱。其中，2.3 升 I4 涡轮增压汽油发动机的最大功率为 199 千瓦，峰值扭矩为 420 牛米。

日产纳瓦拉

所属品牌：日产

量产时间：1985 年

整备质量：1960 千克（第四代）

第四代日产纳瓦拉

日产纳瓦拉是日本日产汽车公司设计和制造的皮卡，1985 年开始生产，2021 年已发展到第四代，官方指导价为 13.98 万—19.58 万元人民币。该车搭载一台 2.5 升汽油发动机，最大功率为 135 千瓦，峰值扭矩为 236 牛米（两驱手动车型）和 251 牛米（四驱手动/自动车型）。传动系统方面，有五速手动（两驱）、六速手动（四驱）和七速手自一体变速箱（两驱/四驱）。悬架方面，采用了前双叉臂独立悬架和后钢板弹簧式非独立悬架。另外采用非承载式车身结构，四驱行驶为电控分时四驱，带有扭矩放大挡。

大众 Taro

所属品牌：大众

量产时间：1989 年

整备质量：1280 千克

大众 Taro 是德国大众汽车公司在 1989—1997 年生产的皮卡。当时，大众想要开发欧洲的小型皮卡市场，但苦于缺乏经验，于是看中了在亚洲市场畅销的丰田海拉克斯。而丰田也想进军欧洲市场，于是双方一拍即合，大众在德国汉诺威的工厂生产丰田海拉克斯，并在大众的销售系统下出售。除了车标以外，车辆其他细节都和第五代海拉克斯相同。由于该车不符合欧洲消费者的用车习惯，最终因销量惨淡而停产。

丰田 T100

所属品牌：丰田

量产时间：1992 年

整备质量：1800 千克

丰田 T100 是日本丰田汽车公司在 1992—1998 年生产的中型皮卡，采用前置后驱布局，也可选择四驱版。其车体长 5311 毫米、宽 1910 毫米、高 1694—1819 毫米，轴距为 3094 毫米。该车有多种动力配置，包括 2.7 升 I4 发动机、3 升 V6 发动机、3.4 升 V6 发动机等。与发动机匹配的是四速自动变速箱或五速手动变速箱。

丰田塔科马

所属品牌：丰田

量产时间：1995 年

整备质量：2007 千克（第三代）

第三代丰田塔科马

丰田塔科马是日本丰田汽车公司设计和制造的皮卡，1995 年开始生产，2021 年已发展到第三代，官方指导价为 28 万元人民币。该车搭载 3.5 升 V6 发动机，采用丰田独特的 D-4S 双喷射系统，该系统可以根据工况在歧管喷射和缸内直喷两种喷油模式之间进行调节，从而实现燃烧效率和动力性能的双重提升。该发动机的最大功率为 204 千瓦，峰值扭矩为 359 牛米。与发动机匹配的是六速自动变速箱或六速手动变速箱，用户可以根据需求自行选择。

雪佛兰索罗德

所属品牌：雪佛兰

量产时间：1998 年

整备质量：3100 千克（第四代）

第四代雪佛兰索罗德

雪佛兰索罗德是美国雪佛兰汽车公司设计和制造的皮卡，1998 年开始生产，2021 年已发展到第四代，官方指导价为 59.99 万—69.9 万元人民币。该车按照装载能力共有 1500、2500 和 3500 多个版本，名字中的"1500"意味着它最多可搭载 1500 磅（约 680 千克）货物，其他版本依次类推。另外，按照车厢结构还有 Regular Cab、Extented Cab、Crew Cab 多种车型，而按照特性取向（偏越野能力或者豪华属性）不同还有 LT、LTZ、Z71 LT、Z71 LTZ 等。该车有多种动力配置可选，包括 2.7 升 I4 涡轮增压汽油发动机、4.3 升 V6 汽油发动机、5.3 升 V8 汽油发动机、5.3 升 V8 汽油发动机、6.2 升 V8 汽油发动机和 3 升 I6 柴油发动机。其中，6.2 升 V8 发动机搭配八速自动变速箱，最大功率为 309 千瓦，峰值扭矩为 624 牛米。

GMC 西塞拉

所属品牌：通用

量产时间：1998 年

整备质量：2530 千克（第四代）

第四代 GMC 西塞拉

　　GMC 西塞拉是美国通用汽车公司设计和制造的皮卡，1998 年开始生产，2021 年已发展到第四代，官方指导价为 62.8 万—76.8 万元人民币。该车有两种动力配置，即 5.3 升 V8 发动机和 6.2 升 V8 发动机，均采用直喷技术、主动燃料管理与可变气门正时系统。其中，5.3 升发动机的最大功率为 265 千瓦，搭配八速手自一体变速箱，0—100 千米/时加速时间仅需 5.5 秒。GMC 西塞拉较大的车身尺寸带来了充足的驾乘空间，让前后排乘客都不会因为腿部空间不足而导致腿部发麻。

丰田坦途

所属品牌：丰田

量产时间：1998 年

整备质量：1785 千克（第二代）

第二代丰田坦途

　　丰田坦途是日本丰田汽车公司设计和制造的皮卡，1999 年开始生产，2007 年推出第二代车型，官方指导价为 49 万—61.8 万元人民币。该车搭载了 3 款发动机，分别是 4 升 V6 发动机（最大功率为 199 千瓦）、4.6 升 V8 发动机（最大功率为 228 千瓦）、5.7 升 V8 发动机（最大功率为 280 千瓦）。与发动机匹配的是五速手动变速箱和六速自动变速箱。在皮卡市场相对成熟的美国市场，丰田坦途的竞争车型主要来自福特 F-150、道奇公羊以及 GMC 西塞拉三款车型，虽然其共同特征均为肌肉派风格，但是丰田坦途的性价比相对较高。

Chapter 5
新 的 世 纪

21世纪初的金融危机加速了全球汽车业版图调整的速度,最主要体现在北美三巨头的变化上:其中,克莱斯勒分立两年后无法独立生存重新被菲亚特整合;而通用汽车和福特汽车不断分拆出售自己的下属子品牌或资产以自保。一系列变化导致全球汽车产业出现新的"6+3"+X的格局。新的六大集团包括丰田集团、大众集团、通用汽车公司、福特汽车公司、雷诺-日产联盟,以及新的菲亚特-克莱斯勒联盟。新的三小集团包括现代-起亚、本田和标志-雪铁龙。另外,戴姆勒、宝马和包括铃木在内的多家日本车企业、不断成长的中国和印度新兴市场的汽车公司也是全球汽车业版图中不可忽视的力量。

2000—2020 年

2009年 首种纯电动车三菱 iMiEV 电动汽车量产面市
2012年 无人驾驶汽车进行路面实际试验
2013年 美国部分州通过自动驾驶汽车行驶法例
2015年 由德国、英国、荷兰、挪威以及美国18个州组成的"零排放车辆同盟"宣布,到2050年,联盟内的国家及地区将不允许销售燃油车

2017年 英国、法国、德国、挪威四国宣告将于2040年后禁止出售汽油车和柴油车
2019年 布加迪凯龙超级跑车突破300英里/时(约489千米/时)的大关

5.1 智能化和网络化的轿车

21世纪，随着汽车电子技术的发展，汽车智能化技术逐步得到应用，美国苹果公司于2014年3月3日宣布推出车载系统Carplay。该系统是将用户的iOS设备，以及iOS使用体验，与仪表盘系统无缝结合。如果用户汽车配备CarPlay，就能连接iPhone等设备，并使用汽车的内置显示屏和控制键，或Siri免视功能与之互动。用户可以轻松、安全地拨打电话、听音乐、收发信息、使用导航等，也再次点燃了大家对车载智能的热情。如果将汽车电子化定义为"功能机"时代，那汽车智能化将步入"智能机"时代。

汽车网络化，即车联网，将依托于汽车制造商、经销商与运营商，汽车电子化与智能化实现"人—车"互动，车联网实现"人—车—网络"互动，而智能交通将实现"人—车—网络—路"互动。可以预见，汽车的电子化、智能化还将出现许多新系统、新成果，使驾乘汽车变得更加安全、环保、节能、舒适和愉悦。

丰田 Brevis

所属品牌：丰田

量产时间：2001年

整备质量：1520千克

丰田Brevis是日本丰田汽车公司在2001—2007年生产的前置后驱（可选择四驱版）轿车，仅在日本市场销售。其车体长4550毫米、宽1720毫米、高1460毫米（四驱版为1475毫米），轴距为2780毫米。该车搭载2.5升或3升排量的I6发动机，匹配五速自动变速箱（四驱版匹配四速自动变速箱）。

丰田 Verossa

所属品牌：丰田

量产时间：2001 年

整备质量：1380—1530 千克

丰田 Verossa 是日本丰田汽车公司在 2001—2004 年生产的中型轿车，采用前置后驱布局，也可选择四驱版。该车采用充满活力和情感的意大利风格设计，车头设计较为激进，前后轮拱上方的腰线衬托了丰田 Verossa 动感的造型，车尾设计则较为圆润。其车体长 4705 毫米、宽 1760 毫米、高 1450 毫米，轴距为 2780 毫米。该车有 3 种动力配置，包括 2 升 I6 发动机、2.5 升 I6 发动机、2.5 升 I6 涡轮增压发动机。其中，2.5 升 I6 涡轮增压发动机的最大功率为 206 千瓦。

丰田 Premio

所属品牌：丰田

量产时间：2001 年

整备质量：1200—1330 千克

第二代丰田 Premio

丰田 Premio 是日本丰田汽车公司在 2001—2021 年生产的紧凑型轿车，一共发展了两代，在中国市场的名称为丰田亚洲狮。第二代车型的车体长 4565 毫米、宽 1695 毫米、高 1475 毫米，轴距为 2750 毫米。该车搭载 1.5 升、1.8 升、2 升排量的 I4 发动机，匹配无极变速箱。

大众宝来

所属品牌：大众

量产时间：2001 年

整备质量：1235—1560 千克（第四代）

第三代大众宝来

大众宝来是中德合资汽车制造商一汽大众汽车公司自 2001 年起专为中国市场生产的一款紧凑型轿车。该车最初为北美市场版本的第四代大众捷达，后来在中国市场不断经历改款换代，现已与原来的捷达大相径庭。2018 年 4 月，一汽大众汽车公司于 MQP 平台下研发了第四代大众宝来，搭载 1.4 升和 1.5 升两种排量的 I4 汽油发动机，轴距为 2688 毫米。

丰田 Matrix

所属品牌：日本

量产时间：2002 年

整备质量：1215—1335 千克（第二代）

第二代丰田 Matrix

丰田 Matrix 是日本丰田汽车公司在 2002—2014 年生产的五门掀背车，一共发展了两代，主要在北美市场销售。第二代车型的车体长 4366 毫米、宽 1755 毫米、高 1549 毫米，轴距为 2600 毫米。该车搭载 1.8 升、2.4 升排量的 I4 发动机，匹配四速自动变速箱、五速自动变速箱或五速手动变速箱。

Chapter 5 新的世纪

大众福克斯

所属品牌：大众

量产时间：2003 年

整备质量：978—1087 千克

大众福克斯是大众（巴西）汽车公司从 2003 年开始生产的小型车，有三门掀背车、五门掀背车、迷你 SUV、迷你 MPV 等车体，主要在拉丁美洲销售。它填补了大众高尔夫和大众 Polo 之间的空白，取名为 Fox，就是标榜其有如狐狸般的灵敏。其车体长 3805 毫米，宽 1640 毫米、高 1545 毫米、轴距为 2465 毫米。动力配置方面，有 1 升 I4 汽油发动机、1.2 升 I3 汽油发动机、1.4 升 I4 汽油发动机、1.6 升 I4 汽油发动机、1.4 升 I3 柴油发动机等。

日产天籁

所属品牌：日产

量产时间：2003 年

整备质量：1430—1530 千克（第三代）

第三代日产天籁

日产天籁是日本日产汽车公司从 2003 年开始生产的中型轿车，2021 年已发展到第三代，官方指导价为 17.98 万—26.98 万元人民币。该车的名字源于美洲土语，意为"黎明"，寓意着日产新一代大中型轿车的曙光初现。该车最大的特点之一是具有现代生活品位的内饰，车内大面积采用木纹饰板。在仪表板、座椅和门扶手上则大量使用小山羊皮。大尺寸仪表盘、弧形设计的座椅和后座之间的操控台也增添了豪华性。设计师中岛敬甚至认为，日产天籁正是从内饰着手，着力打造"现代生活"的理念。

宝马 1 系

所属品牌：宝马

量产时间：2004 年

整备质量：1290—1525 千克（第三代）

第三代宝马 1 系

宝马 1 系是德国宝马汽车公司从 2004 年开始生产的轿车，2021 年已发展到第三代，官方指导价为 20.38 万—24.68 万元人民币。其车体长 4319 毫米、宽 1799 毫米、高 1434 毫米，轴距为 2670 毫米。该车有 4 种动力配置，即 1.5 升 I3 涡轮增压发动机和 2 升 I4 涡轮增压发动机，均有汽油版和柴油版。与发动机匹配的是六速手动变速箱、八速自动变速箱或七速双离合变速箱。

丰田 Mark X

所属品牌：丰田

量产时间：2004 年

整备质量：1510—1570 千克（第二代）

第二代丰田 Mark X

丰田 Mark X 是日本丰田汽车公司在 2004—2019 年生产的中型轿车，一共发展了两代。该车基于丰田 N 平台打造，在中国市场以丰田锐志的名称发行。第二代车型的车体长 4770 毫米、宽 1795 毫米、高 1435 毫米，轴距为 2850 毫米。该车搭载 2.5 升、3.5 升排量的 V6 发动机，匹配六速手动变速箱或六速自动变速箱。

丰田 Belta
所属品牌：丰田
量产时间：2005 年
整备质量：990—1120 千克

丰田 Belta 是日本丰田汽车公司在 2005—2016 年生产的轿车，在北美和澳大利亚市场称为雅力士（Yaris），在中国市场称为威驰（Vios）。其车体长 4300 毫米、宽 1690—1700 毫米、高 1460—1480 毫米，轴距为 2550 毫米。该车在不同市场有不同的动力配置，包括 1 升 I3 发动机、1.3 升 I4 发动机、1.5 升 I4 发动机、1.6 升 I4 发动机等。与发动机匹配的是五速手动变速箱或四速自动变速箱。

丰田 Aygo
所属品牌：丰田
量产时间：2005 年
整备质量：890 千克（第一代）

第一代丰田 Aygo

丰田 Aygo 是日本丰田汽车公司从 2005 年开始生产的小型轿车，2014 年推出第二代车型，均采用前置前驱布局。第一代车型的车体长 3405 毫米、宽 1615 毫米、高 1465 毫米，轴距为 2340 毫米。该车搭载 1 升 I3 汽油发动机或 1.4 升 I4 柴油发动机，匹配五速手动变速箱。

凯迪拉克 BLS

所属品牌：凯迪拉克

量产时间：2005 年

整备质量：1465—1585 千克

凯迪拉克 BLS 是美国通用汽车公司凯迪拉克事业部在 2005—2010 年生产的紧凑型前置前驱轿车，出自通用汽车 Epsilon 平台。其车体长 4680 毫米、宽 1750 毫米、高 1470 毫米，轴距为 2680 毫米。该车有 3 种动力配置，包括 1.9 升 I4 发动机、2 升 I4 发动机和 2.8 升 V6 发动机，匹配五速自动变速箱、六速自动变速箱、五速手动变速箱或六速手动变速箱。

丰田 Auris

所属品牌：丰田

量产时间：2006 年

整备质量：1240—1370 千克（第一代）

第一代丰田 Auris

丰田 Auris 是日本丰田汽车公司在 2006—2020 年生产的紧凑型两厢轿车，一共发展了两代。第一代车型的车体长 4224 毫米、宽 1760 毫米、高 1516 毫米，轴距为 2600 毫米。该车有多种动力配置，包括 1.3 升、1.4 升、1.5 升、1.6 升、1.8 升、2.4 升排量的 I4 汽油发动机，以及 3.5 升排量的 V6 汽油发动机。此外，还有 1.4 升、2 升、2.2 升排量的 I4 柴油发动机。与发动机匹配的是四速手动变速箱、五速手动变速箱或六速手动变速箱。

第二代标致 308

标致 308
所属品牌：标致
量产时间：2007 年
整备质量：1060—1320 千克（第二代）

标致 308 是法国标致汽车公司从 2007 年开始生产的紧凑型轿车，2013 年推出第二代车型。该车是基于标致 307 的底盘发展而来，但是车身更长更宽。第二代车型的车体长 4253 毫米、宽 1815 毫米、高 1460 毫米，轴距为 2620 毫米。该车有多种动力配置，包括 1.2 升 I3 汽油发动机、1.6 升 I4 汽油发动机、1.5 升 I4 柴油发动机、1.6 升 I4 柴油发动机、2 升 I4 柴油发动机等。与发动机匹配的是五速手动变速箱、六速手动变速箱或八速自动变速箱。

第三代大众朗逸

大众朗逸
所属品牌：大众
量产时间：2008 年
整备质量：1210—1325 千克（第二代）

大众朗逸是上汽大众汽车公司从 2008 年开始生产的紧凑型轿车，是上汽大众汽车公司第一款自主设计研发的大众量产车，2021 年已发展到第三代。该车是上汽大众汽车公司基于 PQ34 平台独立设计研发而成，也是上汽大众汽车公司第一次以原厂委托设计代工（ODM）的方式为大众汽车研发车型。其使用了加长的第四代大众捷达的底盘技术，配合大众 Polo 的发动机动力配置，设计上迎合了中国消费者的用车需求。

奥迪 A1

所属品牌：奥迪

量产时间：2010 年

整备质量：1040—1140 千克（第一代）

第一代奥迪 A1 三门掀背车

奥迪 A1 是德国奥迪汽车公司从 2010 年开始生产的轿车，2018 年推出第二代车型，官方指导价为 18.98 万—31.18 万元人民币。该车有三门掀背车和五门掀背车两种车体，第一代车型的车体长 3954 毫米、宽 1740 毫米、高 1416 毫米，轴距为 2469 毫米。动力配置方面，有 1.2 升 I4 汽油发动机、1.4 升 I4 汽油发动机、2 升 I4 汽油发动机、1.6 升 I4 柴油发动机、2 升 I4 柴油发动机等。与发动机匹配的是五速手动变速箱、六速手动变速箱或七速双离合变速箱。

丰田 Etios

所属品牌：丰田

量产时间：2010 年

整备质量：890—950 千克

丰田 Etios 是日本丰田汽车公司从 2010 年开始生产的轿车，主要在印度、巴西、印度尼西亚、南非、阿根廷等国销售。该车有两厢掀背版和三厢版两种车型，其中两厢掀背版搭载 1.5 升 I4 汽油发动机，而三厢版搭载 1.2 升 I4 汽油发动机。两厢掀背版的车体长 3775—3885 毫米，三厢版的车体长 4265—4370 毫米、均宽 1695 毫米、高 1510 毫米，两厢掀背版和三厢版的轴距分别为 2460 毫米和 2550 毫米。

第二代标致 408

标致 408
所属品牌：标致
量产时间：2010 年
整备质量：1420 千克（第二代）

标致 408 是法国标致汽车公司从 2010 年开始生产的紧凑型轿车，2014 年推出第二代车型，官方指导价为 11.97 万—15.97 万元人民币。第二代车型的车体长 4750 毫米、宽 1820 毫米、高 1488 毫米，轴距为 2730 毫米。该车搭载一台 1.6 升 I4 涡轮增压汽油发动机，匹配六速自动变速箱，0—100 千米/时加速时间为 8.2 秒。

第二代标致 508

标致 508
所属品牌：标致
量产时间：2010 年
整备质量：1490—1538 千克（第二代）

标致 508 是法国标致汽车公司从 2010 年开始生产的中型轿车，2018 年推出第二代车型，官方指导价为 15.97 万—22.47 万元人民币。第二代车型的车体长 4750 毫米、宽 1859 毫米、高 1403 毫米，轴距为 2795 毫米。该车在中国市场有长轴距型，车身尺寸有所增加。动力配置方面，有 1.5 升 I4 柴油发动机、1.6 升 I4 汽油发动机和 2 升 I4 柴油发动机等。与发动机匹配的是六速手动变速箱或八速自动变速箱。

大众 Up

所属品牌:大众

量产时间:2011 年

整备质量:929 千克

大众 Up 是德国大众汽车公司从 2011 年开始生产的小型轿车,主要装配地在斯洛伐克首都布拉迪斯拉发的大众工厂。其车体长 3540 毫米、宽 1641 毫米、高 1489 毫米,轴距为 2420 毫米。该车搭载一台 1 升 I3 发动机,匹配五速手动变速箱、六速手动变速箱或五速自动变速箱。

标致 301

所属品牌:标致

量产时间:2012 年

整备质量:1055—1165 千克

标致 301 是法国标致汽车公司从 2012 年开始生产的紧凑型轿车,采用前置前驱布局。其车体长 4442 毫米、宽 1748 毫米、高 1446 毫米,轴距为 2655 毫米。该车有 3 种动力配置,包括 1.2 升 I3 汽油发动机、1.6 升 I4 汽油发动机和 1.6 升 I4 柴油发动机。与发动机匹配的是五速手动变速箱、四速自动变速箱或者六速自动变速箱。

大众新桑塔纳

所属品牌：大众

量产时间：2012 年

整备质量：1100—1210 千克

大众新桑塔纳是上汽大众汽车公司生产的紧凑型三厢轿车，专门针对中国市场，官方指导价为 8.69 万—11.59 万元人民币。与桑塔纳相比，新桑塔纳在动力、设计以及配置等方面进行了全新设计，其车身比桑塔纳略小，长 4473 毫米、宽 1706 毫米、高 1469 毫米，但轴距比桑塔纳加长了 55 毫米，达 2603 毫米。动力配置方面，搭载 1.4 升、1.5 升和 1.6 升排量的 I4 汽油发动机。

凯迪拉克 ATS

所属品牌：凯迪拉克

量产时间：2012 年

整备质量：1504 千克

凯迪拉克 ATS 是美国通用汽车公司凯迪拉克事业部研制的紧凑型轿车，在 2012—2019 年生产，官方指导价为 27.38 万—42.88 万元人民币。基于全新轻量化后轮驱动平台、强劲的动力性能和出色的燃油经济性表现，凯迪拉克 ATS 运用全新方式诠释了凯迪拉克将艺术与科技完美融合的理念。轻量化设计可以提高凯迪拉克 ATS 的灵敏性和操控性，同时优化传动系统的性能和效率。凯迪拉克 ATS 共有三款发动机可供选择，包括 2 升涡轮增压发动机、2.5 升 I4 自然吸气发动机以及 3.6 升 V6 自然吸气发动机。与发动机相匹配的是六速手动变速箱和六速自动变速箱。

宝马 2 系

所属品牌：宝马

量产时间：2014 年

整备质量：1350—1570 千克（第二代）

第二代宝马 2 系

宝马 2 系是德国宝马汽车公司于 2014 年开始生产的轿车，2019 年推出第二代车型，官方指导价为 26.38 万—33.98 万元人民币。其车体长 4526 毫米、宽 1800 毫米、高 1420 毫米，轴距为 2670 毫米。该车有多种动力配置，包括 1.5 升 I3 涡轮增压汽油发动机、2 升 I4 涡轮增压汽油发动机和 2 升 I4 涡轮增压柴油发动机等。与发动机匹配的是六速手动变速箱、八速自动变速箱或七速双离合变速箱。

大众 Arteon

所属品牌：大众

量产时间：2017 年

整备质量：1504—1830 千克

大众 Arteon 是德国大众汽车公司从 2017 年开始生产的四门斜背车，出自大众 MQB 平台。其车体长 4862 毫米、宽 1871 毫米、高 1450 毫米，轴距为 2837 毫米。动力配置方面，有 1.5 升 I4 汽油发动机、2 升 I4 汽油发动机、2 升 I4 柴油发动机等。该车配有自适应巡航控制系统、主动转向辅助照明、主动式刹车与驾驶失能紧急辅助等驾驶辅助系统。后备厢容积为 563 升至 1557 升，仪表板为 12.3 英寸液晶显示屏幕。中国市场由一汽大众公司生产的版本称为大众 CC，但与大众 Arteon 外型及配置稍有不同。

凯迪拉克 CT4

所属品牌：凯迪拉克

量产时间：2019 年

整备质量：1640 千克

凯迪拉克 CT4 是美国通用汽车公司凯迪拉克事业部研制的紧凑型轿车，出自通用汽车 Alpha 2 平台。其车体长 4755 毫米、宽 1816 毫米、高 1422 毫米，轴距为 2776 毫米。CT4 搭载 2 升 I4 涡轮增压发动机，高性能版 CT4-V 搭载 2.7 升 I4 涡轮增压发动机，顶级性能版本 CT4-V 黑翼（Blackwing）则搭载 3 升 V6 涡轮增压发动机。与发动机匹配的是八速自动变速箱或者十速自动变速箱，CT4-V 黑翼还可选装六速手动变速箱。

知名汽车品牌探秘：本田

本田，全称"本田技研工业株式会社"，是一家同时在东京证交所和纽约证交所上市的跨国机动车制造商。公司名称"本田"源自创始人本田宗一郎（1906—1991 年），英文名"Honda"为日语"本田"音译。

本田品牌标志

本田成立于 1948 年 9 月，最初主要生产纺织机械。当时，第二次世界大战刚刚结束，各种物品十分匮乏，许多家庭不得不到黑市甚至农村购买高价粮食。由于交通不够发达，频繁流动的人口使汽车、火车等各种交通工具均超员运行，而日本崎岖不平的山路又使骑自行车收粮十分费力。本田宗一郎看到这一情况后，马上想到了陆军在战争期间留下的许多无线电通信机。于是，他以低价购到一批通信机，拆下其上的小汽油机，并用水壶做油箱，改制成一架小汽油机后安装到自行车上，做成一种新型的"机器脚踏车"。由于产品适销对路，立即就成了抢手货。

从创业之初，本田一直本着"让世界各地顾客满意"的理念不断开拓自己的事业。1963年，本田开始发展汽车业务，向新的领域发起挑战。本田的经营方式十分灵活，在美国设立的本田分公司，1991年在美国市场上的销量已超过克莱斯勒汽车公司名列第三。本田还是第一家在北美开创豪华高阶品牌的日本汽车制造商。在欧洲，本田也建立了分公司。到了2012年，除日本之外，本田在全世界29个国家拥有120个以上的生产基地，产品涵盖摩托车、汽车和通用产品，每年的客户达1700万以上。与此同时，本田还积极履行作为企业公民的社会义务，积极探索环保和安全的解决方案。本田技术研究所是日本乃至世界汽车业的佼佼者，在世界上有很大的影响。在日本，本田是技术和活力的代名词，也是很多大学毕业生非常向往的就业企业。

2020年8月10日，本田名列2020年《财富》世界500强排行榜第三十九位。本田现役产品线主要由汽车、摩托、动力产品和飞机四大业务组成，其中汽车业务由核心品牌本田和豪华品牌讴歌（Acura）构成。

本田雅阁

本田思域

5.2 注重节能、环保和安全的豪华轿车

20世纪60年代，全球汽车保有量快速增长，汽车尾气污染环境和交通事故等社会问题随之突显，甚至出现了"反汽车论"。为此，美国于1966年实施《汽车排气污染防止法》，

1967 年实施联邦汽车安全标准；日本 1966 年实施汽车排气标准，1968 年实施汽车安全标准。此类标准随时间推移愈发严格，实施的国家和区域也渐次增多。从此，汽车环保和安全成为引领汽车技术发展的重要课题，推动了如发动机稀薄燃烧、高能点火、尾气催化转化等环保技术和 ABS、安全气囊等汽车安全技术的出现与发展。

节能、环保和安全不仅是经济型汽车需要关注的课题，豪华汽车也无法回避。21 世纪以来，豪华汽车市场在经历了豪华配置、动力性、操控性比拼阶段之后，节能与环保成为各豪华品牌争夺的又一块"高地"。减少碳排放是各大汽车厂商特别是欧洲汽车厂商经常提及的发展方向。

沃尔沃 S60

所属品牌：沃尔沃

量产时间：2000 年

整备质量：1680 千克（第三代）

第三代沃尔沃 S60

沃尔沃 S60（Volvo S60）是瑞典沃尔沃汽车公司研制的轿车，2000 年开始生产，2021 年已发展到第三代，官方指导价为 28.69 万—37.99 万元人民币。该车燃油版本均搭载一台涡轮增压发动机，分为 T3/T4/T5 三种调校。除了传统汽油动力车型外，还有搭载了混合动力的 T8 版车型。T3 版车型搭载 Drive-E T3 涡轮增压汽油发动机，最大功率为 120 千瓦，0—100 千米/时加速时间为 8.9 秒。T4 版车型搭载 Drive-E T4 涡轮增压汽油发动机，最大功率达 140 千瓦，0—100 千米/时加速时间为 7.7 秒。T5 版车型搭载 Drive-E T5 涡轮增压汽油发动机，最大功率达 184 千瓦，0—100 千米/时加速时间为 6.5 秒。T8 E 驱混动车型搭载 Drive-E T8 双增压汽油发动机和电机组成的混动系统，系统综合最大功率达 287 千瓦，0—100 千米/时加速时间为 4.6 秒。各个车型标配八速手自一体变速箱，兼顾平顺性与燃油经济性。

大众辉腾

所属品牌：大众

量产时间：2002 年

整备质量：2184 千克（第四代）

第四代大众辉腾

大众辉腾是德国大众汽车公司研制的大型豪华轿车，在 2002—2016 年生产，官方指导价为 75.88 万—253.18 万元人民币。辉腾的研发初衷是希望通过顶尖品质和手工工艺拉升大众品牌的定位，摆脱中低档平民车的固化形象。该车和宾利欧陆 GT 系出同门，采用与宾利欧陆飞驰类似的底盘机械结构，顶级车型配备先进的 6 升 W12 发动机，输出功率高达 309 千瓦，最大扭矩为 550 牛米。顶级车型配备蒂普特罗尼克五速手动 / 自动变速箱，通过方向盘上的手柄，标配的自动变速箱也可以手动操作。顶级车型还采用了四轮驱动技术，其优势主要体现在牵引力及道路行驶稳定性方面。尤其在负荷变化时，四轮驱动更是尽显卓越性能。除 6 升 W12 发动机外，辉腾还有搭载 3.2 升 V6 发动机和 4.2 升 V8 发动机的车型，各个车型均使用带可调减震的空气悬架系统。

凯迪拉克 CTS

所属品牌：凯迪拉克

量产时间：2002 年

整备质量：1640 千克（第三代）

第三代凯迪拉克 CTS

凯迪拉克 CTS 是美国通用汽车公司凯迪拉克事业部研制的豪华运动型轿车，2002 年开始生产，2021 年已发展到第三代，官方指导价为 35.8 万—51.8 万元人民币。凯迪拉克 CTS 在美国素有"驾驶者之车"美誉，这表明了其在操控和动力性能上的卓越。作为一款将动力性、操控性、舒适性充分结合的经典后驱轿车，凯迪拉克 CTS 体现了"艺术与科技"的完美融合。凯迪拉克工程师优化了长短臂式独立前悬架和多连杆式后独立悬架的几何学构造，同时提供三种调校模式：标配于 2.8 升舒适版上的 FE1 悬挂，注重日常驾驶舒适性；标配于 2.8 升豪华版上的 FE2 悬挂带来了更多的运动感；而标配于两款 3.6 升车型上的 FE3 悬挂则注重高性能的运动表现。这三种悬挂系统，将满足不同消费者对乘坐舒适性和精准高性能操控的不同需求。

凯迪拉克 STS

所属品牌：凯迪拉克

量产时间：2004 年

整备质量：1779 千克

凯迪拉克 STS 是美国通用汽车公司凯迪拉克事业部研制的豪华高性能轿车，在 2004—2011 年生产，官方指导价为 33.08 万元人民币。凯迪拉克 STS 可选配搭载 188 千瓦 3.6 升 V6 发动机、235 千瓦 4.6 升 V8 北极星发动机、345 千瓦 4.4 升 V8 机械增压发动机。除 3.6 升车型搭配五速手自一体变速箱外，其余车型均搭配六速手自一体变速箱。精准的底盘设计使其具有行驶和操控的精准平衡，既令驾驶者无需舍弃驾驭快感，又能使其他乘坐者同时享受舒适的乘车体验。

克莱斯勒 300C

所属品牌：克莱斯勒

量产时间：2004 年

整备质量：1849 千克（第二代）

第二代克莱斯勒 300C

克莱斯勒 300C 是美国克莱斯勒汽车公司研制的豪华轿车，2004 年开始生产，2011 年推出第二代车型，官方指导价为 30 万—50.9 万元人民币。自第一台克莱斯勒 300C 问世以来，强劲动力一直是克莱斯勒 300C 系列车型的制胜利器。其首创的 HEMI V8 发动机，曾开创一个全新的高性能动力时代。而在涡轮增压发动机大行其道的今天，克莱斯勒仍选择将自然吸气发动机的优势和潜能发挥到极致。克莱斯勒 300C 搭载连续 3 年蝉联"世界十佳发动机"的 3.6 升 V6 发动机，最大功率为 207 千瓦，峰值扭矩为 340 牛米。克莱斯勒 300C 采用 ZF 八速自动变速箱，在常规 D 挡模式外，提供运动挡（S 挡）模式，可满足多样化的驾驶需求。

凯迪拉克 DTS

所属品牌：凯迪拉克

量产时间：2005 年

整备质量：1818 千克

凯迪拉克 DTS 是美国通用汽车公司凯迪拉克事业部在 2005—2011 年生产的轿车，出自通用汽车 G 平台。其车体长 5273 毫米（长轴距版 DTS-L 为 5476 毫米）、宽 1900 毫米、高 1463 毫米，轴距为 2936 毫米（长轴距版 DTS-L 为 3139 毫米）。该车搭载一台 4.6 升 V8 发动机，最大功率为 218 千瓦，峰值扭矩为 390 牛米。与发动机匹配的是四速自动变速箱。

宾利欧陆飞驰

所属品牌：宾利

量产时间：2005 年

整备质量：2437 千克（第三代）

宾利欧陆飞驰是英国宾利汽车公司研制的前置四驱四门轿车，2005 年开始生产，2021 年已发展到第三代，标准版的官方指导价为 289 万元人民币。欧陆飞驰是宾利有史以来最快的四门豪华轿车，第一代车型搭载 6 升 W12 双涡轮增压发动机，搭配 ZF 6HP26A 六速自动变速箱，最高速度达 306 千米 / 时，0—100 千米 / 时加速时间在 5 秒左右。第二代车型有两种发动机，即 6 升 W12 双涡轮增压发动机和 4 升 V8 双涡轮增压发动机，均搭配 ZF 八速自动变速箱。第三代车型搭载 6 升 W12 双涡轮增压发动机，搭配 ZF 八速自动变速箱，最高速度达 333 千米 / 时。

林肯 MKZ

所属品牌：林肯

量产时间：2005 年

整备质量：1684 千克（第二代）

第二代林肯 MKZ

林肯 MKZ 是美国林肯汽车公司研制的轿车，2005 年开始生产，2013 年推出第二代车型，官方指导价为 25.58 万—36.98 万元人民币。林肯 MKZ 全系车型均采用区分高低功率的 2 升涡轮增压发动机，其中尊悦版、尊享版、尊雅版三个配置的车型为低功率版，最大功率为 149 千瓦，最高配的尊耀版车型为高功率版，最大功率为 186 千瓦，与发动机匹配的是六速手自一体变速箱。配置方面，林肯 MKZ 全系车型标配了胎压监测、倒车影像、后泊车雷达、上坡辅助等功能。除此之外，还在高配车型上装备自适应巡航、盲区监测、车道偏离警告系统、车道保持辅助系统等。

捷豹 XF

所属品牌：捷豹

量产时间：2007 年

整备质量：1545 千克（第二代）

捷豹 XF 是英国捷豹汽车公司研制的轿车，2007 年开始生产，2015 年推出第二代车型，官方指导价为 45.58 万—58.28 万元人民币。捷豹 XF 搭载了 2 升涡轮增压发动机和 3 升机械增压发动机，其中 2 升发动机最大功率为 177 千瓦，峰值扭矩为 340 牛米；3 升发动机最大功率为 250 千瓦，峰值扭矩为 450 牛米。全车系均配备八速手自一体变速箱。该车配有循序式换挡系统，通过方向盘上的换挡拨片为驾驶者提供了一触式手动换挡功能。驾驶者可以选择 21 种变速模式，以使节气门进程和换挡策略与实际路况和驾驶环境相适应。

劳斯莱斯古斯特

所属品牌：劳斯莱斯

量产时间：2009 年

整备质量：2553 千克（第二代）

2020 年款第二代劳斯莱斯古斯特

劳斯莱斯古斯特是英国劳斯莱斯汽车公司研制的前置后驱四门轿车，第一代于 2009 年上市，标准版的官方指导价为 419 万元人民币。第二代于 2020 年上市，采用劳斯莱斯汽车专属铝制空间架构，并配备了全时四轮驱动系统、全轮转向系统；内饰部件均调校至和谐共振频率。自动化开关车门设计使进出车辆更加轻松。与第一代相比，第二代的车身长度增加 91 毫米，达 5558 毫米。其车身宽度增加 50 毫米，达 1998 毫米。车身隔板及车底板均采用双层结构，该架构设计不仅与全时四轮驱动系统、全轮转向系统和全新设计的底盘悬架系统完美契合，更将驾乘体验进一步升华。

宾利慕尚

所属品牌：宾利

量产时间：2010 年

整备质量：2650 千克

宾利慕尚是英国宾利汽车公司研制的前置后驱四门轿车，2010 年开始生产，分为标准版、极致版和长轴距版。标准版的官方指导价为 498 万元人民币。慕尚是近八十年来第一款由宾利自主设计的旗舰车型，取代了宾利雅致。慕尚采用 6.75 升 V8 双涡轮增压发动机。ZF 八速自动变速箱与后轮驱动相结合，可实现平顺换挡、无缝加速，同时有效提高燃油经济性并减少二氧化碳排放。慕尚的动态驾驶控制系统可通过换挡杆旁边的旋转开关来操作，有三种标准驾驶模式：宾利模式、舒适模式和运动模式，这些模式提供悬架和转向系统的精确校准。由于销量不佳，宾利于 2020 年 6 月宣布放弃慕尚下一代车型的研发工作。

凯迪拉克 XTS

所属品牌：凯迪拉克

量产时间：2012 年

整备质量：1812 千克

凯迪拉克 XTS 是美国通用汽车公司凯迪拉克事业部研制的豪华轿车，在 2012—2019 年生产，官方指导价为 29.99 万—56.99 万元人民币。凯迪拉克 XTS 提供 2 升涡轮增压发动机和 3.6 升 V6 自然吸气发动机两种选择，后者最大功率可达 217 千瓦。全系车型都搭载六速手自一体变速箱，配合带有电子差速锁的四轮驱动系统。凯迪拉克 XTS 拥有多项领先科技，包括电磁感应主动悬挂，以及一系列围绕驾驶安全的辅助科技。例如，侧向盲区雷达监测系统可以帮助驾驶者"看到"后视镜盲区中的车辆，避免盲目变道引起危险。

讴歌 RLX

所属品牌：讴歌

量产时间：2012 年

整备质量：1800 千克

讴歌 RLX 是日本本田汽车公司讴歌事业部研制的轿车，在 2012—2020 年生产，官方指导价为 85.8 万—109.8 万元人民币。讴歌 RLX 普通版采用 3.5 升 V6 汽油发动机，最大功率为 231 千瓦，峰值扭矩为 369 牛米。混动版在普通版的基础上增加了 3 台电动机，最大功率为 276 千瓦，峰值扭矩为 609 牛米。变速箱方面，普通版早期采用六速自动变速箱，后期改用十速自动变速箱。混动版则采用七速双离合变速箱，0—100 千米 / 时加速时间仅需 4.9 秒。

起亚 K9

所属品牌：起亚

量产时间：2012 年

整备质量：1915 千克（第二代）

第二代起亚 K9

起亚 K9 是韩国起亚汽车公司研制的轿车，2012 年开始生产，2021 年已发展到第二代，官方指导价为 55.8 万—75.88 万元人民币。起亚 K9 采用了起亚家族化的虎啸式进气格栅，不同于其他 K 系列的是，作为更高级别的轿车，起亚 K9 的进气格栅内部采用了直瀑型的亮条以凸显车辆的华贵感。起亚 K9 有三种动力可选，3.8 升 V6 发动机的最大功率为 245 千瓦，4.6 升 V8 发动机的最大功率为 283 千瓦，高配车型则搭载 5 升 V8 发动机，最大功率为 316 千瓦。传动系统方面，与之匹配的是八速自动变速箱，超强的动力，给驾驶者带来出色的疾速体验。

英菲尼迪 Q70

所属品牌：英菲尼迪

量产时间：2013 年

整备质量：1758 千克

英菲尼迪 Q70 是日本英菲尼迪汽车公司研制的豪华轿车，在 2013—2019 年生产，官方指导价为 38.18 万—43.98 万元人民币。英菲尼迪 Q70 搭载 VQ 系列的 V6 自然吸气发动机，排量有 2.5 升和 3.5 升两种，其中 2.5 升发动机最大功率为 160 千瓦，峰值扭矩为 253 牛米。与发动机匹配的是七速手自一体变速箱，带有自适应学习程序，能够感知驾驶者的操作习惯，并依此调整换挡动作，让不同驾驶习惯的人都能获得称心如意的动力输出和换挡平顺性。

捷豹 XE

所属品牌：捷豹

量产时间：2015 年

整备质量：1474 千克

捷豹 XE 是英国捷豹汽车公司研制的轿车，2015 年开始生产，官方指导价为 35.88 万—43.68 万元人民币。入门级车型搭载捷豹新一代英吉尼斯系列 2 升汽油和柴油涡轮增压发动机。中档车型则搭载来自捷豹 F-Type 跑车上的两款不同动力调校的 3 升 V6 机械增压发动机。在捷豹 F-Type 上，其低功率版本最大功率为 250 千瓦，高功率版本达 280 千瓦，搭载到捷豹 XE 上其动力数据没有太大变化。捷豹 XE 的高性能车型搭载 5 升 V8 机械增压汽油发动机，最大功率为 368 千瓦，最高速度可以超过 300 千米/时。

凯迪拉克 CT6

所属品牌：凯迪拉克

量产时间：2016 年

整备质量：1663 千克

凯迪拉克 CT6 是美国通用汽车公司凯迪拉克事业部研制的豪华轿车，2016 年开始生产，官方指导价为 37.97 万—52.77 万元人民币。该车搭载凯迪拉克新研发的 3 升双涡轮增压发动机，其最大功率为 294 千瓦，峰值扭矩为 543 牛米，新发动机具备汽缸钝化技术（能够使两个汽缸按需停止工作），再与启停技术配合，有效提高了燃油经济性。另外，还提供 246 千瓦的 3.6 升 V6 自然吸气发动机以及 195 千瓦的 2 升 I4 涡轮增压发动机可选。传动方面，凯迪拉克 CT6 配备了凯迪拉克新研发的八速自动变速箱。

沃尔沃 S90

所属品牌：沃尔沃

量产时间：2016 年

整备质量：1800 千克

沃尔沃 S90 是瑞典沃尔沃汽车公司研制的轿车，2016 年开始生产，官方指导价为 37.29 万—49.59 万元人民币。沃尔沃 S90 有三种动力可选，T4 智行豪华版搭载 Drive-E T4 涡轮增压汽油发动机，最大功率为 140 千瓦，峰值扭矩为 300 牛米。T5 版车型搭载 Drive-E T5 涡轮增压汽油发动机，最大功率达 187 千瓦，峰值扭矩为 350 牛米。T8 E 驱混动智雅版，其动力系统综合最大功率达 299 千瓦，峰值扭矩为 640 牛米，搭配八速自动变速箱，0—100 千米/时加速时间仅需 4.9 秒。沃尔沃 S90 的领航辅助系统能够在缓慢的拥堵路况下为驾驶者提供转向支持、车距保持和速度控制等辅助功能。

大众辉昂

所属品牌：大众

量产时间：2016 年

整备质量：1815 千克

大众辉昂是德国大众汽车公司研制的中大型豪华轿车，2016 年开始生产，官方指导价为 34 万—63.9 万元人民币。在外观设计上，辉昂沿用了此前大众 C Coupe 概念车的设计思路。辉昂提供了多款汽、柴油发动机以及插电式混动系统，包括 2 升 I4 涡轮增压发动机和 3 升 V6 机械增压发动机，采用了纵置结构，匹配七速自动变速箱。其中，3 升发动机最大功率为 220 千瓦，峰值扭矩为 440 牛米，0—100 千米/时加速时间仅需 6.3 秒，动力表现不俗。辉昂标配了全时四驱系统，并提供空气悬架系统，有 5 种驾驶模式可供选择。

劳斯莱斯幻影 VIII

所属品牌：劳斯莱斯

量产时间：2017 年

整备质量：2560 千克

劳斯莱斯幻影 VIII 是英国劳斯莱斯汽车公司研制的前置后驱四门轿车，是幻影系列的第八代车型，标准版的官方指导价为 790 万元人民币。幻影 VIII 首次采用了铝制车身架构，在车重更轻的情况下，车身刚性较上一代增强了 30%。劳斯莱斯的工程师专为幻影 VIII 设计了全新的 6.75 升 V12 双涡轮增压发动机，在保证 900 牛米的惊人扭矩和 1700 转/分超低转数的同时，功率可达 430 千瓦。这意味着发动机在低转速下有更高的输出动力，从而带来更安静的驾乘体验。另外，该车采用了卫星辅助传动系统搭配 ZF 八速自动变速箱，同时搭配四轮转向系统和新一代自适应空气减振器，为人们提供舒适的驾乘感受。

凯迪拉克 CT5

所属品牌：凯迪拉克

量产时间：2019 年

整备质量：1660 千克

凯迪拉克 CT5 是美国通用汽车公司凯迪拉克事业部研制的豪华轿车，出自通用汽车 Alpha 2 平台。其车体长 4923 毫米，宽 1882 毫米，高 1453 毫米，轴距为 2946 毫米。CT5 搭载 2 升 I4 涡轮增压发动机，高性能版 CT5-V 搭载 3 升 V6 涡轮增压发动机，顶级性能版本 CT5-V 黑翼（Blackwing）则搭载 6.2 升 V8 发动机。与发动机匹配的是十速自动变速箱，CT5-V 黑翼还可选装六速手动变速箱。

传奇车型鉴赏：保时捷帕拉梅拉

基本参数（第二代）	
车身长度	5049 毫米
车身宽度	1937 毫米
车身高度	1423 毫米
轴距	2950 毫米
整备质量	1815 千克

第二代保时捷帕拉梅拉

保时捷帕拉梅拉是德国保时捷汽车公司研制的前置后驱四门轿车，2009年开始生产，2016年6月推出第二代。该车有帕拉梅拉、帕拉梅拉GTS、帕拉梅拉Turbo、帕拉梅拉E-Hybrid四个系列，官方指导价为97.3万—248.3万元人民币。

外型设计

保时捷帕拉梅拉车身线条圆润流畅，没有任何棱角，显示出比较成熟的保时捷设计风格。该车采用四门设计，前脸两侧各有一个大型进气口，水平条式雾灯横穿其中，造型独特。侧身线面处理得简洁柔和，既优雅又动感，巨大的五辐式轮毂搭配了黑色的刹车卡钳，暗示其不俗的运动潜能。尾部采用了一个掀背式风格的后备箱盖，既增加了运动色彩，又提供了足够的存储空间。

内饰设计

由四座式运动桶椅为中心所打造的座舱氛围，使得保时捷帕拉梅拉车内任何座位上的乘客都能感受到保时捷品牌浓厚的跑车风格。如同当今顶尖豪华品牌采用的用户化定制设计一样，保时捷帕拉梅拉也提供了丰富的内饰装饰搭配，用于组合出各异的座舱风格。包括四组双色混搭皮革与包含碳纤维、橄榄绿木纹饰板等7款内饰板等选择，提供高达13种座舱皮革与内饰板用户化定制组合元素。

整体性能

保时捷帕拉梅拉有4种发动机，分别是3升V6双涡轮增压发动机、3.6升V6发动机，

4.8 升 V8 发动机和 4.8 升 V8 双涡轮增压发动机，配备七速双离合器变速箱，另外还提供可调减震器和多种行驶模式。即便是保时捷帕拉梅拉入门级车型，最高速度也能达到 250 千米/时。4.8 升 V8 双涡轮增压顶级款的最高速度可以达到 300 千米/时。

保时捷帕拉梅拉可选配置较为丰富，自适应巡航定速控制系统、加热前后座椅、前排通风座椅、四驱自动温控等多达几十种选配配置，可以自由选配，随意定制。整个车身颜色除了白色为标配选项颜色外，其他十余个车身颜色选配从 790 至 3 万元人民币。标配轮毂为 18 英寸合金轮毂，其他几种轮毂为 19～20 英寸轮毂，价格从 2 万到 4 万元人民币。

2019 年款第二代帕拉梅拉

帕拉梅拉 Turbo S 内饰设计

5.3 更加豪华的轿跑车

21 世纪，轿跑车依然是深受世界各国民众青睐的车型。众多汽车厂商都在争夺轿跑车市场，就连一向以沉稳形象示人的顶级豪华品牌劳斯莱斯，都推出了劳斯莱斯魅影（Wraith）。该车是基于劳斯莱斯古斯特打造的双门轿跑车，车身更短更显运动性，是目前劳斯劳斯推出的最偏向运动风格的车型。售价超过 500 万元人民币的劳斯莱斯魅影，也将轿跑车市场的天花板进一步抬高。除劳斯莱斯外，宾利、梅赛德斯 - 奔驰、宝马、奥迪、凯迪拉克、雷克萨斯等一众豪华品牌也纷纷推出了自己的轿跑车型。

宾利欧陆 GT

所属品牌：宾利

量产时间：2003 年

整备质量：2244 千克（第三代）

第三代宾利欧陆 GT

宾利欧陆 GT 是英国宾利汽车公司研制的前置四驱双门轿跑车，2003 年开始生产，2021 年已发展到第三代，官方指导价为 328.1 万元人民币。第一代欧陆 GT 作为宾利归入大众集团之后的代表作，设计内敛饱满，动力与奥迪 A8 和大众辉腾的旗舰动力保持一致，都是采用大众集团的 6 升 W12 双涡轮增压发动机，峰值功率达 406 千瓦，0—100 千米/时加速时间为 4.8 秒。第二代欧陆 GT 的顶配动力依然使用 W12 发动机，最大功率调到 423 千瓦，后期还推出了 V8 车款。第三代欧陆 GT 增大了进气中网的尺寸，让前脸多了几分优雅。动力依旧是 6 升 W12 发动机，峰值功率提升至 458 千瓦，0—100 千米/时加速时间减少到 3.7 秒。第三代欧陆 GT 基于大众 MSB 平台，基因上与保时捷帕拉梅拉保持高度一致，但是从选材到用料均还是浓浓的英国味。

梅赛德斯 - 奔驰 CLS 级

所属品牌：梅赛德斯 - 奔驰

量产时间：2004 年

整备质量：1825 千克（第三代）

第三代梅赛德斯 - 奔驰 CLS 级

梅赛德斯 - 奔驰 CLS 级是德国梅赛德斯 - 奔驰汽车公司研制的四门轿跑车，2004 年开始生产，2010 年推出第二代车型，2018 年推出第三代车型，官方指导价为 57.68 万—78.98 万元人民币。CLS 级各个车型搭载了不同的发动机，包括 1.5 升 M264 I4 汽油发动机、2 升 M264 I4 涡轮增压汽油发动机、2 升 OM654 I4 涡轮增压柴油发动机、2.9 升 OM656 I6 双涡轮增压柴油发动机、3 升 M256 I6 涡轮增压汽油发动机。各个车型均配备九速自动变速箱。

第二代奥迪 A5

奥迪 A5

所属品牌：奥迪

量产时间：2007 年

整备质量：1530 千克（第二代）

奥迪 A5 是德国奥迪汽车公司研制的轿跑车，2007 年开始生产，2016 年推出第二代车型，官方指导价为 37.98 万—56.38 万元人民币。奥迪 A5 提供两款不同调校的 2 升涡轮增压发动机供用户选择。其中，低功率版本发动机最大输出功率为 140 千瓦，高功率版本为 185 千瓦。在主动安全配置方面，奥迪 A5 全系车型均配备有基础的 ABS、EBD 等主动制动安全保护系统，为车辆在日常行车状态下的主动制动安全做出保证。除此之外，ESP、ASR 等电子稳定程序为驾驶者操控车辆提供了充分的安全保护。测距式倒车雷达为全系标配，保证了倒车安全性。

第二代奥迪 S5

奥迪 S5

所属品牌：奥迪

量产时间：2007 年

整备质量：1690—1915 千克（第二代）

奥迪 S5 是德国奥迪汽车公司从 2007 年开始生产的轿跑车，是奥迪 A5 的高性能版，2021 年已发展到第二代，官方指导价为 61.98 万—70.88 万元人民币。第二代车型的车体长 4673 毫米、宽 1843 毫米、高 1371 毫米，轴距为 2764 毫米。该车搭载一台 3 升 V6 发动机，最大功率为 260 千瓦，峰值扭矩为 700 牛米。与发动机匹配的是八速自动变速箱，最高速度为 250 千米/时，0—100 千米/时加速时间为 4.7 秒。

奥迪 A7

所属品牌：奥迪

量产时间：2010 年

整备质量：1890 千克（第二代）

第二代奥迪 A7

奥迪 A7 是德国奥迪汽车公司研制的轿跑车，2010 年开始生产，2018 年推出第二代车型，官方指导价为 57.38 万—70.48 万元人民币。奥迪 A7 的三款 V6 汽油直喷发动机采用多项奥迪整车高效技术，除自动启动—停止系统外，奥迪创新的热能管理系统和能量回收系统也成为所有动力系统的标准装备。前驱车型按照惯例匹配模拟八速无级变速箱，四驱车型搭配七速双离合变速箱。其中，3.0 TFSI 发动机的最大输出功率为 228 千瓦，在 2900 转/分时便可获得 440 牛米的峰值扭矩。在全时四轮驱动系统和双离合自动变速箱的协同工作下，0—100 千米/时加速时间仅需 5.6 秒。

劳斯莱斯魅影

所属品牌：劳斯莱斯

量产时间：2013 年

整备质量：2440 千克

劳斯莱斯魅影是英国劳斯莱斯汽车公司基于古斯特打造的双门轿跑车，2013 年开始生产，设计师为贾尔斯·泰勒。2021 年，魅影标准版的官方指导价为 505 万元人民币。魅影的前脸采用与古思特相同的设计，仅在细节方面有一些改动。车尾处增加的镀铬排气口和轿跑式的车尾线条使魅影更增添了运动感。魅影搭载一台 6.6 升 V12 双涡轮增压发动机，最大输出功率为 414 千瓦，峰值扭矩为 780 牛米，与之匹配的是八速自动变速箱。魅影采用了众多创新元素，例如红外线夜视摄像头配合预防碰撞系统，紧急情况下能自动刹车。

梅赛德斯 - 奔驰 CLA 级
所属品牌：梅赛德斯 - 奔驰
量产时间：2013 年
整备质量：1420 千克（第二代）

第二代梅赛德斯 - 奔驰 CLA 级

梅赛德斯 - 奔驰 CLA 级是德国梅赛德斯 - 奔驰汽车公司研制的四门轿跑车，2013 年开始生产，2019 年推出第二代车型，官方指导价为 23.28 万—35.18 万元人民币。虽然 CLA 级在价格和配置方面都定位在 C 级之下，但它的车身长度和宽度略大于 C 级，而车身高度则略矮于 C 级。因此在外观上，CLA 级会显得更修长。CLA 级主打 1.6T（CLA 180、CLA 200）、2.0T（CLA 250）的 M270 系列四缸涡轮增压发动机和 2.2 升的柴油发动机，主要车型包括 CLA 180、CLA 200、CLA 250 三款汽油发动机版本以及 CLA 220CDI 柴油发动机版本。这些车型均为两驱版本，搭载六速手动变速箱或七速双离合变速箱。CLA 级还有四驱版车型，标配 7G-DCT 双离合变速箱。

宝马 4 系
所属品牌：宝马
量产时间：2013 年
整备质量：1600 千克（第二代）

宝马 4 系是德国宝马汽车公司研制的轿跑车，2013 年开始生产，2020 年推出第二代车型，官方指导价为 35.98 万—61.68 万元人民币。为了突出宝马 4 系的个性，与宝马 3 系之间有着更多的差异化，宝马设计团队在外观上进行了大胆创新，其中改变最大的就是进气格栅。纵向且尺寸更大的进气格栅，能够带来更高的冷却效率，并且一定程度上致敬宝马历史上的经典车型。宝马 4 系共有 420i、430i 以及 M440i xDrive 三个配置版本，前两个配置版本搭载 2 升 I4 涡轮增压汽油发动机。后一个配置版本搭载 3 升 I6 涡轮增压汽油发动机，并配备了 48V 轻混系统，不仅能改善低速时的响应、平顺性，对绝对动力性能还有一定的提高。所有配置版本均匹配了与现款在售宝马 3 系相同的 ZF 八速自动变速箱。

凯迪拉克 ELR

所属品牌：凯迪拉克
量产时间：2013 年
整备质量：1846 千克

凯迪拉克 ELR 是美国通用汽车公司凯迪拉克事业部在 2013—2016 年生产的双门轿跑车，出自通用汽车 Delta II 平台。其车体长 4724 毫米、宽 1847 毫米、高 1420 毫米，轴距为 2695 毫米。该车采用来自于沃蓝达的增程式混动系统，由电动电动机和一台 1.4 升 I4 发动机组成，电动机提供主要动力输出，汽油发动机为其充电。动力系统的综合功率输出达 152 千瓦，峰值扭矩为 400 牛米，这也使凯迪拉克 ELR 的 0—100 千米/时加速时间在 8 秒左右，续航里程可达 550 千米。

雷克萨斯 RC

所属品牌：雷克萨斯
量产时间：2014 年
整备质量：1695 千克

雷克萨斯 RC 是日本丰田汽车公司雷克萨斯部门研制的豪华轿跑车，2014 年开始生产，官方指导价为 44.6 万—49.6 万元人民币。雷克萨斯 RC 的外观采用了雷克萨斯 LF-LC 和雷克萨斯 LF-CC 两款概念车的设计元素，而后车灯则和雷克萨斯 LF-Gh 概念车相似。雷克萨斯 RC 有 4 种动力可选，RC 200T 和 RC 300 搭载 2 升 I4 涡轮增压汽油发动机，RC 300H 搭载 2.5 升 I4 汽油发动机和电动机，RC 350 搭载 3.5 升 V6 汽油发动机，RC F 搭载 5 升 V8 汽油发动机。其中，RC F 是雷克萨斯继 IS F 和 LFA 之后推出的一款雷克萨斯 F 系列的高性能车款。

宝马 M4

所属品牌：宝马

量产时间：2014 年

整备质量：1617 千克

宝马 M4 是德国宝马汽车公司研制的轿跑车，是以宝马 4 系为基础衍生开发的高性能车型，由宝马直属的赛车部门宝马 M 负责开发制造。该车于 2014 年开始生产，官方指导价为 86.99 万—128.89 万元人民币。宝马 M4 搭载一台响应灵敏的 3 升 I6 双涡轮增压发动机，底盘调校比较硬朗。发动机转数限制为 7600 转/分，额定功率为 313 千瓦，峰值扭矩为 550 牛米。与发动机匹配的是六速自动变速箱或七速双离合变速箱，前者的 0—100 千米/时加速时间为 4.1 秒，后者则为 3.9 秒。

大众凌渡

所属品牌：大众

量产时间：2014 年

整备质量：1300—1445 千克

大众凌渡是上汽大众汽车公司从 2014 年开始生产的轿跑车，官方指导价为 14.99 万—18.69 万元人民币。其车体长 4598 毫米，宽 1826 毫米，高 1425 毫米，轴距为 2656 毫米。该车搭载 1.4 升 I4 涡轮增压发动机、1.8 升 I4 涡轮增压发动机或 2 升 I4 涡轮增压发动机，匹配五速手动变速箱或七速双离合变速箱。

雷克萨斯 LC

所属品牌：雷克萨斯

量产时间：2017 年

整备质量：1931 千克

雷克萨斯 LC 是日本丰田汽车公司雷克萨斯部门研制的豪华轿跑车，2017 年开始生产，官方指导价为 115.5 万—126.5 万元人民币。雷克萨斯 LC 采用前置后驱设计，延续了雷克萨斯研发 LFA 跑车时所积累的技术。从外观设计来看，雷克萨斯 LC 与欧系的简洁风截然不同，更讲究东方风格的雅致和韵律。雷克萨斯 LC 搭载 5 升 V8 发动机或 3.5 升 V6 发动机的多级全混动系统。汽油车型搭配十速自动变速箱。混动车型搭载四速自动变速箱，可模拟十挡变速，让发动机始终保持在高效功率输出的转速区间，并提高发动机和电动机的综合功率。

5.4　性能不断突破的跑车

经过多年发展，21 世纪的跑车在性能上取得了重大进步。当代跑车拥有强悍的发动机输出，同时配备优秀的悬挂系统和制动系统，而且车身设计更符合空气动力学降低风阻系数的要求。此外，跑车都很强调轻量化，以提高马力重量比，很多跑车都应用了碳纤维材料。

在驱动方式上，大多数跑车都使用中置后驱（MR）。中置后驱又分为前中置后驱（FMR）和后中置后驱（RMR），前者最为常见，例如梅赛德斯 - 奔驰 SLS AMG 和雷克萨斯 LFA。后者较常见，例如法拉利 458 意大利。也有少数跑车采用后置后驱（RR），例如保时捷 911。还有一些跑车采用四轮驱动（4WD），例如奥迪 R8 和兰博基尼盖拉多。

跑车的性能标准是赛道圈速，直路极速、直路加速度，以及操纵的灵敏性。如今车坛上其中一个较著名的标准是纽柏林赛道成绩。测试的方式是在同一段赛道上测试圈速。

宝马 Z8

所属品牌：宝马

量产时间：2000 年

整备质量：1585 千克

宝马 Z8 是德国宝马汽车公司在 2000—2003 年生产的双门双座跑车，为限量生产车型，总产量为 5703 辆。其设计参考了 1956—1959 年生产的宝马 507，采用全铝合金底盘与车身，搭载一台 4.9 升 V8 发动机，最大功率为 294 千瓦，峰值扭矩为 500 牛米。与发动机匹配的是六速手动变速箱，0—100 千米 / 时加速时间为 4.7 秒。

法拉利 575M 马拉内罗

所属品牌：法拉利

量产时间：2002 年

整备质量：1853 千克

法拉利 575M 马拉内罗是意大利法拉利汽车公司研制的前置后驱跑车，在 2002—2006 年生产，总产量为 2056 辆，官方指导价为 320 万元人民币。法拉利 575M 是法拉利 550 的继任者，成为法拉利前置发动机车型的新旗舰。名称中的"575"代表发动机排量从法拉利 550 的 5.5 升增加到 5.75 升。65°夹角 V12 发动机保留了原法拉利 550 动力装置的双顶置凸轮轮和全铝结构，加大了缸径和冲程。曲轴、活塞和汽缸采用了全新的设计，新控制单元有更强的爆震感应能力，因此可适当提高压缩比。压缩比从 10.8 增加到 11。性能数据非常诱人，7250 转 / 分时功率为 379 千瓦；扭矩也有所升高，峰值在 5250 转 / 分时扭矩为 589 牛米，直线转速为 7750 转 / 分。

宝马 Z4

所属品牌：宝马

量产时间：2002 年

整备质量：1405 千克（第三代）

第三代宝马 Z4

宝马 Z4 是德国宝马汽车公司研制的前置后驱双门跑车，2002 年开始生产，2021 年已发展到第三代，官方指导价为 48.88 万—63.38 万元人民币。第三代宝马 Z4 有两种动力可选，即 B48 型 2 升 I4 涡轮增压发动机和 B58 型 3 升 I6 涡轮增压发动机。与发动机匹配的均是 ZF 八速自动变速箱。各个车型中性能最出色的 M40i (US) 搭载 3 升 I6 发动机，最大功率为 281 千瓦，峰值扭矩为 500 牛米，0—100 千米/时加速时间为 4.2 秒。

兰博基尼盖拉多

所属品牌：兰博基尼

量产时间：2003 年

整备质量：1733 千克（LP 550-2 Spyder）

兰博基尼盖拉多是意大利兰博基尼汽车公司研制的中置后驱/四驱跑车，在 2003—2013 年生产，总产量超过 13 000 辆，官方指导价为 298 万—490 万元人民币。该车所使用的发动机全部来自奥迪，最初搭载最大功率为 363 千瓦的 5 升 V10 发动机，经过不同调校，其最大功率最高可达 385 千瓦。而在 2007 年 LP560-4 推出时，奥迪为盖拉多更换了 5.2 升 V10 发动机，根据调校不同其输出的最大功率为 406—413 千瓦，峰值扭矩达 539 牛米。高功率的发动机和扭矩使盖拉多有非常出众的加速性能，0—100 千米/时加速时间仅需 3.4 秒，在达到 300 千米/时超高速时，车身仍有很好的稳定性和可控性。

凯迪拉克 XLR

所属品牌：凯迪拉克

量产时间：2003 年

整备质量：1740 千克

凯迪拉克 XLR 是美国通用汽车公司凯迪拉克事业部在 2003—2009 年生产的敞篷跑车，出自通用汽车 Y 平台。其车体长 4514 毫米、宽 1836 毫米、高 1280 毫米，轴距为 2685 毫米，其伸缩车顶是铝合金硬式车顶。该车搭载一台 4.6 升 V8 发动机，匹配五速自动变速箱。

法拉利 F430

所属品牌：法拉利

量产时间：2004 年

整备质量：1517 千克

法拉利 F430 是意大利法拉利汽车公司研制的中置后驱跑车，在 2004—2009 年生产，官方指导价为 360.8 万—445.8 万元人民币。法拉利 F430 由新型 4.3 升 V8 发动机驱动，该发动机使用法拉利传统的设计方法，具有一根平面型曲轴（曲柄之间的角度为 180°），最大功率为 375 千瓦，0—100 千米/时加速时间仅需 3.6 秒，最高速度为 320 千米/时。法拉利 F430 配备了电子差速器，这是量产车辆首次配备这种先进的系统，以达到优异的道路操控性能。电子差速器能保证转向时获得最大的抓地力量，消除了车轮空转状况。

法拉利 612 斯卡列蒂

所属品牌：法拉利

量产时间：2004 年

整备质量：1850 千克

法拉利 612 斯卡列蒂是意大利法拉利汽车公司研制的前置后驱跑车，在 2004—2011 年生产，总产量为 3025 辆，官方指导价为 569.8 万元人民币。该车是法拉利车型中为数不多的前置后驱并且可以乘坐 4 人的 V12 跑车，继承了法拉利悠久的 2+2 座跑车传统。该车配备了排量为 5.7 升的 65° V12 发动机，当转速为 7250 转/分时，可以爆发出 397 千瓦的功率。发动机由博世莫特朗尼克 ME7 电子控制单元进行控制，设计师们对动态操纵性进行了细致入微的研究，使车辆的回应格外迅捷和平顺，从而轻松应对各种驾驶条件。

法拉利 599 GTB 费奥拉诺

所属品牌：法拉利

量产时间：2006 年

整备质量：1793 千克

法拉利 599 GTB 费奥拉诺是意大利法拉利汽车公司研制的前置后驱跑车，在 2006—2012 年生产，官方指导价为 492.8 万元人民币。该车搭载的 6 升 V12 发动机是在法拉利恩佐发动机的基础上开发而来，排量为 6 升，最大功率为 456 千瓦，峰值扭矩高达 608 牛米，发动机的极限转速为 8400 转/分。该车配备了 F1-SuperFast 变速箱，它的换挡时间只有 100 毫秒；F1-Trac 系统可以对牵引力进行优化控制。这两项装备都是第一次应用在公路版跑车上。法拉利 599 GTB 的 0—100 千米/时加速时间仅需 3.7 秒，最高速度超过 330 千米/时。

奥迪 R8

所属品牌：奥迪

量产时间：2006 年

整备质量：1555 千克（第二代）

第二代奥迪 R8

奥迪 R8 是德国奥迪汽车公司研制的中置后驱/四驱跑车，2006 年开始生产，2015 年推出第二代车型，官方指导价为 195.3 万—230 万元人民币。该车搭载 5.2 升 V10 发动机和七速双离合变速箱，标准版最大功率为 419 千瓦，峰值扭矩为 550 牛米，0—100 千米/时加速时间仅需 3.4 秒，最高速度为 331 千米/时。性能版最大功率为 456 千瓦，峰值扭矩为 565 牛米，0—100 千米/时加速时间仅需 3.1 秒，最高速度为 329 千米/时。所对应的敞篷版的 0—100 千米/时加速时间分别为 3.5 秒和 3.2 秒。

大众 Eos

所属品牌：大众

量产时间：2006 年

整备质量：1461—1627 千克

大众 Eos 是德国大众汽车公司在 2006—2015 年生产的跑车，官方指导价为 41.31 万—46.85 万元人民币。其车体长 4407 毫米、宽 1791 毫米、高 1443 毫米，轴距为 2578 毫米。该车有多种动力配置，包括 1.4 升 I4 发动机、1.6 升 I4 发动机、2 升 I4 发动机、3.2 升 V6 发动机、3.6 升 V6 发动机等。其中，3.6 升 V6 发动机的最大功率为 191 千瓦，峰值扭矩为 350 牛米，0—100 千米/时加速时间为 6.9 秒。与发动机匹配的是六速手动变速箱或六速双离合变速箱。

日产 GT-R

所属品牌:日产

量产时间:2007 年

整备质量:1740 千克

日产 GT-R 是日本日产汽车公司研制的前置四驱跑车,2007 年开始生产,官方指导价为 148 万—235 万元人民币。该车搭载 3.8 升 V6 双涡轮增压发动机,早期版本的 0—100 千米/时加速时间为 3.4 秒,2011 年款仅需 2.9 秒,最高速度为 318 千米/时。2012 年款的 0—100 千米/时加速时间减少到 2.8 秒。2014 年款的风阻系数有所降低,动力调校有所提高,0—100 千米/时加速时间进一步缩减到 2.7 秒,发动机最大输出功率为 407 千瓦,峰值扭矩为 628 牛米。2020 年 NISMO 版,其发动机最大功率达到 441 千瓦,峰值扭矩为 652 牛米。

法拉利加利福尼亚

所属品牌:法拉利

量产时间:2008 年

整备质量:1735 千克

法拉利加利福尼亚是意大利法拉利汽车公司研制的中置后驱跑车,在 2008—2017 年生产,官方指导价为 308.8 万—352.8 万元人民币。该车采用 3.8 升 V8 双涡轮增压发动机,最大输出功率为 412 千瓦,最大扭矩 755 牛米,0—100 千米/时加速时间仅为 3.6 秒,最高速度达 315 千米/时。该车采用了法拉利全新打造的"高性能低排放"(HELE)系统。该系统集成了启/停技术、智能发动机风扇与燃油泵控制技术、电子控制可变排量空调技术,以及为满足不同驾驶习惯而配备的换挡模式。得益于上述改进,发动机在正常行驶条件下能够额外获得 25 牛米的扭矩,官方油耗为 13.1 升,二氧化碳排放量为 270 克/千米。

法拉利 458 意大利

所属品牌：法拉利

量产时间：2009 年

整备质量：1565 千克

法拉利 458 意大利是意大利法拉利汽车公司研制的中置后驱跑车，在 2009—2015 年生产，官方指导价为 388 万—558.8 万元人民币。该车搭载法拉利发动机团队全新开发的 4.5 升 90°夹角 V8 发动机，是法拉利首款缸内直喷中置 V8 发动机，具备 12.51 高压缩比的赛车发动机特征，可输出 419 千瓦最大功率与 540 牛米峰值扭矩。变速箱方面，由更加流行的七速双离合减速箱取代了原来的序列变速箱，有利于提升换挡平顺性、燃油经济性和排放水平。法拉利 458 比法拉利 F430 更轻，换挡更快，0—100 千米/时加速时间仅需 3.4 秒。

梅赛德斯 - 奔驰 SLS AMG

所属品牌：梅赛德斯 - 奔驰

量产时间：2010 年

整备质量：1619 千克

梅赛德斯 - 奔驰 SLS AMG 是德国梅赛德斯 - 奔驰汽车公司研制的前中置后驱跑车，在 2010—2014 年生产，官方指导价为 308 万—380 万元人民币。该车搭载梅赛德斯 -AMG 研发的 6.2 升 V8 自然吸气发动机，可产生 420 千瓦的最大功率及 650 牛米的峰值扭矩。与发动机匹配的是格特拉克 DCT 七速双离合变速箱，与其他高性能双离合变速箱一样，采用前后纵列式布局，整体后置的变速箱通过位于套管保护中的碳纤维传动轴与 V8 发动机连接，最大限度地平衡了前后轴质量分配。梅赛德斯 - 奔驰 SLS AMG 的 0—100 千米/时加速时间仅需 3.8 秒，最高速度为电子限制下的 317 千米/时。

雷克萨斯 LFA

所属品牌：雷克萨斯

量产时间：2010 年

整备质量：1614 千克

雷克萨斯 LFA 是日本丰田汽车公司雷克萨斯部门研制的跑车，在 2010—2012 年生产，官方指导价为 598.8 万元人民币。该车搭载一台由丰田集团和山叶株式会社共同开发的 4.8 升 V10 自然吸气发动机，压缩比为 12：1。其 V 型夹角为 72°，搭配丰田集团的双 VVT-i 可变气门正时系统，可在 8700 转 / 分时输出 412 千瓦的最大功率，其输出扭矩自 3700 转 / 分开始，便可输出其峰值扭矩的 90%，峰值输出扭矩出现在 6800 转 / 分，为 480 牛米，而发动机红线为 9000 转 / 分。与发动机匹配的是爱信六速自动变速箱。

法拉利 FF

所属品牌：法拉利

量产时间：2011 年

整备质量：1880 千克

法拉利 FF 是意大利法拉利汽车公司研制的前置四驱跑车，在 2011—2016 年生产，总产量为 2291 辆，官方指导价为 530.8 万元人民币。法拉利 FF 是法拉利推出的性能较强、功能较全的四座跑车，也是法拉利历史上第一款四轮驱动跑车。该车搭载了法拉利新研发的 6.3 升 V12 发动机，配备七速双离合变速箱。这款发动机在转速为 8000 转 / 分时可输出 485 千瓦的最大功率，在转速为 5000 转 / 分时可达到 683 牛米的峰值扭矩。法拉利 FF 的 0—100 千米 / 时加速时间为 3.7 秒，耗时比法拉利 612 缩短了 0.4 秒。

法拉利 F12 伯林尼塔

所属品牌：法拉利

量产时间：2012 年

整备质量：1791 千克

　　法拉利 F12 伯林尼塔是意大利法拉利汽车公司研制的前置后驱跑车，在 2012—2017 年生产，官方指导价为 530.8 万元人民币。该车搭载 6.3 升 V12 发动机和七速双离合变速箱，0—100 千米/时加速时间仅需 3.1 秒，而 0—200 千米/时加速时间为 8.5 秒，0—300 千米/时加速时间为 21 秒。该车曾在费奥拉诺赛道创造了法拉利所有公路跑车中的最佳成绩，单圈时间仅为 1 分 23 秒。灵敏的转向、更小的方向盘角度和更优异的转弯性能确保该车具有出色的性能标准和极佳的驾乘体验，同时制动距离也大幅缩短。

梅赛德斯 - 奔驰 R231

所属品牌：梅赛德斯 - 奔驰

量产时间：2012 年

整备质量：1675 千克

　　梅赛德斯 - 奔驰 R231 是德国梅赛德斯 - 奔驰汽车公司研制的前置后驱双门跑车，官方指导价为 99.38 万—199.8 万元人民币。该车有多种动力可选，包括 3 升 V6 双涡轮增压发动机、3 升 I6 涡轮增压发动机、3.5 升 V6 发动机、4 升 V8 双涡轮增压发动机、4.7 升 V8 双涡轮增压发动机、5.5 升 V8 双涡轮增压发动机、6 升 V12 双涡轮增压发动机等。其中，SL 500 搭载 4.7 升 V8 双涡轮增压发动机和九速自动变速箱，最大功率为 335 千瓦，峰值扭矩为 700 牛米，0—100 千米/时加速时间仅需 5.4 秒。

丰田 86

所属品牌：丰田

量产时间：2012 年

整备质量：1190—1298 千克（第一代）

第一代丰田 86

丰田 86 是日本丰田汽车公司从 2012 年开始生产的前置后驱小型跑车，2021 年已发展到第二代。该车的前身是丰田 FT-86 概念车，是丰田汽车公司与斯巴鲁汽车公司合作研发的产品，车身外型由丰田位于法国南部的 ED2 设计中心主导设计，变速箱和驱动系统也由丰田设计，而发动机采用丰田与斯巴鲁共同研发的 2.4 升水平对列四缸发动机，搭载丰田的 D-4S 缸内燃油直喷系统。

兰博基尼飓风

所属品牌：兰博基尼

量产时间：2014 年

整备质量：1422 千克

兰博基尼飓风是意大利兰博基尼汽车公司研制的中置后驱/四驱跑车，2014 年开始生产，官方指导价为 254 万—355.6 万元人民币。该车采用一系列轻量化设计，搭载一台 5.2 升 V10 发动机，最大功率为 449 千瓦，峰值扭矩为 540 牛米。传动方面，匹配一台七速双离合变速箱，0—100 千米/时加速时间仅需 3.2 秒，0—200 千米/时加速时间也仅需 9.9 秒。该车标配陶瓷刹车系统，还可选装电磁阻尼减震和兰博基尼动态转向系统，并提供三种驾驶模式以供选择。

法拉利 488

所属品牌：法拉利

量产时间：2015 年

整备质量：1470 千克

法拉利 488 是意大利法拉利汽车公司研制的中置后驱跑车，在 2015—2019 年生产，官方指导价为 408 万—449.9 万元人民币。该车搭载 3.9 升 V8 双涡轮增压发动机，可满足高速行驶的需要。相较法拉利 458 的自然进气发动机，法拉利 488 的发动机排量更小，但是功率更大。根据调校不同，低功率版可以爆发出 493 千瓦最大功率，高功率版更是惊人的 530 千瓦，搭配七速双离合变速箱，极快的换挡速度和惊人的扭矩，可以让法拉利 488 的 0—100 千米 / 时加速时间缩短至 3 秒内。

迈凯伦 570S

所属品牌：迈凯伦

量产时间：2015 年

整备质量：1356 千克

迈凯伦 570S 是英国迈凯伦汽车公司研制的中置后驱跑车，2015 年开始生产，官方指导价为 243.6 万—270.8 万元人民币。该车搭载一台 3.8 升 V8 双涡轮增压发动机，能爆发出 419 千瓦的最大功率，在七速双离合变速箱的配合下，0—100 千米 / 时加速时间仅需 3.2 秒，0—200 千米 / 时加速时间仅需 9.5 秒，最高速度达 328 千米 / 时。

法拉利 GTC4 罗丝欧

所属品牌：法拉利

量产时间：2016 年

整备质量：1790 千克

法拉利 GTC4 罗丝欧是意大利法拉利汽车公司研制的前置四驱跑车，2016 年开始生产，官方指导价为 314.5 万—473.2 万元人民币。该车是法拉利 FF 的替代车型，不仅外观设计有所改进，还在配置以及动力方面进行了升级。该车的名称是向法拉利 330 GTC 等经典法拉利 2+2 跑车致敬，当中的数字 4 则代表了四座设计。法拉利 GTC4 罗丝欧仍然搭载 6.3 升 V12 发动机，不过经过调校之后，发动机的最大输出功率提升到 507 千瓦，峰值扭矩达 697 牛米。法拉利 GTC4 罗丝欧的 0—100 千米/时加速时间仅需 3.4 秒，相比法拉利 FF 缩短了 0.3 秒，最高速度仍然为 335 千米/时。此外，法拉利 GTC4 罗丝欧仍然使用 4RM 四驱系统，但新增了后轮转向技术。

阿斯顿·马丁 DB11

所属品牌：阿斯顿·马丁

量产时间：2016 年

整备质量：1875 千克（DB11 V12）

阿斯顿·马丁 DB11 是英国阿斯顿·马丁汽车公司研制的前置后驱跑车，2016 年开始生产，官方指导价为 226.8 万—306.8 万元人民币。不同车型的动力配置有所不同，所有车型共有两款发动机，一款是来自梅赛德斯-AMG 的 4 升 V8 双涡轮增压发动机，另一款则是阿斯顿·马丁的 5.2 升 V12 双涡轮增压发动机，均匹配 ZF 八速自动变速箱。虽然排量不同，但两款发动机的动力输出和表现却相差无几，V8 发动机最大扭矩为 675 牛米，0—100 千米/时加速时间仅需 4 秒。V12 发动机最大扭矩为 700 牛米，0—100 千米/时加速时间仅需 3.9 秒。

法拉利 812 超高速

所属品牌：法拉利

量产时间：2017 年

整备质量：1744 千克

法拉利 812 超高速是意大利法拉利汽车公司研制的前置后驱跑车，2017 年开始生产，官方指导价为 485.9 万—530 万元人民币。该车搭载一台 6.5 升 V12 自然吸气发动机，最大功率为 588 千瓦，峰值扭矩为 718 牛米。与之匹配的双离合变速箱拥有特定的齿轮比，升、降换挡速度更快，油门响应更加灵敏。该车 0—100 千米 / 时加速时间仅需 2.9 秒，最高速度超过 340 千米 / 时。法拉利 812 超高速是法拉利旗下首款配备了电动助力转向系统的车型，并搭载了最新 5.0 版的侧滑角控制系统以及虚拟短轴距系统，使法拉利 812 超高速在满足激情的驾驶体验的同时也更易于操控。

法拉利波托菲诺

所属品牌：法拉利

量产时间：2017 年

整备质量：1664 千克

法拉利波托菲诺是意大利法拉利汽车公司研制的前置后驱跑车，2017 年开始生产，官方指导价为 263.8 万元人民币。该车搭载 3.9 升 V8 双涡轮增压发动机，最大功率为 450 千瓦，峰值扭矩为 760 牛米。与之匹配的是八速双离合器变速箱，有效提高了传动效率。发动机以及变速箱的提升，使法拉利波托菲诺的 0—100 千米 / 时加速时间少于 3.5 秒，最高速度达 320 千米 / 时。为了让增加的动力不至于为驾驶者带来麻烦，法拉利波托菲诺首次搭载了 E-Diff 第三代电子差速器，以及 F1-Trac 牵引力控制系统。

迈凯伦 720S

所属品牌：迈凯伦

量产时间：2017 年

整备质量：1437 千克

  迈凯伦 720S 是英国迈凯伦汽车公司研制的中置后驱跑车，2017 年开始生产，官方指导价为 339.8 万—378.8 万元人民币。该车搭载一台 4 升 V8 双涡轮增压发动机，最大功率为 530 千瓦，最大扭矩为 770 牛米，0—100 千米/时加速时间仅需 2.9 秒。为了优化底盘性能，迈凯伦一直致力于发展"最优控制理论"——通过一系列复杂的数学算法和编码，让车辆能够根据路况和环境来调整底盘高度、悬挂硬度和轮胎与地面的接触面积。迈凯伦 720S 就是这样一款"聪明"的跑车，它能根据实际情况优化抓地力和性能，同时还能兼顾驾乘的舒适度。

阿斯顿·马丁 DBS 超级轻量版

所属品牌：阿斯顿·马丁

量产时间：2018 年

整备质量：1693 千克

  阿斯顿·马丁 DBS 超级轻量版是英国阿斯顿·马丁汽车公司研制的前置后驱跑车，2018 年开始生产，官方指导价为 373.8 万—500.7 万元人民币。顾名思义，阿斯顿·马丁为 DBS 超级轻量版做了很多轻量化设计，比如全铝车架和碳纤维覆盖件，使它要比阿斯顿·马丁 DB11 轻上 182 千克。阿斯顿·马丁 DBS 超级轻量版搭载 5.2 升 V12 双涡轮增压发动机，在 6500 转/分时可输出最大功率 533 千瓦，在 1800—5000 转/分范围内维持 900 牛米的峰值扭矩。传动系统方面，匹配按键式八速自动变速箱。

法拉利 F8 特里布托

所属品牌：法拉利

量产时间：2019 年

整备质量：1435 千克

法拉利 F8 特里布托是意大利法拉利汽车公司研制的中置后驱跑车，2019 年开始生产，官方指导价为 298.8 万—341.8 万元人民币。该车搭载的 3.9 升 V8 发动机是从特殊版本的法拉利 488 传承下来的，重量减轻了约 18 千克，转速上升更快，并可在 8000 转/分的转速下输出 522 千瓦，在 3250 转/分的转速下可提供 770 牛米的扭矩。与发动机匹配的是七速双离合变速箱。此外，法拉利 F8 特里布托的进、排气系统也被优化增强。法拉利 488 的声音被涡轮增压器所抑制，缺乏 V8 自然吸气发动机所特有的高转速声浪。而法拉利 F8 特里布托的高转速声浪，尤其是在 4000 转/分以上时，声音远大于法拉利 488。

法拉利 SF90 斯达德尔

所属品牌：法拉利

量产时间：2019 年

整备质量：1600 千克

法拉利 SF90 斯达德尔是意大利法拉利汽车公司研制的中置四驱跑车，2019 年开始生产，官方指导价为 398.8 万元人民币。该车是法拉利旗下首款插电混合动力跑车，得益于品牌最强 V8 发动机以及三电动机，使其成为法拉利目前的顶级跑车，性能甚至超越了旗舰车型法拉利拉法。电池部分，法拉利 SF90 搭载由韩国 SK 集团提供的 7.9 千瓦时锂离子电池组，纯电模式下最高车速可达 135 千米/时，续航里程为 25 千米。传动方面，搭载最新的八速双离合变速箱，相比法拉利此前使用的七速双离合变速箱，齿比设计更为合理，另外重量也减轻了 7 千克。这台变速箱取消了倒挡，倒车环节交由驱动电机全权负责。法拉利 SF90 斯达德尔 0—100 千米/时加速时间仅需 2.5 秒。

保时捷 992

所属品牌：保时捷

量产时间：2019 年

整备质量：1480 千克

保时捷 992 是德国保时捷汽车公司研制的后置后驱/四驱跑车，是保时捷 911 系列的最新成员，2019 年开始生产，官方指导价为 126.5 万—216.1 万元人民币。保时捷 992 搭载更高效的发动机，Carrera S 和 Carrera 4S 配备 3 升涡轮增压发动机，最大功率为 331 千瓦，峰值扭矩达 530 牛米。Carrera S0—100 千米/时加速时间仅需 3.7 秒，最高速度为 308 千米/时；Carrera 4S0—100 千米/时加速时间仅需 3.6 秒，最高速度为 306 千米/时。相比上一代车型，0—100 千米/时加速时间均减少 0.4 秒。

法拉利罗马

所属品牌：法拉利

量产时间：2020 年

整备质量：1570 千克

法拉利罗马是意大利法拉利汽车公司研制的中置后驱跑车，2020 年开始生产，官方指导价为 238 万元人民币。该车搭载一台 3.9 升双涡轮增压发动机，最大功率为 456 千瓦，峰值扭矩为 760 牛米。与发动机匹配的是八速双离合变速箱，0—100 千米/时加速时间仅需 3.4 秒，0—200 千米/时加速时间仅需 9.3 秒，最高速度达 320 千米/时。功能配置方面，法拉利罗马有着符合自身价值的豪华配置，车载冰箱、缺气保用轮胎、电动天窗、被动行人保护、车道偏离预警系统、车道保持辅助系统等应有尽有。

5.5 一骑绝尘的超级跑车

超级跑车（Supercar），简称超跑，是跑车的一个亚级分类，也是跑车中性能最卓越的一类。"超级跑车"这个词语几乎和跑车一同在20世纪20年代问世，本是比跑车更夸张地形容汽车的性能，而第一款被厂家自封为"超级跑车"的车型是1926年上市的宾利Speed Six轿跑车（宾利6½升的高性能版）。此后因为宾利被劳斯莱斯并购，便很少有人用"超级跑车"称呼性能超卓的跑车。一般认为，世界上第一款超级跑车是兰博基尼缪拉（Miura），它使"超级跑车"这个词语普遍地被接受。

超级跑车通常是采用中置发动机布局、有高昂的售价以及优异性能的跑车。不过售价和性能是相对于年代来说的。大体上看，超级跑车的性能在逐年提升，所以单纯以性能来区分是否为超级跑车是不正确的。但它们的性能都会是当时的标杆。目前，超级跑车的标准是纽柏林赛道圈速在8分钟以内，极速超过300千米/时，0—100千米/时加速时间小于4秒。超级跑车一般在通过改装调低配置后，才可以在公路上行驶，以符合交通条例。由于中置发动机的布局，绝大部分超级跑车都是双座的。有些超级跑车还会有剪刀门、鸥翼门、蝴蝶门等吸引眼球的设计。超级跑车通常会推出赛车版、限量版，比标准版更稀有、更昂贵。

兰博基尼蝙蝠

所属品牌：兰博基尼

量产时间：2001年

整备质量：1860千克

兰博基尼蝙蝠是兰博基尼被奥迪收购后推出的高端双门双座超级跑车，在2001—2010年生产，总产量为4099辆，官方指导价为438万—730万元人民币。由于是奥迪设计师卢克·唐克沃克操刀设计，所以兰博基尼蝙蝠在内饰方面取得了令人注目的提升，摆脱了兰博基尼此前为人诟病的粗糙内饰。但也由此引来了关于外观设计方面过于圆滑保守、与兰博基尼传统相悖的指责。该车采用中置6.5升V12发动机（早期为6.2升V12发动机），最大功率为471千瓦，峰值扭矩为650牛米，0—100千米/时加速时间仅需3.4秒，最高速度达340千米/时。操控方面，依旧采用全时四轮驱动，以及全新设计的E-Gear六速电子控制变速箱。

法拉利恩佐

所属品牌：法拉利

量产时间：2002 年

整备质量：1480 千克

法拉利恩佐是意大利法拉利汽车公司研制的中置后驱超级跑车，在 2002—2004 年生产，总产量为 400 辆。该车发布时的售价达 60 万美元，如今二手车的价格已超过 150 万美元。该车大量采用 F1 赛车的技术，并配备 F1 赛车的顺序换挡变速箱和超大的碳纤维陶瓷刹车碟。恩佐的动力源自一台 12 缸的自然吸气发动机，V 型 65°夹角结构，是一台参考了大量 F1 赛车技术后完全重新设计的发动机。该发动机（开发代号 F140）的特性是 6 升排量，压缩比为 11.2，最大功率为 485 千瓦，峰值扭矩为 657 牛米。恩佐的官方 0—100 千米 / 时加速时间为 3.65 秒，最高速度达 350 千米 / 时以上。

柯尼赛格 CC8S

所属品牌：柯尼赛格

量产时间：2002 年

整备质量：1175 千克

柯尼赛格 CC8S 是瑞典柯尼赛格汽车公司研制的中置后驱超级跑车，在 2002—2003 年生产，总产量为 6 辆。该车的动力核心是一台经过改良的 4.7 升福特 V8 发动机，安装有巨大的中冷器和燃油喷射器，最大功率为 482 千瓦，在当时创下了最强发动机的吉利斯世界纪录。与发动机匹配的是六速手动变速箱。柯尼赛格 CC8S 的 0—100 千米 / 时加速时间仅需 3.5 秒，最高速度达 390 千米 / 时。

保时捷卡雷拉 GT

所属品牌：保时捷

量产时间：2003 年

整备质量：1380 千克

保时捷卡雷拉 GT 是德国保时捷汽车公司研制的中置后驱跑车，在 2003—2007 年生产，总产量为 1270 辆，官方指导价为 645 万元人民币。该车搭载 5.7 升 V10 发动机，拥有 450 千瓦的最大功率，0—100 千米 / 时加速时间仅需 3.9 秒，0—200 千米 / 时加速时间仅需 9.9 秒，最高速度达 330 千米 / 时。该车的轮毂由锻造镁而非一般的铝合金制成。当轮胎气压下降时，车轮的轮胎压力监测系统可自动检测并向驾驶者发出警告信号。可以使用车上的轮胎修理工具修补任何漏气之处，而不必更换备胎。

梅赛德斯 - 奔驰 SLR 迈凯伦

所属品牌：梅赛德斯 - 奔驰

量产时间：2003 年

整备质量：1743 千克

梅赛德斯 - 奔驰 SLR 迈凯伦是梅赛德斯 - 奔驰汽车公司和迈凯伦汽车公司联合制造的中置后驱跑车，在 2003—2010 年生产，一共生产了 2157 辆，官方指导价为 800 万元人民币。该车搭载梅赛德斯 -AMG 研发的 5.4 升 V8 涡轮增压发动机，在 6500 转 / 分时的最大功率为 460 千瓦，而达到 3250 转 / 分时可以提供 780 牛米的超强扭矩。该车配备五速自动变速箱，0—100 千米 / 时加速时间仅需 3.8 秒，0—200 千米 / 时加速时间仅需 10.6 秒，最高速度可达 334 千米 / 时。

玛莎拉蒂 MC12

所属品牌：玛莎拉蒂

量产时间：2004 年

整备质量：1497 千克

玛莎拉蒂 MC12 是意大利玛莎拉蒂汽车公司研制的中置后驱跑车，在 2004—2005 年生产，总产量为 50 辆，官方指导价为 258 万美元（约 1800 万元人民币）。该车搭载 6 升 V12 自然吸气发动机，可在 7500 转/分时爆发出 462 千瓦的最大功率，在 5500 转/分时达到峰值扭矩 652 牛米，最高速度超过 330 千米/时，0—100 千米/时加速时间仅需 3.8 秒。为了能够配合强大的动力输出，玛莎拉蒂 MC12 配备了六速变速箱。驾驶者可以直接使用方向盘后面的拨片进行换挡。

柯尼赛格 CCR

所属品牌：柯尼赛格

量产时间：2004 年

整备质量：1180 千克

柯尼赛格 CCR 是瑞典柯尼赛格汽车公司研制的中置后驱超级跑车，在 2004—2006 年生产，总产量为 14 辆。该车搭载福特 4.7 升 V8 双机械增压发动机，最大功率为 593 千瓦，峰值扭矩为 679 牛米。与发动机匹配的是六速手动变速箱。柯尼赛格 CCR 的 0—100 千米/时加速时间仅需 3.2 秒，曾经创造了 388 千米/时的速度纪录，打破了迈凯伦 F1 在 1993 年创造的 372 千米/时的速度纪录。风洞试验表明，柯尼赛格 CCR 的空气动力学设计十分出色。

布加迪威龙

所属品牌：布加迪

量产时间：2005 年

整备质量：1990 千克

布加迪威龙是法国布加迪汽车公司（现为德国大众集团旗下品牌）研制的中置四驱超级跑车，在 2005—2015 年生产，总产量为 450 辆，官方指导价为 2500 万—4300 万元人民币。该车搭载大众专门研发的 W16 发动机，可以说是将两台 V8 发动机共用一根曲轴的产物。该发动机配备了 4 个涡轮增压器，排量达到 8 升，最大功率高达 883 千瓦，同时，在极低的 1000 转 / 分时即可输出 730 牛米的庞大扭矩，在 2200 转 / 分时可以迸发出 1250 牛米的峰值扭矩，这种扭力会一直持续到 5500 转 / 分。强大的动力带来的结果显而易见：0—100 千米 / 时加速时间仅需 2.5 秒，0—200 千米 / 时加速时间仅需 7.3 秒，0—300 千米 / 时加速时间仅需 16.7 秒，最高速度达 407 千米 / 时。

柯尼赛格 CCX

所属品牌：柯尼赛格

量产时间：2006 年

整备质量：1456 千克

柯尼赛格 CCX 是瑞典柯尼赛格汽车公司研制的中置后驱超级跑车，在 2006—2010 年生产，总产量为 29 辆，官方指导价为 2300 万元人民币。该车搭载 V8 铸铝发动机和六速手动变速箱，在 5700 转 / 分时可产生 920 牛米的最大扭矩，0—100 千米 / 时加速时间仅需 3.2 秒。该车配备 382 毫米前陶瓷刹车盘搭配 8 活塞卡钳，以及 362 毫米后刹车盘搭配 6 活塞卡钳，从 100 千米 / 时到静止只需滑行 32 米。

兰博基尼雷文顿

所属品牌：兰博基尼

量产时间：2007 年

整备质量：1665 千克

兰博基尼雷文顿是意大利兰博基尼汽车公司研制的中置四驱跑车，在 2007—2009 年生产，总产量为 36 辆（含 1 辆硬顶原型车和 15 辆敞篷版），官方指导价为 1500 万元人民币。该车搭载了原本属于兰博基尼蝙蝠 LP640 的 V12 发动机，经过兰博基尼的调校之后，动力小幅上升，同为 6.5 升排气量，兰博基尼雷文顿却拥有 478 千瓦最大功率，峰值扭矩达到 660 牛米。在变速系统方面，配备了兰博基尼自行研发的 E-Gear 变速箱。在传动系统方面，采用全驱设计，因此能够让动力全部转化为前进的速度。兰博基尼雷文顿的 0—100 千米/时加速时间仅需 3.3 秒，最高速度超过 340 千米/时。

阿斯顿·马丁 One-77

所属品牌：阿斯顿·马丁

量产时间：2009 年

整备质量：1630 千克

阿斯顿·马丁 One-77 是英国阿斯顿·马丁汽车公司研制的前置后驱跑车，在 2009—2012 年生产，一共生产了 77 辆，官方指导价为 4700 万元人民币。该车搭载一台 7.3 升 V12 自然吸气发动机，最大功率为 559 千瓦，峰值扭矩为 750 牛米，0—400 千米/时加速时间为 3.5 秒，最高速度达 354 千米/时。与发动机匹配的是六速手自一体变速箱，由一个电动液压系统控制。除了强劲的动力，阿斯顿·马丁 One-77 还使用了碳纤维一体式底盘结构、复合陶瓷刹车系统以及可调的悬挂系统。

兰博基尼埃文塔多

所属品牌：兰博基尼

量产时间：2011 年

整备质量：1770 千克（LP770-4 SVJ）

兰博基尼埃文塔多是意大利兰博基尼汽车公司研制的中置四驱跑车，2011 年开始生产，官方指导价为 648.80 万—738.88 万元人民币。该车搭载一台 6.5 升 V12 发动机，最大功率为 515 千瓦，峰值扭矩为 690 牛米。除了装备全新发动机之外，新式七速单离合变速箱同样引人注目。全新的发动机和变速箱让兰博基尼埃文塔多的 0—100 千米/时加速时间仅需 2.8 秒，最高速度超过 350 千米/时。该车还配备了自动调节减震器，可以收集路面及车体信息来调节减震器，使四个车轮始终可以紧贴地面。

兰博基尼第六元素

所属品牌：兰博基尼

量产时间：2011 年

整备质量：999 千克

兰博基尼第六元素是意大利兰博基尼汽车公司研制的中置四驱跑车，在 2011—2012 年生产，一共生产了 20 辆，官方指导价为 250 万欧元（约 2150 万元人民币）。该车采用革命性设计，车身由创新的碳纤维与特殊塑料的混合物打造，底盘几乎完全使用碳纤维材料，而该车之所以起名为"第六元素"，就是因为碳在元素周期表排第六位。该车搭载 5.2 升 V10 发动机，最大功率为 419 千瓦，峰值扭矩为 540 牛米，配备六速自动变速箱和全时四驱系统。该车的 0—100 千米/时加速时间仅需 2.5 秒，最高速度超过 355 千米/时。

柯尼赛格 Agera R

所属品牌：柯尼赛格

量产时间：2011 年

整备质量：1435 千克

　　柯尼赛格 Agera R 是瑞典柯尼赛格汽车公司研制的中置后驱超级跑车，在 2011—2014 年生产，限量生产 6 辆，官方指导价为 2650 万元人民币。该车搭载 5 升 V8 双涡轮增压发动机和七速双离合变速箱，在使用 E85 型燃料的情况下最大功率达 838 千瓦，峰值扭矩为 1200 牛米。如果使用普通型 95 号汽油燃料，最大功率为 706 千瓦，峰值扭矩为 1100 牛米。该车的 0—100 千米 / 时加速时间仅需 2.8 秒，理论上的最高速度可达 443 千米 / 时，不过全部的 Agera 车型均限速在 375 千米 / 时。

帕加尼风神

所属品牌：帕加尼

量产时间：2012 年

整备质量：1350 千克

　　帕加尼风神是意大利帕加尼汽车公司研制的中置后驱超级跑车，2012 年开始生产，官方指导价为 2900 万元人民币。该车使用一台特别定制的梅赛德斯-奔驰 M158 型 6 升 V12 双涡轮增压发动机，在 5800 转 / 分时可输出高达 537 千瓦的最大功率，2250—4500 转 / 分时可产生 1000 牛米的扭矩。其最高速度约为 383 千米 / 时，0—100 千米 / 时加速时间约 2.8 秒。帕加尼风神引入了主动式空气动力学系统，可调节前端离地高度，并独立控制车辆左前、右前、左后、右后四个襟翼。

兰博基尼毒药

所属品牌：兰博基尼

量产时间：2013 年

整备质量：1490 千克

兰博基尼毒药是意大利兰博基尼汽车公司研制的中置四驱跑车，在 2013—2014 年生产，总产量为 14 辆（5 辆硬顶版和 9 辆敞篷版），官方指导价为 300 万欧元（约 2500 万元人民币）。该车的设计兼顾空气动力学性能和稳定性，具有良好的道路适应性。该车搭载 6.5 升 V12 自然吸气发动机，最大功率为 552 千瓦，峰值扭矩为 690 牛米，配合七速变速箱和全时四轮驱动系统，0—100 千米/时加速时间仅需 2.8 秒，最高速度超过 354 千米/时。

迈凯伦 P1

所属品牌：迈凯伦

量产时间：2013 年

整备质量：1547 千克

迈凯伦 P1 是英国迈凯伦汽车公司研制的中置后驱超级跑车，在 2013—2015 年生产，一共生产了 375 辆，官方指导价为 1260 万元人民币。该车搭载 3.8 升 V8 双涡轮增压发动机，最大功率为 542 千瓦，峰值扭矩为 720 牛米。由迈凯伦自己研发的电动机可以输出 132 千瓦，瞬时扭矩输出达 260 牛米。该车使用后轮驱动并配备七速双离合变速箱，0—100 千米/时加速时间仅需 2.8 秒。测试表明，迈凯伦 P1 可以在纯电力的情况下行驶超过 10 千米。

保时捷 918 斯派德

所属品牌：保时捷

量产时间：2013 年

整备质量：1634 千克

保时捷 918 斯派德是德国保时捷汽车公司研制的中置四驱跑车，在 2013—2015 年生产，总产量为 918 辆，官方指导价为 1338.8 万—1463.5 万元人民币。该车搭载 4.6 升 V8 自然吸气发动机，在 8700 转 / 分时达到最大功率 447 千瓦，在 6700 转 / 分时达到峰值扭矩 540 牛米，发动机最高转速可达 9150 转 / 分。此外，前后轴各搭载一具电动机作为辅助动力输出。与强化的七速双离合器变速箱搭配，0—100 千米 / 时加速时间仅需 2.8 秒，最高速度达 343 千米 / 时。

柯尼赛格 One:1

所属品牌：柯尼赛格

量产时间：2014 年

整备质量：1360 千克

柯尼赛格 One:1 是瑞典柯尼赛格汽车公司研制的中置后驱超级跑车，在 2014—2016 年生产，限量生产 6 辆，官方指导价为 1100 万元人民币，实际售价将近 1 亿元人民币。该车搭载 5 升 V8 双涡轮增压发动机，最大功率达 1030 千瓦，峰值扭矩为 1371 牛米。与发动机匹配的是七速双离合变速箱，并配备了换挡拨片。据官方测试，该车的 0—400 千米 / 时加速时间仅需 20 秒，最高速度超过 450 千米 / 时，使其取代布加迪威龙成为史上最快量产车。

阿斯顿·马丁火神

所属品牌：阿斯顿·马丁

量产时间：2015 年

整备质量：1350 千克

阿斯顿·马丁火神是英国阿斯顿·马丁汽车公司研制的前置后驱跑车，在 2015—2016 年生产，一共生产了 24 辆，官方指导价为 230 万—340 万美元（约 1600 万—2370 万元人民币）。该车搭载一台 7 升 V12 自然吸气发动机，最大功率为 611 千瓦，峰值扭矩为 780 牛米。阿斯顿·马丁为其配备了六速序列式变速箱、赛用限滑差速器以及镁合金扭矩管包裹的碳纤维传动轴。

兰博基尼百年纪念

所属品牌：兰博基尼

量产时间：2016 年

整备质量：1570 千克

兰博基尼百年纪念是意大利兰博基尼汽车公司研制的中置四驱跑车，在 2016—2017 年生产，总产量为 40 辆（硬顶版和敞篷版各 20 辆），官方指导价为 240 万美元（约 1650 万元人民币）。该车搭载的是源自兰博基尼埃文塔多的 6.5 升 V12 自然吸气发动机，配备四轮驱动系统。不过，经过全新调校之后，该发动机将会达到 566 千瓦的最大功率。兰博基尼百年纪念的 0—100 千米/时加速时间仅需 2.8 秒，最高速度可达 350 千米/时。该车配备了兰博基尼全新的后轮转向系统，可提高低速时的转向灵敏性和高速时的稳定性。

布加迪凯龙

所属品牌：布加迪

量产时间：2016 年

整备质量：1996 千克

布加迪凯龙是法国布加迪汽车公司研制的中置四驱超级跑车，2016 年开始生产，高性能车型的官方指导价为 390 万美元（约 2725 万元人民币）。该车搭载了从布加迪威龙便开始使用的 8 升 W16 四涡轮增压发动机，但进行了大幅度的改进升级，加入了直接燃料喷射，并且其中两个涡轮增压器改由电子控制来降低延迟。布加迪凯龙的 0—100 千米 / 时加速时间仅需 2.4 秒，0—200 千米 / 时加速时间仅需 6.1 秒，0—300 千米 / 时加速时间仅需 13.1 秒。

柯尼赛格统治者

所属品牌：柯尼赛格

量产时间：2016 年

整备质量：1470 千克

柯尼赛格统治者是瑞典柯尼赛格汽车公司研制的中置后驱超级跑车，2016 年开始生产，官方指导价为 1400 万元人民币。该车搭载一台 5 升 V8 双涡轮增压发动机，最大功率达 820 千瓦，峰值扭矩为 1250 牛米。此外，还搭载了 3 台由牛津大学下属的亚萨汽车提供的电动机，其中 2 台亚萨 750 电动机位于后桥左右半轴，直接驱动车轮；1 台亚萨 400 电动机位于发动机前端，与发动机曲轴相连，用于补充发动机的动力输出、发电、启动发动机以及倒车。

法拉利蒙扎 SP 是意大利法拉利汽车公司研制的前置后驱超级跑车，分为单座款（蒙扎 SP1）和双座款（蒙扎 SP2），2019 年开始生产，售价约 250 万美元（约 1700 万元人民币）。法拉利设计中心的设计师赋予法拉利蒙扎 SP 纯粹的造型风格及优雅极简的车身轮廓，完全还原设计稿中每一处线条。该车搭载的 6.5 升 V12 发动机是基于法拉利 812 超高速的发动机打造，最大输出功率达 596 千瓦，峰值扭矩为 718 牛米。在采用了优化进气管的流线动力设计，同时配合车身出色的轻量化以后，法拉利蒙扎 SP 的 0—100 千米/时加速时间仅需 2.9 秒，最高速度超过 300 千米/时。

法拉利蒙扎 SP

所属品牌：法拉利

量产时间：2019 年

整备质量：1520 千克（蒙扎 SP2）

布加迪迪沃

所属品牌：布加迪

量产时间：2019 年

整备质量：1961 千克

布加迪迪沃是法国布加迪汽车公司研制的中置四驱超级跑车，2019 年开始生产，限量生产 40 辆，官方指导价为 4000 万元人民币。布加迪素来专注于直道和最高速度上的表现，例如布加迪威龙和布加迪凯龙，虽然动力无穷，但是由于自身重量过大，在弯道上总是不那么灵敏，直到布加迪迪沃的出现才改变了这一局面。布加迪迪沃搭载 W16 涡轮增压发动机，搭配四驱系统和双离合变速箱，最大功率达 1103 千瓦，0—100 千米/时加速时间仅需 2.4 秒。

兰博基尼 Sian FKP 37

所属品牌：	兰博基尼
量产时间：	2020 年
整备质量：	1620 千克

兰博基尼 Sian FKP 37 是意大利兰博基尼汽车公司研制的跑车，2020 年开始生产，限量生产 63 辆（以纪念兰博基尼成立的 1963 年），官方指导价为 360 万美元（约 2500 万元人民币）。该车的名称是为了纪念大众集团传奇掌门人费迪南德·卡尔·皮耶希，FKP 是他名字的首字母，37 则是他的出生时间。该车与兰博基尼埃文塔多基于同一平台打造，也搭载相同的 6.5 升 V12 自然吸气发动机。不过，兰博基尼 Sian FKP 37 的创新之处在于它让 V12 发动机与装在变速箱中的 48V 电动机合作，以提供更好的反应和性能。兰博基尼 Sian FKP 37 发动机的最大功率达 594 千瓦，0—100 千米/时加速时间仅需 2.8 秒，最高速度达 350 千米/时。

柯尼赛格 Jesko

所属品牌：	柯尼赛格
量产时间：	2020 年
整备质量：	1420 千克

柯尼赛格 Jesko 是瑞典柯尼赛格汽车公司研制的中置后驱超级跑车，2020 年开始生产，官方指导价为 235 万欧元（约 1875 万元人民币）。该车的发动机是在柯尼赛格 Agera 使用的 5 升 V8 双涡轮增压发动机的基础上开发的，使用普通汽油时最大功率为 955 千瓦，使用 E85 生物燃料时最大功率为 1195 千瓦。该车配备了自适应主动后转向系统，可提高响应速度并在高速和低速时增强感应。利用诸如速度、油门和刹车位置、转向和滑动角度等参数的操作，可以将后轮向任一方向转动 3°，以更快地转弯并增加稳定性。

西尔贝大蜥蜴	
所属品牌：	西尔贝
量产时间：	2020 年
整备质量：	1247 千克

西尔贝大蜥蜴是美国西尔贝汽车公司研制的超级跑车，2011 年对外发布，2020 年开始量产。该车的外观采用了仿生学的设计理念，其设计灵感源于新西兰的一种拥有翅膀的大蜥蜴。车上搭载一台 5.9 升 V8 双涡轮增压发动机，如果使用高阶的 E85 乙醇汽油（乙醇含量达 85%），最大功率达 1305 千瓦，而如果使用辛烷值为 91 的汽油，则可产生 1007 千瓦。与之相匹配的是一台 CIMA 七速自动变速箱，在赛道模式下 100 毫秒内就可完成换挡。西尔贝大蜥蜴的最高速度达 483 千米/时。

传奇车型鉴赏：法拉利拉法

基本参数	
车身长度	4702 毫米
车身宽度	1992 毫米
车身高度	1116 毫米
轴距	2650 毫米
整备质量	1585 千克

法拉利拉法是意大利法拉利汽车公司研制的中置后驱超级跑车，为法拉利恩佐的继任者。该车在 2013—2018 年生产，总产量为 710 辆，官方指导价为 2250 万元人民币。

外型设计

法拉利拉法的车身架构在设计初期就给法拉利设计团队带来了挑战。当时的目标是在采用体积庞大的混合动力系统的前提下，实现理想的重量分布（59% 的重量分布在后部）以及紧凑的轴距。最终结果正是所有重量集中于车辆前后轴之间并尽可能地降低车身重心（降低了 35 毫米），从而保证了前所未有的空气动力效率以及紧凑而舒适的尺寸。驾驶舱的布局在这方面起到了非常重要的作用。固定式座椅经过特别定制，而踏板区和方向盘均可调节。

驾驶位置类似于单座赛车。底盘采用了四种以上不同类别的碳纤维，全部手工层压处理并由赛车部门采用与 F1 赛车相同的设计和生产工艺高压铸造。

内饰设计

法拉利拉法配备全新设计的方向盘，集成了各种主要功能，换挡拨片更长、更符合人体工程学原理。独具特色的排挡座采用优美的悬挂翼式外观设计，其上排列着各种 F1 变速箱控制功能。整体内饰给人强烈的赛道气息，充满急速狂飙的魅力。

整体性能

法拉利拉法拥有超凡极致的性能表现、空气动力效率以及操控性，为超级跑车树立了新的标杆。该车采用被称为 HY-KERS 的混合动力系统，一台 6.3 升 V12 自然吸气发动机可输出 588 千瓦的最大功率，电动机独立输出 120 千瓦，使法拉利拉法的联合输出功率高达 708 千瓦。该车配备动态车辆控制系统，这是该系统首次与主动式空气动力学设计和 HY-KERS 系统同时整合在一款公路跑车上。法拉利拉法的 0—100 千米 / 时加速时间小于 3 秒，而 0—300 千米 / 时加速时间只需 15 秒，最高速度达 350 千米 / 时以上。

法拉利拉法车身左侧视角

法拉利拉法内饰设计

5.6 分支更多的运动休旅车

20 世纪 80 年代，SUV 车型一度风靡世界。然而好景不长，1990 年石油危机造成油价数度飙涨，SUV 市场受到极大影响。传统的 SUV 为了顾全越野能力，采用高刚性的分离式大梁底盘和悬吊系统以及四轮传动，造成车重偏重。为了得到足够的牵引力，SUV 都采用高功率、高排气量的发动机，加上重视越野能力使用高底盘的设计来增加进坡角、越坡角和离坡角，风阻系数偏大。种种原因，导致 SUV 的油耗远高于轿车。在油价飙升的时代，SUV 瞬间从最受消费者欢迎的车型变成最不受消费者欢迎的车型。销售量狂降，许多大量研发 SUV 的汽车厂商都因此严重亏损，特别是美国汽车厂商。SUV 的退潮使其发展暂时停顿下来，但也让轿车和旅行车重新获得了发展的空间。

不过，危机也是转机。21 世纪以来，汽车车商重新检讨并改善了 SUV 的最大缺陷——高油耗。如今的 SUV 基于新技术，与过去的传统 SUV 相比，车身的重量已减轻不少，同时外型也更加符合空气动力学，发动机也更加省油。SUV 的省油化加上石油危机的解除以及休旅风气的延续，SUV 终于获得重生。

由于市场越来越热，为了让 SUV 能满足更多不同需求的消费者以扩张市场，各国汽车厂商也做出数种 SUV 的分支车型，这些分支车型都有各自的名称，但大致上仍能被统称为 SUV。这些分支车型包括：跨界运动休旅车（Crossover Utility Vehicle，CUV）、豪华运动休旅车（Luxury Sport Utility Vehicle，LSUV）、都会运动休旅车（Metropolis Sport Utility Vehicle，MSUV）、越野运动休旅车（Sport Utility Vehicle，SUV）。

丰田汉兰达

所属品牌：丰田

量产时间：2000 年

整备质量：1880—2018 千克（第四代）

第四代丰田汉兰达

丰田汉兰达是日本丰田汽车公司从 2000 年开始生产的中型 SUV，在日本市场以丰田 Kluger 的名称发行，2021 年已发展到第四代。第四代车型的车体长 4950—5014 毫米，宽 1930 毫米，高 1730 毫米，轴距为 2850 毫米。该车搭载 2.5 升 I4 汽油发动机（仅中国市场）或 3.5 升 V6 汽油发动机，匹配八速自动变速箱。此外，还有搭载 2.5 升 I4 发动机的混合动力车型。

丰田红杉

所属品牌：丰田

量产时间：2000 年

整备质量：2600 千克（第二代）

第二代丰田红杉

　　丰田红杉是日本丰田汽车公司从 2000 年开始生产的大型 SUV，2007 年推出第二代车型，主要在北美市场销售。第二代车型的车体长 5210 毫米、宽 2029 毫米、高 1956 毫米，轴距为 3099 毫米。该车搭载 4.6 升、4.7 升、5.7 升排量的 V8 汽油发动机，匹配五速自动变速箱或六速自动变速箱。其中，5.7 升 V8 汽油发动机的最大功率为 284 千瓦。

福特锐际

所属品牌：福特

量产时间：2000 年

整备质量：1473—1568 千克（第一代）

第一代福特锐际

　　福特锐际是美国福特汽车公司从 2000 年开始生产的紧凑型 SUV，2021 年已发展到第四代。第一代车型的车体长 4394 毫米、宽 1781 毫米、高 1755 毫米，轴距为 2710 毫米。该车搭载 2 升、2.3 升排量的 I4 发动机，或 3 升排量的 V6 发动机，匹配五速手动变速箱或四速自动变速箱。

第三代讴歌 MDX

讴歌 MDX

所属品牌：讴歌

量产时间：2000 年

整备质量：1796 千克（第三代）

讴歌 MDX 是日本本田汽车公司讴歌事业部研制的前置前驱/四驱 SUV，2000 年开始生产，2021 年已发展到第三代，官方指导价为 69.8 万—84.8 万元人民币。汽油版搭载 3.5 升 V6 自然吸气发动机，匹配九速自动变速箱。该发动机采用了智能动力管理系统技术，能提供最大 231 千瓦的动力输出，以及 368 牛米的峰值扭矩。讴歌 MDX 搭载了 AcuraLink 交互信息系统，为驾驶带来更广泛的便利、多媒体和安全功能。

第三代保时捷卡宴

保时捷卡宴

所属品牌：保时捷

量产时间：2002 年

整备质量：2085 千克（第三代）

保时捷卡宴是德国保时捷汽车公司研制的前置四驱 SUV，2002 年开始生产，2021 年已发展到第三代，官方指导价为 91.3 万—190.8 万元人民币。该车搭载 3 升 V6 双涡轮增压发动机，最大功率为 250 千瓦，峰值扭矩为 450 牛米，0—100 千米/时加速时间为 6.2 秒（选配跑车计时套件可缩短至 5.9 秒），最高速度达 245 千米/时；卡宴 S 搭载 2.9 升 V6 双涡轮增压发动机，最大功率为 324 千瓦，选配跑车计时套件后 0—100 千米/时加速时间为 4.9 秒，最高速度达 265 千米/时；卡宴 Turbo 搭载 4 升双涡轮增压发动机，最大功率为 405 千瓦，0—100 千米/时加速时间为 3.9 秒，选配跑车计时套件后最高速度达 286 千米/时。各车型均采用八速自动变速箱，并标配主动式四轮驱动系统。

大众途锐

所属品牌：大众

量产时间：2002 年

整备质量：2170 千克（第三代）

第三代大众途锐

　　大众途锐是德国大众汽车公司研制的中型 SUV，2002 年开始生产，2021 年已发展到第三代，官方指导价为 56.98 万—82.18 万元人民币。汽油版本搭载 2 升 I4 涡轮增压发动机和 3 升 V6 涡轮增压发动机，柴油版本搭载 3 升 V6 涡轮增压发动机和 4 升 V8 双涡轮增压发动机，此外还有搭载 3 升 V6 涡轮增压发动机和电动机的混动车型。与发动机匹配的是六速自动变速箱或八速自动变速箱。该车配备电子车身稳定系统、主动式胎压监测系统、疲劳警示系统等一系列驾驶辅助功能。此外，还有预碰撞安全系统。

沃尔沃 XC90

所属品牌：沃尔沃

量产时间：2002 年

整备质量：2078 千克（第二代）

第二代沃尔沃 XC90

　　沃尔沃 XC90 是瑞典沃尔沃汽车公司研制的 SUV，2002 年开始生产，2015 年推出第二代车型，官方指导价为 63.39 万—83.39 万元人民币。T5 版搭载 2 升 Drive-E T5 涡轮增压发动机，最大功率为 180 千瓦，匹配八速手自一体变速箱，0—100 千米/时加速时间为 8.2 秒；T6 版搭载的 2 升 Drive-E T6 双涡轮增压发动机，最大功率为 235 千瓦，匹配八速手自一体变速箱，0—100 千米/时加速时间为 6.5 秒；T8 混动版搭载由 2 升 Drive-E 双涡轮增压发动机和电动机组成的动力系统，0—100 千米/时加速时间为 5.6 秒。

林肯飞行家

所属品牌：林肯

量产时间：2002 年

整备质量：2053 千克（第二代）

第二代林肯飞行家

林肯飞行家是美国林肯汽车公司研制的前置后驱/四驱 SUV，2002—2005 年生产第一代车型，2019 年推出第二代车型，官方指导价为 62.88 万—68.88 万元人民币。第一代车型搭载一台全铝的 4.6 升 V8 发动机，最大功率为 222 千瓦，峰值扭矩为 407 牛米。与发动机匹配的是五速自动变速箱。第二代车型燃油版搭载一台 3 升 V6 双涡轮增压发动机，最大功率为 261 千瓦、峰值扭矩为 553 牛米；混动版则搭载 3 升 V6 双涡轮增压发动机和一台电动机，综合最大功率达 329 千瓦、峰值扭矩达 813 牛米，混动油耗仅为 2.8 升。

凯迪拉克 SRX

所属品牌：凯迪拉克

量产时间：2003 年

整备质量：2015 千克（第二代四驱版）

第二代凯迪拉克 SRX

凯迪拉克 SRX 是美国通用汽车公司凯迪拉克事业部在 2003—2016 年生产的 SUV，一共发展了两代。2003—2010 年生产的第一代车型为前置后驱，并有四驱版本，有 3.6 升 V6 发动机和 4.6 升 V8 发动机两种动力配置，匹配五速自动变速箱或六速自动变速箱。2011—2016 年生产的第二代车型为前置前驱，同样有四驱版本，有 2.8 升 V6 发动机、3 升 V6 发动机和 3.6 升 V6 发动机三种动力配置，匹配六速自动变速箱。

英菲尼迪 QX80

所属品牌：英菲尼迪

量产时间：2004 年

整备质量：2785 千克（第二代）

第二代英菲尼迪 QX80

英菲尼迪 QX80 是日本英菲尼迪汽车公司研制的前置后驱/四驱 SUV，2004 年开始生产，2010 年推出第二代车型，官方指导价为 113.8 万元人民币。该车搭载一台型号为 VK56 的 5.6 升 V8 自然吸气发动机，最大功率为 324 千瓦，峰值扭矩 555 牛米，在发动机转速达到 4000 转/分时爆发出来。传动系统方面，英菲尼迪 QX80 采用带有自适应学习程序的七速手自一体变速箱。

奥迪 Q7

所属品牌：奥迪

量产时间：2005 年

整备质量：1910 千克（第二代）

第二代奥迪 Q7

奥迪 Q7 是德国奥迪汽车公司研制的前置四驱 SUV，2005 年开始生产，2015 年推出第二代车型，官方指导价为 68.98 万—86.68 万元人民币。入门车型使用的 2 升 I4 涡轮增压发动机，最大功率为 185 千瓦，峰值扭矩 370 牛米，0—100 千米/时加速时间为 6.9 秒。中高配车型搭载 3 升 V6 涡轮增压发动机，最大功率为 250 千瓦，峰值扭矩为 450 牛米，0—100 千米/时加速时间为 6.1 秒。全系车型均配备八速自动变速箱，以及 Quattro 全时四驱系统。入门车型没有配备空气悬架，所以在乘坐舒适性方面不及中高配车型。

第三代梅赛德斯-奔驰 GLS 级

梅赛德斯-奔驰 GLS 级

所属品牌：梅赛德斯-奔驰

量产时间：2006 年

整备质量：2410 千克（第三代）

梅赛德斯-奔驰 GLS 级是德国梅赛德斯-奔驰汽车公司研制的前置四驱 SUV，2006 年开始生产，2021 年已发展到第三代，官方指导价为 103.8 万—126.8 万元人民币。GLS 450 4MATIC 搭载 3 升 V6 双涡轮增压发动机，最大功率为 270 千瓦，峰值扭矩为 500 牛米，0—100 千米/时加速时间为 6.2 秒。GLS 580 4MATIC、Maybach GLS 600 4MATIC 和 AMG GLS 63 4MATIC+ 均搭载 4 升 V8 双涡轮增压发动机，其中 AMG GLS 63 4MATIC+ 的最大功率为 450 千瓦，峰值扭矩为 850 牛米，0—100 千米/时加速时间为 4.2 秒。此外，柴油版本 GLS 350d 4MATIC 和 GLS 400d 4MATIC 均搭载 2.9 升 I6 双涡轮增压发动机，0—100 千米/时加速时间分别是 7 秒和 6.3 秒。各个车型均配备九速自动变速箱，以及多路况适应系统、空气悬架和四驱系统。

第二代福特锐界

福特锐界

所属品牌：福特

量产时间：2006 年

整备质量：1774—1840 千克（第二代）

福特锐界是美国福特汽车公司在 2006 年开始生产的中型 SUV，2015 年推出第二代车型。第二代车型的车体长 4779 毫米、宽 1928 毫米、高 1742 毫米，轴距为 2850 毫米。动力配置方面，有 2 升 I4 涡轮增压汽油发动机、2.7 升 V6 涡轮增压汽油发动机、3.5 升 V6 汽油发动机、2 升 I4 柴油发动机等。与发动机匹配的是六速手动变速箱、六速自动变速箱或八速自动变速箱。

宝马 X6

所属品牌：宝马

量产时间：2007 年

整备质量：2055 千克

第三代宝马 X6

宝马 X6 是德国宝马汽车公司研制的前置四驱 SUV，2007 年开始生产，2021 年已发展到第三代，官方指导价为 76.69 万—93.69 万元人民币。宝马 X6 xDrive40i 搭载 3 升 I6 涡轮增压发动机，最大功率为 250 千瓦，峰值扭矩为 450 牛米，0—100 千米/时加速时间为 5.5 秒。而 X6 M50i、X6 M 和 X6 M Competition 车型均搭载 4.4 升 V8 双涡轮增压发动机，视调校不同，0—100 千米/时加速时间在 3.7—4.3 秒。宝马 X6 配备了动态驱动力分配系统，以强化车辆在行车稳定性和操控精准性上的表现，同时配合 xDrive AWD 系统合理地分配前后车轴之间的驱动力。

大众途观

所属品牌：大众

量产时间：2007 年

整备质量：1490—1917 千克（第二代）

第二代大众途观

大众途观是德国大众汽车公司从 2007 年开始生产的 SUV，2016 年推出第二代车型，官方指导价为 18.98 万—31.58 万元人民币。其车体长 4486—4509 毫米（长轴距版为 4712—4720 毫米）、宽 1839—1859 毫米、高 1673 毫米，轴距为 2681 毫米（长轴距版为 2791 毫米）。标准轴距版主要在欧洲销售，长轴距版则在欧洲、北美、中国和其他市场销售。动力配置方面，有 1.4 升 I4 涡轮增压汽油发动机、1.5 升 I4 涡轮增压汽油发动机、2 升 I4 涡轮增压汽油发动机、1.6 升 I4 涡轮增压柴油发动机、2 升 I4 涡轮增压柴油发动机等。

梅赛德斯 - 奔驰 GLK 级

所属品牌：梅赛德斯 - 奔驰

量产时间：2008 年

整备质量：1850 千克

梅赛德斯 - 奔驰 GLK 级是德国梅赛德斯 - 奔驰汽车公司在 2008—2015 年生产的 SUV，官方指导价为 37.8 万—55.8 万元人民币。其车体长 4526 毫米、宽 1839 毫米、高 1699 毫米，轴距为 2756 毫米。该车有多种动力配置，包括 3 升 V6 发动机、3.5 升 V6 发动机、2.1 升 I4 发动机和 3 升 V6 发动机。与发动机匹配的是七速自动变速箱。

奥迪 Q5

所属品牌：奥迪

量产时间：2008 年

整备质量：1850 千克（第二代）

第二代奥迪 Q5

奥迪 Q5 是德国奥迪汽车公司研制的前置后驱/四驱 SUV，2008 年开始生产，2016 年推出第二代，官方指导价为 38.78 万—49.8 万元人民币。该车配备的 2 升 I4 涡轮增压燃油直喷发动机，从 2005 年到 2009 年连续 5 次获得"世界十佳发动机"殊荣。其最大功率为 155 千瓦，在 1500—4200 转/分时可持续输出 350 牛米的峰值扭矩，0—100 千米/时加速时间仅需 8.6 秒。与发动机匹配的是八速自动变速箱。奥迪 Q5 还有混合动力版，能够实现 180 千瓦的总系统输出功率和 480 牛米的峰值扭矩，0—100 千米/时加速时间为 7.1 秒，最高速度为 225 千米/时。

沃尔沃 XC60

所属品牌：沃尔沃
量产时间：2008 年
整备质量：2081 千克（第二代）

第二代沃尔沃 XC60

沃尔沃 XC60 是瑞典沃尔沃汽车公司研制的前置前驱 / 四驱 SUV，2008 年开始生产，2017 年推出第二代车型，官方指导价为 35.89 万—51.99 万元人民币。该车有三种动力配置，分为搭载低功率 / 高功率的涡轮增压发动机的 T4/T5 车型，以及油电混合动力车型 T8。作为车系的旗舰，沃尔沃 XC60 T8 搭载了最大功率为 235 千瓦、峰值扭矩为 400 牛米的双涡轮增压发动机，以及最大功率为 64 千瓦、峰值扭矩为 240 牛米的电动机，综合最大功率为 299 千瓦，峰值扭矩为 640 牛米。

标致 3008

所属品牌：标致
量产时间：2008 年
整备质量：1640 千克（第二代）

第二代标致 3008

标致 3008 是法国标致汽车公司在 2008 年生产的紧凑型 SUV，2016 年推出第二代车型，官方指导价为 13.97 万—22.32 万元人民币。第二代车型的车体长 4450 毫米、宽 1840 毫米、高 1620 毫米，轴距为 2675 毫米。该车有多种动力配置，包括 1.2 升 I3 涡轮增压汽油发动机、1.6 升 I4 涡轮增压汽油发动机、1.5 升 I4 柴油发动机、1.6 升 I4 柴油发动机、2 升 I4 柴油发动机等。与发动机匹配的是五速手动变速箱、六速手动变速箱、六速自动变速箱或八速自动变速箱。

福特翼虎
所属品牌：福特
量产时间：2008 年
整备质量：1580—1707 千克（第二代）

第二代福特翼虎

福特翼虎是美国福特汽车公司从 2008 年开始生产的紧凑型 SUV，2012 年推出第二代车型，均采用前置前驱布局。第二代车型的车体长 4524 毫米、宽 1838 毫米、高 1702 毫米，轴距为 2690 毫米。动力配置方面，有 1.5 升涡轮增压汽油发动机、1.6 升涡轮增压汽油发动机、2 升涡轮增压汽油发动机、2.5 升涡轮增压汽油发动机、2 升涡轮增压柴油发动机等。与发动机匹配的是六速手动变速箱或六速自动变速箱。

标致 5008
所属品牌：标致
量产时间：2009 年
整备质量：1385—1682 千克（第二代）

第二代标致 5008

标致 5008 是法国标致汽车公司从 2009 年开始生产的紧凑型 SUV，2017 年推出第二代车型，官方指导价为 18.77 万—27.37 万元人民币。第二代车型的车体长 4640 毫米、宽 1840 毫米、高 1640 毫米，轴距为 2840 毫米。该车有多种动力配置，包括 1.2 升 I3 涡轮增压汽油发动机、1.6 升 I4 涡轮增压汽油发动机、1.5 升 I4 柴油发动机和 2 升 I4 柴油发动机等，匹配五速手动变速箱、六速手动变速箱、六速自动变速箱或八速自动变速箱。

奥迪 Q3

所属品牌：奥迪

量产时间：2011 年

整备质量：1530—1710 千克

第二代奥迪 Q3

奥迪 Q3 是德国奥迪汽车公司从 2011 年开始生产的 SUV，2018 年推出第二代车型，官方指导价为 27.43 万—35.68 万元人民币。第二代车型的车体长 4485 毫米、宽 1856 毫米、高 1585 毫米，轴距为 2680 毫米。该车有多种动力配置，包括 1.4 升 I4 涡轮增压汽油发动机、1.5 升 I4 涡轮增压汽油发动机、2 升 I4 涡轮增压汽油发动机、2.5 升 I5 涡轮增压汽油发动机、2 升 I4 涡轮增压柴油发动机等。与发动机匹配的是六速手动变速箱、六速双离合变速箱或七速双离合变速箱。

英菲尼迪 QX60

所属品牌：英菲尼迪

量产时间：2012 年

整备质量：1941 千克

英菲尼迪 QX60 是日本英菲尼迪汽车公司研制的前置前驱/四驱 SUV，2012 年开始生产，官方指导价为 47.98 万—56.98 万元人民币。汽油版搭载一台 3.5 升 V6 发动机，混动版搭载一台 2.5 升 I4 发动机和一台电动机。该车采用了无级变速技术，驾驶者无需换挡就能加速，操控起来非常方便。英菲尼迪 QX60 配备倒车碰撞预防系统，在倒车过程中能够避免碰撞的发生。此外，还有车距控制辅助系统，能够帮助驾驶者与前车保持安全车距。而智能刹车辅助系统在可能发生碰撞时，会向驾驶者发出警告。

梅赛德斯-奔驰 GLA 级

所属品牌：梅赛德斯-奔驰

量产时间：2013 年

整备质量：1505—1585 千克（第一代）

第一代梅赛德斯-奔驰 GLA 级

梅赛德斯-奔驰 GLA 级是德国梅赛德斯-奔驰汽车公司于 2013 年开始生产的 SUV，2020 年推出第二代车型，官方指导价为 27.68 万—33.28 万元人民币。第一代车型的车体长 4417 毫米、宽 1804 毫米、高 1494 毫米，轴距为 2699 毫米。该车有多种动力配置，包括 1.6 升 I4 汽油发动机、2 升 I4 汽油发动机、1.5 升 I4 柴油发动机、2.1 升 I4 柴油发动机等。与发动机匹配的是六速手动变速箱或七速自动变速箱。

标致 2008

所属品牌：标致

量产时间：2013 年

整备质量：1189—1235 千克（第二代）

第二代标致 2008

标致 2008 是法国标致汽车公司从 2013 年开始生产的小型 SUV，2019 年推出第二代车型，官方指导价为 10.99 万—14.99 万元人民币。第二代车型的车体长 4300 毫米、宽为 1770 毫米、高 1530 毫米，轴距为 2605 毫米。该车搭载 1.2 升 I3 涡轮增压汽油发动机或 1.5 升 I4 柴油发动机，匹配六速手动变速箱或八速自动变速箱。

保时捷玛卡

所属品牌:保时捷

量产时间:2014 年

整备质量:1865 千克

保时捷玛卡是德国保时捷汽车公司研制的前置四驱 SUV,2014 年开始生产,官方指导价为 54.5 万—92.5 万元人民币。得益于与奥迪 Q5 同平台的优势,保时捷玛卡的动力系统同样将从奥迪 Q5 移植而来,但调校有所提升。入门级车型搭载 2 升 I4 涡轮增压发动机,最大功率调高至 185 千瓦,峰值扭矩为 370 牛米;动力更好的玛卡 S 则搭载最大功率为 250 千瓦的 3 升 V6 双涡轮增压发动机,峰值扭矩为 460 牛米。此外,玛卡 Turbo 搭载 3.6 升双涡轮增压发动机,最大功率达 294 千瓦,峰值扭矩为 550 牛米。传动方面,有七速手动变速箱和七速双离合变速箱。

宝马 X4

所属品牌:宝马

量产时间:2014 年

整备质量:1715 千克(第二代)

第二代宝马 X4

宝马 X4 是德国宝马汽车公司研制的前置四驱 SUV,2014 年开始生产,2018 年推出第二代车型,官方指导价为 45.59 万—58.59 万元人民币。该车搭载 2 升 I4 涡轮增压发动机和 3 升 I6 涡轮增压发动机,两款发动机均有柴油版本。其中,搭载 3 升 I6 涡轮增压发动机的 M Competition 车型只需 4 秒即可从静止加速至 100 千米/时,最大功率为 370 千瓦,峰值扭矩为 600 牛米。宝马 X4 各个车型均配备 ZF 八速双离合变速箱,以及独特的 xDrive 全轮驱动系统。

宾利添越

所属品牌：	宾利
量产时间：	2015 年
整备质量：	2440 千克

宾利添越是英国宾利汽车公司研制的前置四驱 SUV，2015 年开始生产，官方指导价为 246.2 万—398 万元人民币。该车搭载一台 6 升 W12 双涡轮增压发动机，最大输出功率为 447 千瓦，峰值扭矩为 900 牛米。与发动机匹配的是八速自动变速箱。官方称，该车 0—100 千米 / 时加速时间为 4.1 秒，最高速度达 301 千米 / 时。宾利添越提供多达 8 种公路与越野驾驶模式，将宾利原汁原味的奢华和性能展现得淋漓尽致。该车不仅能在宽阔道路上疾驰，也能在各种野外路况下行驶，即使纵横倾角达 35°的严苛地形，也能轻松翻越。

梅赛德斯 - 奔驰 GLC 级

所属品牌：	梅赛德斯 - 奔驰
量产时间：	2015 年
整备质量：	1790 千克

梅赛德斯 - 奔驰 GLC 级是德国梅赛德斯 - 奔驰汽车公司研制的前置后驱 / 四驱 SUV，2015 年开始生产，官方指导价为 39.48 万—58.78 万元人民币。该车将 SUV 的力量与梅赛德斯 - 奔驰的优雅充分结合，有多种动力配置可选，汽油版本包括 2 升 I4 涡轮增压发动机、3 升 V6 双涡轮增压发动机和 4 升 V8 双涡轮增压发动机，柴油版包括 2 升 I4 涡轮增压发动机和 2.2 升 I4 涡轮增压发动机。各个车型均配备九速自动变速箱，换挡操作快速、平顺，且有助于降低油耗。

玛莎拉蒂莱万特

所属品牌：玛莎拉蒂

量产时间：2016 年

整备质量：2109 千克

  玛莎拉蒂莱万特是意大利玛莎拉蒂汽车公司研制的前置四驱 SUV，2016 年开始生产，官方指导价为 96.18 万—122.98 万元人民币。该车有 3 升 V6 双涡轮增压汽油发动机、3.8 升 V8 双涡轮增压汽油发动机，以及 3 升 V6 涡轮增压柴油发动机三种选择。传动方面，搭载八速自动变速箱，并配备一套四驱系统。玛莎拉蒂莱万特汽油版各车型的 0—100 千米/时加速时间在 3.9—6 秒，柴油版则为 6.9 秒。玛莎拉蒂莱万特采用前双叉臂、后五连杆的独立悬架组合，并配备了空气悬架，共有 6 种车身高度，除常规的越野、普通、运动等五种模式外，还有一个上下车自动调节悬架模式，停车时挂入 P 挡熄火，车身会自动下降，以方便驾乘者进出。

奥迪 Q2

所属品牌：奥迪

量产时间：2016 年

整备质量：1205 千克

  奥迪 Q2 是德国奥迪汽车公司从 2016 年开始生产的 SUV，出自大众集团 MQB 平台，官方指导价为 21.88 万—26.5 万元人民币。其车体长 4191 毫米、宽 1794 毫米、高 1508 毫米，轴距为 2601 毫米。该车有多种动力配置，包括 1 升 I3 涡轮增压汽油发动机、1.4 升 I4 涡轮增压汽油发动机、2 升 I4 涡轮增压汽油发动机、1.6 升 I4 涡轮增压柴油发动机、2 升 I4 涡轮增压柴油发动机。与发动机匹配的是六速手动变速箱或七速自动变速箱。

捷豹 F-Pace

所属品牌：捷豹

量产时间：2016 年

整备质量：1775 千克

捷豹 F-Pace 是英国捷豹汽车公司研制的前置四驱 SUV，2016 年开始生产，官方指导价为 47.58 万—78.78 万元人民币。入门车型搭载低功率 2 升 I4 涡轮增压发动机，最大功率为 184 千瓦，峰值扭矩为 365 牛米，而 300-Sport 运动版车型则使用了高功率 2 升 I4 涡轮增压发动机，最大功率达 221 千瓦，峰值扭矩为 400 牛米，0—100 千米/时加速时间为 6.1 秒。顶配车型则使用了 3 升 V6 机械增压发动机，最大功率为 279 千瓦，峰值扭矩为 450 牛米。传动系统方面，全系车型均搭载八速自动变速箱，并且提供了换挡拨片。

凯迪拉克 XT5

所属品牌：凯迪拉克

量产时间：2016 年

整备质量：1931—1976 千克（四驱版）

凯迪拉克 XT5 是美国通用汽车公司凯迪拉克事业部研制的 SUV，出自通用汽车 C1XX 平台，官方指导价为 33.27 万—47.27 万元人民币。其车体长 4815 毫米、宽 1903 毫米、高 1675 毫米，轴距为 2857 毫米。中国版本搭载 2 升 I4 涡轮增压发动机，美国版本则搭载 3.6 升 V6 发动机。变速箱方面，2016—2019 年采用八速自动变速箱，2020 年开始改用九速自动变速箱。

阿尔法·罗密欧斯泰尔维奥

所属品牌：阿尔法·罗密欧

量产时间：2016 年

整备质量：1660 千克

阿尔法·罗密欧斯泰尔维奥是意大利阿尔法·罗密欧汽车公司研制的前置后驱/四驱 SUV，2016 年开始生产，官方指导价为 45.68 万—127.98 万元人民币。该车搭载 2 升 I4 涡轮增压发动机，提供 147 千瓦和 206 千瓦两种不同功率选择，并以相应的车型命名标注，两款车型所对应的峰值扭矩分别为 330 牛米和 400 牛米。与发动机匹配的是 ZF 八速自动变速箱。该车全系标配了运用于赛车的碳纤维传动轴，进一步助力整车轻量化，并有效提升加速度。此外，全铝悬架系统可确保良好的驾驶体验和优异的操控性。

丰田 C-HR

所属品牌：丰田

量产时间：2016 年

整备质量：1380—1460 千克

丰田 C-HR 是日本丰田汽车公司从 2016 年开始生产的小型 SUV，2016 年 12 月开始在日本销售，2017 年开始在欧洲、北美销售，2018 年开始在东南亚、中国销售。其车体长 4360—4385 毫米、宽 1795 毫米、高 1565 毫米，轴距为 2640 毫米。该车搭载 1.2 升、1.8 升、2 升排量的 I4 汽油发动机，匹配六速手动变速箱或七速无级变速箱。此外，还有混合动力车型。

大众阿特拉斯

所属品牌：大众

量产时间：2017 年

整备质量：1945—2125 千克

大众阿特拉斯是德国大众汽车公司从 2017 年开始生产的中大型 SUV，在中国、俄罗斯、墨西哥和中东等国家和地区的名称为途昂（Teramont）。其车体长 5040 毫米、宽 1990 毫米、高 1780 毫米，轴距为 2980 毫米。该车搭载 2 升 I4 高 / 低功率涡轮增压发动机、2.5 升 V6 发动机或 3.6 升 V6 发动机，匹配七速双离合变速箱或八速自动变速箱。在配置方面，该车款有标配或选配自适应巡航、盲点监测、车道保持、防碰撞预警、前排座椅加热 / 通风、方向盘加热、全景天窗等功能。

大众探歌

所属品牌：大众

量产时间：2017 年

整备质量：1270—1555 千克

大众探歌是德国大众汽车公司从 2017 年开始生产的 SUV，官方指导价为 15.78 万—20.49 万元人民币。其车体长 4234 毫米、宽 1819 毫米、高 1573 毫米，轴距为 2590 毫米。该车有多种动力配置，包括 1 升 I3 涡轮增压汽油发动机、1.2 升 I4 涡轮增压汽油发动机、1.4 升 I4 涡轮增压汽油发动机、1.5 升 I4 涡轮增压汽油发动机、2 升 I4 涡轮增压汽油发动机、1.6 升 I4 涡轮增压柴油发动机、2 升 I4 涡轮增压柴油发动机等。与发动机匹配的是五速手动变速箱、六速手动变速箱或七速双离合变速箱。

兰博基尼野牛

所属品牌：兰博基尼

量产时间：2018 年

整备质量：2200 千克

兰博基尼野牛是意大利兰博基尼汽车公司研制的前置四驱 SUV，2018 年开始生产，官方指导价为 291.2 万—294.1 万元人民币。该车并未搭载兰博基尼著名的 V10 自然进气发动机（原概念车所使用的发动机）及 V12 自然进气发动机，而是采用全新开发的 4 升 V8 双涡轮增压发动机，最大功率达 471 千瓦，峰值扭矩 850 牛米，最大转速 6800 转 / 分，成为兰博基尼史上第一款采用涡轮增压发动机的量产车。该车除了装备有 24 英寸的碳黑色轮毂外，还配备了兰博基尼埃文塔多的碳纤维陶瓷刹车系统。

宝马 X7

所属品牌：宝马

量产时间：2018 年

整备质量：2320 千克

宝马 X7 是德国宝马汽车公司研制的前置四驱 SUV，2018 年开始生产，官方指导价为 100 万—162.8 万元人民币。该车搭载 3 升 I6 涡轮增压发动机和 4.4 升 V8 双涡轮增压发动机，其中 3 升 I6 发动机的最大功率为 250 千瓦，峰值扭矩为 447 牛米；而 4.4 升 V8 发动机的最大功率为 340 千瓦，峰值扭矩为 649 牛米。两种发动机均匹配八速自动变速箱和 xDrive 四驱系统，0—100 千米 / 时加速时间分别为 5.8 秒和 5.2 秒。

奥迪 Q8
所属品牌：奥迪
量产时间：2018 年
整备质量：2145 千克

奥迪 Q8 是德国奥迪汽车公司研制的前置四驱 SUV，2018 年开始生产，官方指导价为 76.88 万—101.88 万元人民币。该车将运动性、功能性、高科技和豪华品质巧妙地融为一体。带有连续可变阻尼控制的四角形空气悬架系统，彻底解决了豪华汽车卓越操控特性与悬架舒适性之间一直存在的矛盾冲突。奥迪 Q8 根据不同的使用需求，提供了 3 升 V6 涡轮增压发动机与 4 升 V8 涡轮增压发动机两种动力规格，同时匹配八速手自一体变速箱。各车型 0—100 千米 / 时加速时间在 3.8—7.1 秒，最高速度在 233—250 千米 / 时。

大众途铠
所属品牌：大众
量产时间：2018 年
整备质量：1245—1390 千克

大众途铠是德国大众汽车公司从 2018 年开始生产的小型 SUV，官方指导价为 11.49 万—15.99 万元人民币。其车体长 4108 毫米、宽 1760 毫米、高 1583 毫米，轴距为 2551 毫米。该车有多种动力配置，包括 1 升 I3 涡轮增压汽油发动机、1.4 升 I4 涡轮增压汽油发动机、1.5 升 I4 汽油发动机、1.5 升 I4 涡轮增压汽油发动机、1.6 升 I4 汽油发动机、1.6 升 I4 涡轮增压柴油发动机等。与发动机匹配的是五速手动变速箱、六速手动变速箱、六速自动变速箱或七速双离合变速箱。

大众途岳

所属品牌：大众

量产时间：2018 年

整备质量：1405—1590 千克

大众途岳是上汽大众汽车公司从 2018 年开始生产的 SUV，官方指导价为 16.58 万—22.38 万元人民币。2020 年，该车开始在美洲生产，命名为大众 Taos。其车体长 4465 毫米、宽 1841 毫米、高 1602 毫米，轴距为 2690 毫米。该车有多种动力配置，包括 1.2 升 I4 涡轮增压发动机、1.4 升 I4 涡轮增压发动机、1.5 升 I4 涡轮增压发动机、1.6 升 I4 发动机、2 升 I4 涡轮增压发动机等。与发动机匹配的是五速手动变速箱、六速手动变速箱、六速自动变速箱、八速自动变速箱或七速双离合变速箱。

大众探岳

所属品牌：大众

量产时间：2018 年

整备质量：1545—1835 千克

大众探岳是一汽大众汽车公司从 2018 年开始生产的 SUV，主要在中国市场销售，官方指导价为 18.69 万—26.49 万元人民币。其车体长 4589 毫米、宽 1860 毫米、高 1660 毫米，轴距为 2731 毫米。该车有 1.4 升 I4 发动机和 2 升 I4 发动机两种动力配置，均匹配七速双离合变速箱。

凯迪拉克 XT4

所属品牌：凯迪拉克

量产时间：2018 年

整备质量：1660 千克

凯迪拉克 XT4 是美国通用汽车公司凯迪拉克事业部研制的 SUV，出自通用汽车 E2XX 平台，官方指导价为 25.97 万—39.17 万元人民币。其车体长 4600 毫米、宽 1880 毫米、高 1630 毫米，轴距为 2780 毫米。该车搭载一台 2 升 I4 涡轮增压发动机，最大功率为 177 千瓦，峰值扭矩为 350 牛米。与发动机匹配的是九速自动变速箱。

梅赛德斯 - 奔驰 GLB 级

所属品牌：梅赛德斯 - 奔驰

量产时间：2019 年

整备质量：1300—1445 千克

梅赛德斯 - 奔驰 GLB 级是德国梅赛德斯 - 奔驰汽车公司研制的 SUV，2019 年开始生产，官方指导价为 29.28 万—34.88 万元人民币。其车体长 4634 毫米、宽 1834 毫米、高 1658 毫米，轴距为 2829 毫米。该车有 3 种动力配置，包括 1.3 升 I4 涡轮增压汽油发动机、2 升 I4 涡轮增压汽油发动机、2 升 I4 涡轮增压柴油发动机。与发动机匹配的是七速双离合变速箱或八速双离合变速箱。

凯迪拉克 XT6

所属品牌：凯迪拉克

量产时间：2019 年

整备质量：2014 千克

凯迪拉克 XT6 是美国凯迪拉克汽车公司研制的前置前驱/四驱 SUV，官方指导价为 38.97 万—54.97 万元人民币。该车搭载一台可实现闭缸技术的 2 升涡轮增压发动机，最大功率为 172 千瓦，峰值扭矩为 350 牛米。该发动机集成可变气门管理技术，实时监测不同的动力需求，智能自动调节发动机进气门开闭程度，带来"四缸高性能模式""四缸经济模式""两缸超经济模式"三种工况。与发动机匹配的是九速自动变速箱，细密的挡位设置，搭配智能换挡逻辑，换挡平顺自如。

阿斯顿·马丁 DBX

所属品牌：阿斯顿·马丁

量产时间：2020 年

整备质量：2245 千克

阿斯顿·马丁 DBX 是英国阿斯顿·马丁汽车公司研制的前置四驱 SUV，2020 年开始生产，官方指导价为 237.8 万元人民币。该车搭载 4 升 V8 双涡轮增压发动机和九速自动变速箱，动力输出高达 405 千瓦和 700 牛米。同时，其所搭载的自动闭缸技术可提高燃油经济性，驱动阿斯顿·马丁 DBX 从静止加速至 100 千米/时仅需 4.5 秒，最高速度达 291 千米/时。配备主动式中央分动箱与电控后限滑差速器的全时四驱系统与三腔室空气弹簧、自适应可调阻尼避震、48V 电控主动式防倾杆一起组成领先同级的底盘技术，可从容应对各种路况。

大众揽境	
所属品牌：	大众
量产时间：	2021 年
整备质量：	2000 千克

大众揽境是一汽大众汽车公司从 2021 年开始生产的大型 SUV，主要在中国市场销售。其车体长 5152 毫米、宽 2002 毫米、高 1795 毫米，轴距为 2980 毫米，提供 6 座和 7 座配置。该车搭载 2 升 I4 涡轮增压发动机或 2.5 升 V6 涡轮增压发动机，匹配七速双离合变速箱和 4Motion 四驱系统。其中，2.5 升 V6 涡轮增压发动机的最大功率为 220 千瓦，峰值扭矩为 500 牛米。

传奇车型鉴赏：劳斯莱斯库里南

基本参数	
车身长度	5341 毫米
车身宽度	2164 毫米
车身高度	1835 毫米
轴距	3295 毫米
整备质量	2660 千克

劳斯莱斯库里南是英国劳斯莱斯汽车公司研制的前置四驱 SUV，2018 年开始生产，官方指导价为 610 万—780 万元人民币。

外型设计

劳斯莱斯库里南与劳斯莱斯幻影第八代出自同一平台，也是劳斯莱斯推出的第二款铝制结构车型，车头方方正正，辨识度很高。劳斯莱斯库里南采用帕特农神庙样式进气格栅，搭配矩形前大灯组彰显出车辆的奢华本色。发动机盖上隆起的线条让整车的威严感更加强烈，劳斯莱斯车标和欢庆女神伫立于车头，更具气势。该车采用对开门设计，开门时车身会自动下降 40 毫米，方便乘客上下车，启动后车身则会自动升高。在车尾，库里南有一个浪漫功能——伸缩式揽景座椅，只需一键开启，隐藏在后备箱的两个真皮座椅和鸡尾酒桌便会缓缓展开。

内饰设计

劳斯莱斯库里南内饰大量使用高档真皮覆盖，并采用大量平直的线条，中控面板的边框由手工打磨的金属条包裹，不仅将上部的仪表板和中部的控制台连接起来，更通过容纳仪表板上的横向设计元素，增加了掌控感。在副驾驶座前还镶嵌有一块石英表，彰显了属于劳斯莱斯特有的贵族气质。方向盘沿用了经典的三辐式造型，但是整体设计更加小巧、厚实，并且内部包裹有可加热的柔软材质。

整体性能

劳斯莱斯库里南放弃了劳斯莱斯一直以来沿用的 V12 自然吸气发动机，转而使用全新设计的 6.75 升 V12 双涡轮增压发动机，最大功率为 419 千瓦，峰值扭矩为 850 牛米。与发动机匹配的是八速自动变速箱和全时四驱系统，官方给出的 0—100 千米/时加速时间为 5.2 秒。

劳斯莱斯库里南侧前方视角

劳斯莱斯库里南内饰设计

5.7 覆盖更广的多功能休旅车

21 世纪以来，有些汽车厂商利用大型 MPV 车内的空间，配置高级设备作为豪华汽车出售，如丰田埃尔法和梅赛德斯 - 奔驰 Vaneo 都设有顶级特别型号。另外，小型 MPV 也开始在市场上蔚然成风,这种车型的车身长度小于4100毫米,乘坐人数为5人,座椅配置采用两排。至此,大型、紧凑型、中型、小型和迷你型五类MPV在市场上齐头并进,能满足不同层次消费者的需求。

丰田 bB

所属品牌：丰田

量产时间：2000 年

整备质量：1040—1120 千克（第二代）

第二代丰田 bB

丰田 bB 是日本丰田汽车公司在 2000—2016 年生产的小型 MPV,一共发展了两代。第二代车型的车体长 3785—3800 毫米、宽 1690 毫米、高 1635 毫米,轴距为 2540 毫米。该车搭载 1.3 升或 1.5 升排量的 I4 发动机,匹配四速自动变速箱。

丰田诺亚

所属品牌：丰田

量产时间：2001 年

整备质量：1560—1730 千克（第三代）

第三代丰田诺亚

丰田诺亚是日本丰田汽车公司从 2001 年开始生产的 MPV,2021 年已发展到第三代。该车采用前置前驱布局,也可选择四驱版。第三代车型的车体长 4695—4795 毫米、宽 1695—1735 毫米、高 1825—1870 毫米,轴距为 2850 毫米。该车搭载一台 2 升 I4 汽油发动机,最大功率为 112 千瓦。此外,还有搭载 1.8 升 I4 汽油发动机和 5JM 电动机的混合动力车型。

梅赛德斯 - 奔驰 Vaneo

所属品牌：梅赛德斯 - 奔驰

量产时间：2002 年

整备质量：1310—1425 千克

　　梅赛德斯 - 奔驰 Vaneo 是德国梅赛德斯 - 奔驰汽车公司在 2002—2005 年生产的 MPV，采用了当时梅赛德斯 - 奔驰的家族式外型设计，其"三明治"车身设计与当时的梅赛德斯 - 奔驰 A 级相同，所以整体造型的视觉重心较高。车内采用模块化座椅布局，两个侧滑门可以使乘客轻松地进入车舱。该车共有 3 种动力配置，分别是 1.6 升 I4 汽油发动机、1.9 升 I4 汽油发动机以及 1.7 升 I4 柴油发动机。变速箱则也有 3 种，分别是五速手动变速箱、五速半自动变速箱以及五速自动变速箱，驱动方式为前轮驱动。

丰田埃尔法

所属品牌：丰田

量产时间：2002 年

整备质量：1920—2220 千克（第三代）

第三代丰田埃尔法

　　丰田埃尔法是日本丰田汽车公司从 2002 年开始生产的豪华 MPV，2021 年已发展到第三代。该车在日本、俄罗斯、中国、中东及东南亚地区均有销售。第三代车型的车体长 4915—4945 毫米、宽 1850 毫米、高 1880—1950 毫米，轴距为 3000 毫米。该车搭载一台 3.5 升 V6 汽油发动机，匹配八速自动变速箱。此外，还有搭载 2.5 升 I4 汽油发动机的混合动力车型。

大众途安

所属品牌：大众

量产时间：2003 年

整备质量：1436—1645 千克（第二代）

大众途安是德国大众汽车公司基于第五代高尔夫开发的紧凑型 MPV，2003 年推出第一代车型，2015 年推出第二代车型，官方指导价为 15.18 万—19.48 万元人民币。第二代车型的车体长 4527 毫米、宽 1829 毫米、高 1628—1674 毫米，轴距为 2786 毫米。该车有多种动力配置，包括 1 升 I4 涡轮增压汽油发动机、1.2 升 I4 涡轮增压汽油发动机、1.4 升 I4 涡轮增压汽油发动机、1.5 升 I4 涡轮增压汽油发动机、1.8 升 I4 涡轮增压汽油发动机、1.6 升 I4 涡轮增压柴油发动机、2 升 I4 涡轮增压柴油发动机等。与发动机匹配的是五速手动变速箱、六速手动变速箱或七速双离合变速箱。

丰田 Wish

所属品牌：丰田

量产时间：2003 年

整备质量：1355—1380 千克（第二代）

第二代丰田 Wish

丰田 Wish 是日本丰田汽车公司在 2003—2017 年生产的紧凑型 MPV，一共发展了两代。第二代车型的车体长 4590 毫米、宽 1695 毫米、高 1590 毫米，轴距为 2750 毫米。该车搭载 1.8 升或 2 升 I4 发动机，采用五门三排七人座和六人座的设计（座椅配置为 232 和 222），搭配活动座椅，实用性较强。流线型的"金属胶囊"（Metal Capsule）外观，不仅能赢得年轻消费群体的喜爱，还能减低风阻。

福特 C-Max

所属品牌：福特

量产时间：2003 年

整备质量：1372—1527 千克（第一代）

第一代福特 C-Max

福特 C-Max 是美国福特汽车公司在 2003—2019 年生产的 MPV，一共发展了两代，均采用前置前驱布局。第一代车型的车体长 4371 毫米、宽 1825 毫米、高 1588 毫米，轴距为 2640 毫米。该车搭载 1.6 升、1.8 升、2 升排量的 I4 发动机，匹配的是五速手动变速箱、六速手动变速箱、四速自动变速箱或六速自动变速箱。

丰田伊西斯

所属品牌：丰田

量产时间：2004 年

整备质量：1560 千克

丰田伊西斯是日本丰田汽车公司在 2004—2017 年生产的大型 MPV，采用前置前驱布局，也可选择四驱版。其车体长 4640 毫米、宽 1710 毫米、高 1670 毫米，轴距为 2785 毫米。该车搭载 1.8 升、2 升排量的 I4 发动机，匹配四速自动变速箱或无极自动变速箱。

第一代梅赛德斯 - 奔驰 B 级

梅赛德斯 - 奔驰 B 级

所属品牌：梅赛德斯 - 奔驰

量产时间：2005 年

整备质量：1445 千克

梅赛德斯 - 奔驰 B 级是德国梅赛德斯 - 奔驰汽车公司于 2005 年开始生产的 MPV，2021 年已发展到第三代。梅赛德斯 - 奔驰 B 级是梅赛德斯 - 奔驰 A 级的加大版，售价比后者略高。与梅赛德斯 - 奔驰其他系列车型不同（梅赛德斯 - 奔驰 A 级除外），梅赛德斯 - 奔驰 B 级是由前轮驱动。第三代梅赛德斯 - 奔驰 B 级的车体长 4419 毫米、宽 1796 毫米、高 1562 毫米，轴距为 2729 毫米。动力方面，有 1.3 升 I4 涡轮增压汽油发动机、1.5 升 I4 涡轮增压柴油发动机、2 升 I4 涡轮增压汽油发动机、2 升 I4 涡轮增压柴油发动机等多种配置。

梅赛德斯 - 奔驰 R 级

所属品牌：梅赛德斯 - 奔驰

量产时间：2005 年

整备质量：2130—2375 千克

梅赛德斯 - 奔驰 R 级是德国梅赛德斯 - 奔驰汽车公司在 2005—2017 年生产的 MPV，官方指导价为 54.88 万—124.8 万元人民币。其车体长 4922 毫米、宽 1922 毫米、高 1674 毫米，轴距为 2980 毫米。该车有多种动力配置，包括 3 升 V6 汽油发动机、3.5 升 V6 汽油发动机、5 升 V8 汽油发动机、5.5 升 V8 汽油发动机、6.2 升 V8 汽油发动机、3 升 V6 柴油发动机等。

丰田逸致

所属品牌：丰田

量产时间：2009 年

整备质量：1505—1650 千克

丰田逸致是日本丰田汽车公司在 2009—2018 年生产的 MPV，在中国以外地区称为丰田 Verso。其车体长 4440 毫米、宽 1790 毫米、高 1620 毫米，轴距为 2780 毫米。该车有多种动力配置，包括 1.6 升、1.8 升排量的 I4 汽油发动机，以及 2 升、2.2 升排量的 I4 柴油发动机。与发动机匹配的是六速手动变速箱或无级自动变速箱。

梅赛德斯 - 奔驰 Citan

所属品牌：梅赛德斯 - 奔驰

量产时间：2012 年

整备质量：1295—1465 千克

梅赛德斯 - 奔驰 Citan 是德国梅赛德斯 - 奔驰汽车公司从 2012 年开始生产的 MPV，车名 Citan 是 "City"（城市）与 "Titan"（泰坦）两个单词的结合。其车体长 3937—4705 毫米、宽 1829 毫米、高 1809—1839 毫米，轴距为 2313—3081 毫米。该车有 1.2 升 I4 汽油发动机和 1.5 升 I4 柴油发动机两种动力配置。与发动机匹配的是五速手动变速箱、六速手动变速箱或六速自动变速箱。

大众威然
所属品牌：大众
量产时间：2020 年
整备质量：2115—2160 千克

大众威然是上汽大众汽车公司从 2020 年开始生产的 MPV，主要在中国市场销售，官方指导价为 28.68 万—39.98 万元人民币。其车体长 5346 毫米、宽 1976 毫米、高 1781 毫米，轴距为 3180 毫米。该车搭载一台 2 升 I4 涡轮增压发动机，最大功率为 162 千瓦，峰值扭矩为 350 牛米。与发动机匹配的是七速双离合变速箱。

5.8 科技含量更高的皮卡

经过多年发展，如今各大皮卡厂商都拥有了具备高辨识度的产品，所以在新品研发上，各大厂商已逐步向节能减排过度，科技含量越来越高。

目前，皮卡新品的研发已不仅仅追求大功率、大排量，同时也朝着节能减排的方向发展。例如，2015 年福特汽车公司采用铝制车身来降低福特 F-150 皮卡车重，2016 年款福特 F-150 皮卡拥有双燃料版。2015 年在巴黎召开的联合国气候变化大会上，由德国、英国、荷兰、挪威以及美国 18 个州组成的"零排放车辆同盟"宣布，到 2050 年，联盟内的国家及地区将不允许销售燃油车。这都预示皮卡厂商进军新能源市场已成必然。但从目前的技术条件来看，使皮卡节能减排直至开发出纯电动皮卡还有很长的路要走。不过随着科技的日新月异，纯电动皮卡的问世也只是时间问题，或许不久的将来还会有自动驾驶皮卡的诞生。对于皮卡而言，未来拥有无限可能。

霍顿 Ute

所属品牌：霍顿

量产时间：2000 年

整备质量：1837 千克（第二代）

第二代霍顿 Ute

霍顿 Ute 是澳大利亚霍顿汽车公司设计和制造的皮卡，第一代车型在 2000—2007 年生产，第二代车型在 2007—2017 年生产。该车有多种动力配置，包括 3 升 LF1 V6、3.6 升 LFX V6、6 升 L77 V8、6.2 升 LS3 V8 等。与发动机匹配的是六速手动或六速自动变速箱。霍顿 Ute 标配全车六防护气囊（双前座头胸防护气囊、车侧防护气囊、车侧防护气帘）、倒车辅助、防抱死制动系统、电子刹车力分配系统、刹车力辅助系统、循迹控制系统与动态稳定控制系统等。

五十铃 D-Max

所属品牌：五十铃

量产时间：2002 年

整备质量：1922 千克（第三代）

第三代五十铃 D-Max

五十铃 D-Max 是日本五十铃汽车公司设计和制造的皮卡，2002 年开始生产，2021 年已发展到第三代，官方指导价为 14.48 万—22.48 万元人民币。第三代车型有 1.9 升和 3 升两种排量的柴油发动机，配备六速手动或六速自动变速箱。该车采用非承载式车身结构，独立双横臂螺旋弹簧前悬，刚性大，强度高，具备优秀的抗扭矩能力和通过性，使五十铃 D-Max 在同级别皮卡中拥有出色的越野性能。

第二代日产泰坦

日产泰坦

所属品牌：日产

量产时间：2003 年

整备质量：2285 千克（第一代）

日产泰坦是日本日产汽车公司设计和制造的皮卡，2003 年开始生产，2016 年推出第二代车型，官方指导价为 33.5 万元人民币。该车搭载 5.6 升汽油发动机，最大功率为 294 千瓦，峰值扭矩为 560 牛米。早期车型匹配七速自动变速箱，2020 年换装九速自动变速箱。在安全性能方面，日产泰坦配备日产安全盾 360 驾驶辅助设备，包括自动紧急制动、盲点监测、后方交叉交通警报、车道偏离警告、自适应巡航控制、前向碰撞警告、交通标志识别、司机警觉性监视器和 360°相机系统等多种保障驾驶安全的功能。

雪佛兰 SSR

所属品牌：雪佛兰

量产时间：2003 年

整备质量：2248 千克

雪佛兰 SSR 是美国雪佛兰汽车公司设计和制造的皮卡，在 2003—2006 年生产，官方指导价为 198 万元人民币。虽然是一辆皮卡，但是雪佛兰 SSR 的储物空间并不大，这同它的设计风格和用途有关。雪佛兰 SSR 是一辆偏向运动型的车，主要功能并非载货。从外型上看，雪佛兰 SSR 就是一辆简单的皮卡，但由于配备了强劲的 6 升 V8 自然吸气发动机（2003—2004 年车型采用 5.3 升 V8 自然吸气发动机），高速行驶时它又是一辆跑车。该车配备六速手动变速箱（2003—2004 年车型采用四速自动变速箱），最大功率为 287 千瓦，峰值扭矩 542 牛米，0—100 千米/时加速时间为 5.3 秒。

雪佛兰科罗拉多

所属品牌：雪佛兰

量产时间：2003 年

整备质量：1819 千克（第二代）

第二代雪佛兰科罗拉多

雪佛兰科罗拉多是美国雪佛兰汽车公司设计和制造的皮卡，2003 年开始生产，2012 年推出第二代车型，官方指导价为 54.99 万—59.99 万元人民币。该车搭载一台 3.6 升 V6 发动机，匹配六速自动变速箱。这套动力系统已在雪佛兰科迈罗以及凯迪拉克 CTS 等车型上得到了充分验证。该发动机能够在 4000 转/分时输出 230 千瓦的最大功率和 373 牛米的峰值扭矩。

马自达 BT-50

所属品牌：马自达

量产时间：2006 年

整备质量：1708 千克（第三代）

第三代马自达 BT-50

马自达 BT-50 是日本马自达汽车公司设计和制造的皮卡，2006 年开始生产，2021 年已发展到第三代，官方指导价为 20.3 万—36.4 万元人民币。该车配备了与五十铃 D-Max 同平台的 3 升 I4 涡轮增压柴油发动机，最大输出功率为 138 千瓦，峰值扭矩 450 牛米。与之匹配的是六速手动变速箱或六速自动变速箱。此外，部分车型还配备四驱系统，可以应对处理各种复杂的路况，越野性能一流。

第二代福特 F-150 猛禽

福特 F-150 猛禽

所属品牌：福特

量产时间：2009 年

整备质量：2584 千克（第二代）

福特 F-150 猛禽是美国福特汽车公司设计和制造的皮卡，是福特 F-150 系列皮卡中的特别型号，2009 年开始生产，2017 年推出第二代车型，官方指导价为 52.38 万—61.28 万元人民币。第一代车型搭载 5.4 升 V8 自然吸气发动机和 6.2 升 V8 自然吸气发动机，配备六速自动变速箱。第二代车型顺应涡轮增压发动机的潮流，换装了 3.5 升 V6 双涡轮增压发动机，配备十速自动变速箱，最大功率为 279 千瓦，峰值扭矩为 672 牛米。作为性能版车型，福特 F-150 猛禽的 0—100 千米/时加速时间为 6 秒。

大众阿玛洛克

所属品牌：大众

量产时间：2010 年

整备质量：1737 千克

大众阿玛洛克是德国大众汽车公司设计和制造的皮卡，2010 年开始生产，官方指导价为 42 万—47.6 万元人民币。该车有 3 种动力配置，包括 2 升 I4 涡轮增压汽油发动机、2 升 I4 涡轮增压柴油发动机和 3 升 V6 涡轮增压汽油发动机。传动系统方面，有六速手动变速箱和八速自动变速箱两种。其中，3 升 V6 涡轮增压汽油发动机的最大功率为 200 千瓦，峰值扭矩为 580 牛米。

雷诺阿拉斯加

所属品牌：雷诺

量产时间：2016 年

整备质量：1960 千克

雷诺阿拉斯加是法国雷诺汽车公司设计和制造的皮卡，2016 年开始生产，官方指导价为 23.3 万—31.4 万元人民币。该车有 3 种动力配置供用户选择，一是 2.5 升 I4 汽油发动机，最大功率为 118 千瓦；二是 2.5 升 I4 柴油发动机，有两种版本，最大功率分别为 118 千瓦和 140 千瓦。与发动机匹配的是六速手动变速箱或七速自动变速箱。

梅赛德斯 - 奔驰 X 级

所属品牌：梅赛德斯 - 奔驰

量产时间：2017 年

整备质量：2136 千克

梅赛德斯 - 奔驰 X 级是德国梅赛德斯 - 奔驰汽车公司设计和制造的皮卡，在 2017—2020 年生产，官方指导价为 29 万元人民币。该车有 4 种动力配置，最大载荷为 1042 千克，牵引能力在 1650—3500 千克。X200 搭载一台 2 升 I4 涡轮增压汽油发动机，匹配六速手动变速箱或七速自动变速箱，最大功率为 122 千瓦，峰值扭矩为 238 牛米。X220d 和 X250d 搭载 2.3 升 I4 涡轮增压柴油发动机，最大功率分别为 120 千瓦和 140 千瓦，峰值扭矩分别为 403 牛米和 450 牛米。两款柴油版车型还可搭载四驱系统，X200 则为后轮驱动方式。X350d 搭载 3 升 V6 涡轮增压柴油发动机，最大功率为 190 千瓦，峰值扭矩 550 牛米。

5.9 引领未来的电动汽车

由于汽车新技术的推出并不能完全避免汽车使用过程中对环境的污染，所以绿色能源会是未来汽车的首选能源，新能源汽车和电动汽车技术是一个主要的发展方向。其中，电动汽车在全球范围内正逐渐被消费者所接受。

电动汽车是指以车载电源为动力，用电机驱动车轮行驶，符合道路交通、安全法规各项要求的车辆。由于对环境影响相对传统汽车较小，其前景被广泛看好。电动汽车的工作原理为：蓄电池—电流—电力调节器—电动机—动力传动系统—驱动汽车行驶。目前，电动汽车主要有三类：纯电动汽车（BEV）、混合动力汽车（HEV）、燃料电池汽车（FCEV）。

纯电动汽车是由电动机驱动的汽车，其优点是技术相对简单、成熟，只要有电力供应的地方都能够充电。缺点是蓄电池单位重量储存的能量太少，又因电动汽车的电池较贵，且没形成经济规模，故购买价格较贵，至于使用成本，有些使用价格比燃油车贵，有些使用价格仅为燃油车的 1/3，这主要取决于电池的使用寿命及当地的油、电价格。纯电动汽车技术仍不成熟，充电技术、续航里程、可靠性等方面仍需改进，而报废电池的处理和电网系统的优化也是需要解决的关键问题。

混合动力汽车是指车辆驱动系统由两个或多个能同时运转的单个驱动系统联合组成的车辆，车辆的行驶功率依据实际的车辆行驶状态由单个驱动系统单独或共同提供。混合动力装置既发挥了发动机持续工作时间长，动力性好的优点，又可以发挥电动机无污染、低噪声的好处，两者"并肩战斗"，取长补短，汽车的热效率可提高 10% 以上，废气排放可改善 30% 以上。不过，混合动力汽车在长距离高速行驶时基本不能省油。

燃料电池汽车是以燃料电池作为动力电源的汽车。燃料电池的化学反应过程不会产生有害物质，因此燃料电池车辆是无污染汽车，燃料电池的能量转换效率比内燃机要高 2—3 倍，因此从能源的利用和环境保护方面来说，燃料电池汽车是一种理想的车辆。近几年来，燃料电池技术已取得了重大进展。世界著名汽车厂商，如梅赛德斯-奔驰、福特、丰田和通用汽车公司均已宣布，计划在 2024 年以前将燃料电池汽车投向市场。

特斯拉 Roadster

所属品牌：特斯拉

量产时间：2008 年

整备质量：1305 千克

第一代特斯拉 Roadster

特斯拉 Roadster 是美国特斯拉汽车公司在 2008—2012 年生产的电动跑车，一共发展了两代。第一代车型的车体长 3946 毫米、宽 1873 毫米、高 1127 毫米，轴距为 2352 毫米。该车既是首款使用锂离子电池的量产纯电动跑车，也是首款续航里程达 200 英里（320 千米）的纯电动车。2010 年，前 F1 车手埃里克·科马斯驾驶特斯拉 Roadster 在为期 3 天、近 620 英里（1000 千米）的蒙特卡洛替代能源汽车拉力赛中击败其他 96 名参赛者夺冠，使特斯拉 Roadster 成为首辆夺得该项赛事冠军的电动车，同时也是首辆获得国际汽联承认赛事冠军的电动车。

宝马 I3

所属品牌：宝马

量产时间：2013 年

整备质量：1195 千克

宝马 I3 是德国宝马汽车公司从 2013 年开始生产的纯电动四门掀背轿车，官方指导价为 30.58 万—52.28 万元人民币。其车体长 3999 毫米、宽 1775 毫米、高 1578 毫米，轴距为 2570 毫米。该车是宝马首款零排放汽车，2014 年被选为年度绿色汽车。宝马 I3 采用了先进的电力驱动系统，最高输出功率达 123 千瓦。车辆依靠一组锂离子电池提供电量，在电量充足的情况下，最大续航里程达 257 千米。

宝马 I8

所属品牌：宝马

量产时间：2014 年

整备质量：1539 千克

宝马 I8 是德国宝马汽车公司在 2014—2020 年生产的油电混合双门跑车，官方指导价为 179.8 万—209.8 万元人民币。其车体长 4689 毫米、宽 1942 毫米、高 1298 毫米，轴距为 2800 毫米。该车搭载一台 168 千瓦的 1.5 升 I3 涡轮增压汽油发动机，外加 98 千瓦电动电动机，0—100 千米/时加速时间仅需 4.4 秒，电子限制的最高速度为 250 千米/时。

第二代丰田 Mirai

丰田 Mirai

所属品牌：丰田

量产时间：2014 年

整备质量：1920—1950 千克（第二代）

丰田 Mirai 是日本丰田汽车公司从 2014 年开始生产的中型轿车，是全球首款商业销售的氢燃料电池汽车。该车于 2014 年 12 月 15 日开始在日本销售，售价 670 万日元（约合 5.74 万美元）。2020 年推出第二代车型。丰田 Mirai 采用"丰田燃料电池系统"（Toyota Fuel Cell System，TFCS），同时具有燃料电池技术和混合动力技术，也包括丰田专利开发的零组件，包括：燃料电池（Fuel Cell，FC）、FC 升压转换器，以及高压氢气箱。TFCS 比内燃机具有更好的能源效率，第二代车型在燃料全满的情况下可以行驶 647 千米。

奥迪 e-tron

所属品牌：奥迪

量产时间：2018 年

整备质量：2560 千克

奥迪 e-tron 是德国奥迪汽车公司从 2018 年开始生产的纯电动四驱 SUV，官方指导价为 54.68 万—64.88 万元人民币。其车体长 4901 毫米、宽 1935 毫米、高 1616 毫米，轴距为 2928 毫米。该车是奥迪首款纯电动量产车型，基于纵置模块化平台（MLP）打造，搭载全新奥迪 quattro 电动四驱系统。该车采用双电机四驱的驱动形式，搭载两台电动机，其系统输出功率达 370 千瓦，峰值扭矩为 973 牛米，0—100 千米 / 时加速时间仅需 5.1 秒。

捷豹 I-Pace

所属品牌：捷豹

量产时间：2018 年

整备质量：2133 千克

捷豹 I-Pace 是英国捷豹汽车公司研制的纯电动四驱 SUV，2018 年开始生产，官方指导价为 68.8 万—78.8 万元人民币。该车搭载两台由捷豹自主研发的永磁式电动机，具有重量轻、体积小的机械特性。电动机总功率为 294 千瓦，综合扭矩为 696 牛米，0—100 千米 / 时加速时间仅需 4.8 秒。捷豹 I-Pace 全系标配全时四轮传动系统，搭载 90 千瓦时锂电池模块，续航里程达 456 千米。

梅赛德斯 - 奔驰 EQC

所属品牌：梅赛德斯 - 奔驰

量产时间：2019 年

整备质量：2425 千克

梅赛德斯 - 奔驰 EQC 是德国梅赛德斯 - 奔驰汽车公司研制的纯电动 SUV，官方指导价为 49.98 万—62.28 万元人民币。2016 年巴黎车展上，伴随梅赛德斯 - 奔驰 EQ 系列概念车的发布，梅赛德斯 - 奔驰 EQC 第一次对外公布。2017 年在挪威开始接受预订。2018 年 9 月 4 日，最终量产版在瑞典路测时曝光，2018 年巴黎车展时正式对外界发布。梅赛德斯 - 奔驰 EQC 的车体长 4761 毫米，宽 1884 毫米，高 1624 毫米，轴距为 2873 毫米。以 EQC400 4MATIC 为例，其 0—100 千米 / 时加速时间为 5.1 秒，续航里程为 417 千米。

大众 ID.4

所属品牌：大众

量产时间：2020 年

整备质量：1966—2144 千克

大众 ID.4 是德国大众汽车公司从 2020 年开始生产的纯电动 SUV，其车体长 4584 毫米、宽 1852 毫米、高 1636 毫米，轴距为 2765 毫米。动力系统的总功率为 225 千瓦，0—100 千米 / 时加速时间为 8.5 秒，最高速度为 160 千米 / 时，最大续航里程为 552 千米。

大众 ID.6

所属品牌：大众

量产时间：2021 年

整备质量：2280 千克

大众 ID.6 是德国大众汽车公司从 2021 年开始生产的纯电动中大型 SUV，其车体长 4876 毫米、宽 1848 毫米、高 1680 毫米，轴距为 2965 毫米。动力系统的总功率为 225 千瓦，0—100 千米/时加速时间为 6.6 秒，最高速度为 160 千米/时，最大行程为 588 千米。

丰田 C+pod

所属品牌：丰田

量产时间：2021 年

整备质量：670—690 千克

丰田 C+pod 是日本丰田汽车公司从 2021 年开始生产的小型电动车，适合在日本城市社区使用。其车体长 2490 毫米、宽 1290 毫米、高 1550 毫米，轴距为 1780 毫米。该车采用后置后驱布局，搭载一台永磁同步电机，最大功率为 9.2 千瓦，续航里程为 150 千米。

知名汽车品牌探秘：特斯拉

特斯拉（Tesla）是一家美国电动汽车及能源公司，产销电动汽车、太阳能板及储能设备。该公司总部位于帕洛阿托，2003 年 7 月 1 日由马丁·艾伯哈德和马克·塔彭宁共同创立，创始人将公司命名为"特斯拉汽车公司"，以纪念物理学家尼古拉·特斯拉。特斯拉的品牌标志不仅是尼古拉·特斯拉名字的首字母，其背后还另有深意。这个风格化的"T"实际上也是对公司产品的暗示，T 形标识代表着电动马达的横截面，字母 T

特斯拉品牌标志

的主体部分代表电机转子的一部分，而顶部的第二条线则代表了外围定子的一部分。

2004年2月，埃隆·马斯克向特斯拉投资630万美元，但条件是出任公司董事长、拥有所有事务的最终决定权，而马丁·艾伯哈德作为特斯拉之父任公司的首席执行官。

特斯拉第一款汽车产品Roadster发布于2008年，为一款双门运动型跑车。2010年6月，特斯拉登陆纳斯达克，IPO发行价17美元，净募集资金1.84亿美元，融资额达2.26亿美元。开盘当日，埃隆·马斯克也在账面上疯狂地赚了6.3亿美元，特斯拉成为唯一一家在美国上市的纯电动汽车独立制造商。2010年7月，特斯拉挖来了苹果的零售店副总裁乔治·布兰肯西普来负责特斯拉的零售战略。

2012年，特斯拉发布了其第二款汽车产品——Model S，一款四门纯电动豪华轿跑车。第三款汽车产品为Model X，豪华纯电动SUV，于2015年9月开始交付。特斯拉的第四款汽车为Model 3，首次公开于2016年3月，2017年末开始交付。

2017年2月1日，特斯拉汽车公司（Tesla Motors Inc.）正式改名为特斯拉（Tesla Inc.）。这意味着汽车不再是特斯拉仅有的业务。特斯拉将进一步把业务拓展到住宅及商业太阳能蓄电系统领域，将自身打造为清洁能源企业，向客户提供端到端的清洁能源产品。

2018年7月10日，埃隆·马斯克和中国上海市政府签订协议，宣布特斯拉中国工厂在临港落户。

2019年2月，埃隆·马斯克宣布将开放所有特斯拉电动汽车的专利。

2020年10月13日，特斯拉签约落户中国海南，设立新能源汽车创新中心项目，包括开展电动汽车电池、储能设备等方面的技术研究、开发，将布局环岛超级充电桩。

2021年3月24日，美国特斯拉官网宣布支持比特币付款，特斯拉成为史上第一家支持比特币购车的车企。

2021年5月8日，特斯拉发布消息称，全球25 000个特斯拉超级充电桩落成。

特斯拉 Roadster

特斯拉 Model S

参考文献

[1] 汽车研究所. 世界名车大百科 [M]. 长春：吉林美术出版社，2020.

[2] 英国 DK 出版社. DK 汽车大百科 [M]. 北京：北京科学技术出版社，2015.

[3] 京京工作室. 世界名车图典 [M]. 北京：化学工业出版社，2015.

[4] 叶宏. 跑车的荣耀 [M]. 北京：机械工业出版社，2011.

[5] 孙玥. 环球奢侈品丛书——跑车 [M]. 长春：吉林人民出版社，2009.

[6] 韩晋. 名车的历史 [M]. 哈尔滨：哈尔滨出版社，2007.